道路运输企业
安全风险预控与治理

黄晓平　王国灵　王涛◎主编

中国石化出版社
·北京·

图书在版编目(CIP)数据

道路运输企业安全风险预控与治理 / 黄晓平，王国灵，王涛主编. —北京：中国石化出版社，2023. 12
ISBN 978-7-5114-7321-9

Ⅰ. ①道… Ⅱ. ①黄… ②王… ③王… Ⅲ. ①公路运输企业-风险管理-研究-中国 Ⅳ. ①F542. 6

中国国家版本馆 CIP 数据核字(2023)第 238149 号

中国石化出版社出版发行
地址:北京市东城区安定门外大街 58 号
邮编:100011　电话:(010)57512500
发行部电话:(010)57512575
http://www. sinopec-press. com
E-mail:press@ sinopec. com
北京艾普海德印刷有限公司印刷
全国各地新华书店经销
*
787 毫米×1092 毫米 16 开本 15. 5 印张 298 千字
2023 年 12 月第 1 版　2023 年 12 月第 1 次印刷
定价:98. 00 元

《道路运输企业安全风险预控与治理》
编　委　会

主　编　黄晓平　纽普斯交通安全科技(广东)有限公司

　　　　王国灵　纽普斯交通安全科技(广东)有限公司

　　　　王　涛　广东粤运交通拯救有限公司

副主编　李　鹏　广东粤运交通股份有限公司

编　委　张建荣　重庆市江津区消防救援支队

PREFACE 前言

2020年4月1日，国务院安委会印发的《全国安全生产专项整治3年行动计划》(2020—2022)，明确了2个专题实施方案和9个专项整治实施方案，其中“七、道路运输安全整治”是9个专项之一，足见对道路运输安全的重视。“道路运输安全整治”专项方案提出了多方面的安排和要求，其中涉及：道路运输企业及管理部门安全责任的健全和落实、道路运输车辆的生产销售及隐患整治、道路运输从业人员素质的提升、重点车辆运输安全的治理、道路安全防护设施的完善等。

历经三年努力，全国多个省、市专项整治成效显著，各类生产安全事故均有所下降。未来，深入贯彻党的二十大精神，严格落实“两个根本”要求，持续巩固三年行动的成果更是成为重中之重。

本书根据道路运输企业实际情况，按照理论与实践相结合的原则进行编写，将安全生产、安全风险预控与治理的相关知识充分融入实际工作之中，使企业主要负责人和安全生产管理人员能够通过学习切实提高安全知识水平和实际安全生产管理能力。

本书共分7章，分别以道路运输企业安全生产管理基础、道路旅客运输安全管理、道路货物运输的企业等级及其安全管理、道路危险货物运输的安全管理、道路运输企业危险源辨识、道路运输企业安全生产监管与隐患排查治理、道路运输企业应急救援预案等七个部分对道路运输企业安全风险预控与治理进行讲解，供道路运输企业主要负责人和安全生产管理人员学习和参考。

由于编者水平有限，对道路运输企业安全风险预控与治理的工作经验不足，书中难免有不妥之处，恳请读者批评指正。

CONTENTS 目录

第一章 道路运输企业安全生产管理基础

第一节 安全管理机构和人员

《中华人民共和国安全生产法》第二十四条规定，矿山、金属冶炼、建筑施工、运输单位和危险物品的生产、经营、储存装卸单位，应当设置安全生产管理机构或者配备专职安全生产管理人员。

安全管理机构是指生产经营单位内部设立的专门负责安全生产管理事务的独立部门。

专职安全管理人员是指企业中专门负责安全生产管理，不再兼做其他工作的人员。矿山、金属冶炼、建筑施工、道路运输单位和危险物品的生产、经营、储存单位是危险性比较大的单位，因此，必须成立专门从事安全生产管理工作的机构，或者配备专职的人员从事安全生产管理工作。

一、道路运输安全管理机构设置和人员配备要求

（一）机构设置要求

1. 安全生产领导机构

道路运输企业及分支机构应当设置安全生产领导机构，包括企业主要负责人(法定代表人、实际控制人、其他负责人)、运输经营、安全管理、车辆技术管理、从业人员管理、动态监控等业务负责人及分支机构的主要负责人。

2. 安全生产管理机构

道路旅客运输企业，拥有 20 辆及以上车辆的或从业人员在 100 人以上的，应当设置安全生产管理机构。

道路危险货物运输企业，应当设置安全生产管理机构。

道路普通货物运输企业，从业人员在 100 人以上的，应当设置安全生产管理机构。

（二）安全管理人员配备要求

1. 根据车辆数量

道路旅客运输企业，拥有 300 辆及以下车辆企业，按照每 30 辆车 1 人的标准配备；300 辆以上的，每增加 100 辆，增加 1 人。

2. 根据从业人员数量

从业人员在 100 人以上不足 300 人的，配备 2 名以上专职安全生产管理人员，其中至少应当有 1 名注册安全工程师。

从业人员在 300 人以上不足 1000 人的，应当按不低于从业人员 5%、最低不少于 3 名

的比例配备专职安全生产管理人员，其中至少应当有 2 名注册安全工程师；从业人员在 1000 人以上的，应当按不低于从业人员 5%的比例配备专职安全生产管理人员，其中至少应当有 3 名注册安全工程师。

从业人员在 300 人以上的，应当按照规定设置安全总监，安全总监专项分管本单位安全生产管理工作，安全生产委员会负责协调、解决本单位有关安全生产工作的重大事项。

主要负责人和安全管理人员应当具备与本企业生产经营活动相适应的安全生产知识和管理能力，通过主管部门考核取得合格证明或取得道路运输安全专业注册安全工程师执业资格。

二、道路运输企业各级机构和安全管理人员的职责

1. 安全生产委员会工作职责

(1) 在企业法定代表人的领导下，全权负责本企业安全生产管理工作。

(2) 贯彻落实党和国家安全生产的方针、政策、法规、法令和企业安全生产管理规章制度，并对执行情况进行监督检查。

(3) 审定企业重要的安全管理规章制度，必要时提请职工代表大会审议。

(4) 组织召开安全生产委员会会议，总结分析企业内部安全生产情况，及时解决倾向性问题，审议安全职能部门提出的安全生产工作计划。

(5) 定期审议安全奖惩方案，审查安全经费使用情况；听取事故情况汇报，确定对有关人员的处理办法。

(6) 定期组织安全生产竞赛和安全联检活动。

2. 安全部(处)工作职责

(1) 认真贯彻执行“安全第一、预防为主、综合治理”的方针，组织、计划、布置、总结、评比企业安全工作，并对其履行指导、监督和服务责任。

(2) 贯彻落实国家和上级管理部门有关安全生产的方针、政策、法规、规章和指示精神。

(3) 贯彻落实企业行政、党委及安全生产委员会有关安全生产的决议、决定和指示。

(4) 具体制订(或修订)企业内部安全管理和安全生产规章制度、安全操作规程，起草企业安全生产计划和总结。

(5) 经常深入基层，掌握和了解企业安全生产情况，及时纠正违章，且及时发现事故隐患和倾向性问题，并责成有关单位或部门限期落实整改。

(6) 定期和不定期组织安全检查，掌握公司安全生产动态，每季度向安委会报告一次。

(7) 负责事故的分析、统计和上报工作，建立事故档案，发生重大责任事故，应亲临现场，查清原因，落实责任，提出处理意见和落实预防措施。

(8) 组织开展安全生产竞赛活动，总结推广先进经验，定期组织评优活动。

(9) 负责企业运输生产驾驶员招聘、安全管理及再培训工作，配合做好年审工作。

(10) 审核事故费用，具体办理旅客意外伤害保险理赔，监督内部车辆赔偿及安全互助金的使用，督促落实事故的“四不放过”(即事故原因未查清不放过；责任人员未处理不放过；整改措施未落实不放过；有关人员未受到教育不放过)，定期通报重大违章及一般以上行车事故。

（11）指导和服务各下属单位安全生产职能部门的业务工作，督促各下属单位履行安全职责，落实安全管理规章。

（12）筹备安委会会议，定期召开全公司行车安全例会，通报分析各下属单位安全生产情况。

（13）在接到事故报告后，立即派人前往事故现场。发生死亡事故时，必须同时报告所在地的交通主管部门。

（14）负责特大、重大事故的调查和处理，对有关人员提出处理意见，并上报交通行业主管部门。

（15）行使“安全否决权”。

（16）一般中小运输企业的安全科参照以上执行。

3. 企业法定代表人安全工作职责

（1）组织贯彻落实党和国家安全工作方针、政策和法规，制定和完善企业安全生产规章制度，并检查督促实施。企业法定代表人是整个企业安全生产的第一责任人，与上级主管部门签订责任书。

（2）领导安委会的工作。主持召开企业安委会会议，审定年度安全生产工作计划，及时研究和解决安全生产中的各种重大问题。

（3）督促下属各单位、各部门行政负责人做好安全工作，并根据安全责任心及安全工作实绩正确行使聘任权。

（4）负责对各单位、各部门行政负责人和中层以上干部的安全奖惩，正确行使奖惩权。

（5）负责向职工代表大会报告企业安全生产工作情况，广泛听取职工意见和建议。

（6）遇有特大事故必须亲临事故现场，做好事故调查处理工作，总结教训，落实防范措施。

4. 企业分管安全的负责人（安全副总经理）工作职责

（1）在企业法定代表人的领导下，对全企业的安全生产负直接领导责任，主持企业日常安全工作。

（2）认真贯彻执行国家和上级颁布的有关安全生产的方针、政策和法规，并检查督促实施。

（3）组织和协调企业的安全工作，组织推广和总结安全生产中的典型经验。

（4）经常深入基层和现场，检查安全生产情况，发现事故隐患，及时责成有关部门限期整改和解决。

（5）组织全企业综合性安全大检查，在企业行政第一负责人因公外出期间，行使第一负责人的安全职能。

（6）发生重大事故，要督促职能部门及时报告当地交通主管部门，并亲临现场，查清事故原因，吸取事故教训，采取防范措施，具体指导协调事故处理。

（7）定期向安委会和法定代表人报告工作，并具体提出必须由安委会、职代会研究、讨论和通过的安全工作议题。

5. 安全部（处、科）长工作职责

（1）对整个企业的安全工作负监督、检查、指导和服务责任。

(2) 认真贯彻、落实国家及交通主管部门有关安全生产的方针、政策、法规、法令，把“安全第一、预防为主、综合治理”的方针真正落到实处。

(3) 制定并不断完善企业内部安全生产规章制度和各类人员行为规范，推行安全新机制并加强监督和检查，及时发现隐患，制定防范措施。

(4) 实施安全目标管理，制定月度、季度、年度安全工作规划，严格考核，奖优罚劣。

(5) 组织安全管理人员业务培训和驾驶员轮训及年审工作，不断提高其安全意识和综合素质。

(6) 组织上路上线检查，实施有效的现场监督和动态监控。

(7) 组织各种形式的安全竞赛活动。

(8) 结合重大节假日、季节变换、政治活动等，组织安全检查，发现并及时处理安全问题和隐患，确保安全生产。

(9) 发生死亡事故必须立即上报当地交通主管部门，并亲自参与重大及以上事故的处理与调查，切实抓好“四不放过”和善后处理。

此外，危险货物运输的安全管理人员还需做到：

(1) 认真贯彻执行国家有关危险货物运输安全工作的法律、法规、标准及有关安全管理规定。

(2) 组织实施危险货物运输安全生产责任制和安全管理规章制度。

(3) 建立安全检查制度，组织并实施对危险货物运输安全的监督检查，对查出的事故隐患负责督促和落实整改。

(4) 组织开展运输安全活动，总结交流安全运输经验，落实安全培训教育工作。

(5) 负责对危险货物运输的管理人员、车辆驾驶员和押运员进行安全教育与培训，并定期进行安全考核。

(6) 负责有关危险货物运输事故的调查、处理工作。

(7) 落实危险货物运输事故应急救援预案，并定期组织演练。

第二节　安全管理规章制度

一、安全生产规章制度体系的建立

安全生产规章制度体系如图 1.1～图 1.5 所示。

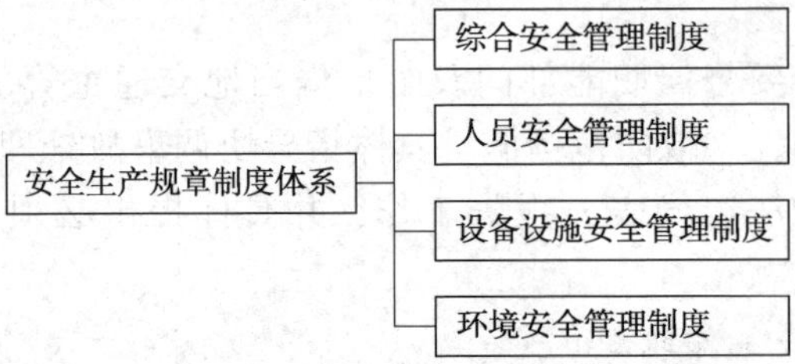

图 1.1　安全生产规章制度体系

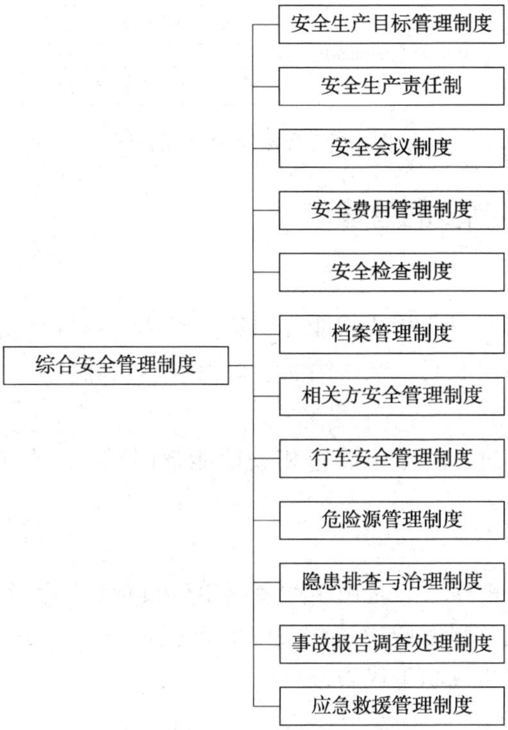

图 1.2　综合安全管理制度

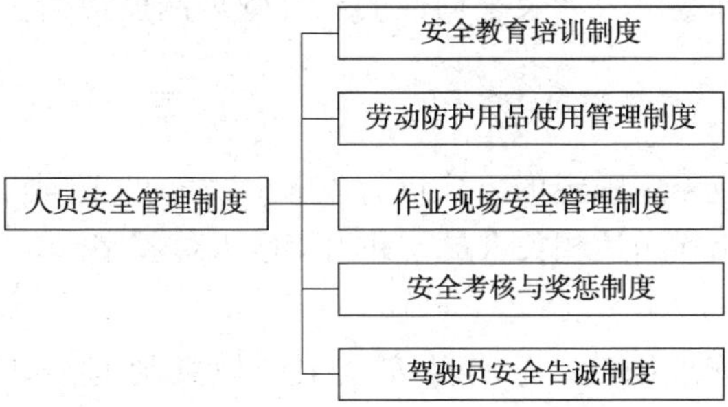

图 1.3　人员安全管理制度

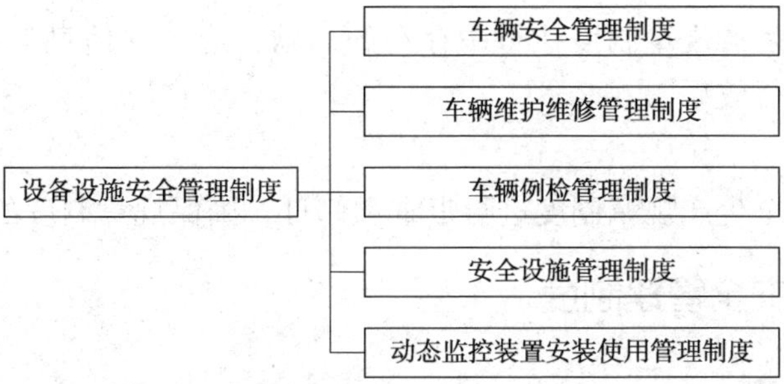

图 1.4　设备设施安全管理制度

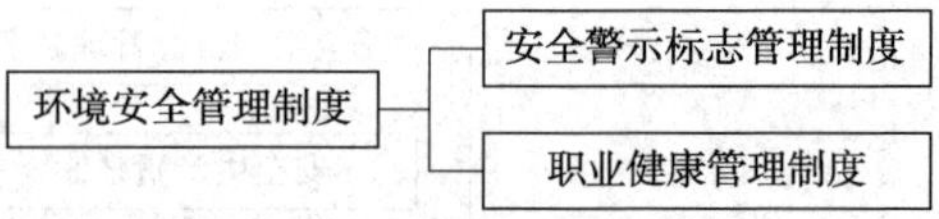

图 1.5　环境安全管理制度

二、安全生产规章制度的管理

1. 起草

由负责安全生产管理部门或相关职能部门负责起草。规章制度的编制应做到目的明确、条理清楚、结构严谨、用词准确、文字简明、标点符号正确。

2. 征求意见

起草的规章制度应通过正式渠道获得相关职能部门或员工的意见和建议，以利于规章制度的颁布和贯彻落实。

3. 审核

制度签发前，应进行审核。一是由生产经营单位负责法律事务的部门进行合规性审查；二是专业技术性较强的规章制度应邀请相关专家进行审核；三是安全奖惩等涉及全员性的制度，应经过职工代表大会或职工代表进行审核。

4. 签发

技术规程、安全操作规程等技术性较强的安全生产规章制度，一般由生产经营单位主管生产的领导或总工程师签发，涉及全局性的综合管理制度应由生产经营单位的主要负责人签发。

5. 发布

安全生产规章制度应采用固定的方式进行发布。发布的范围应涵盖应执行的部门、人员。有特殊的制度还应正式送达相关人员，并由接收人员签字。

6. 培训

新发布的安全生产管理制度、修订的安全生产规章制度，应组织进行培训，并进行考核。

7. 反馈

应定期检查安全生产规章制度执行中存在的问题，或建立信息反馈渠道，及时掌握安全生产规章制度的执行效果。

8. 持续改进

企业应每年对安全生产规章制度进行审查和修订，确保规章制度的有效实施。

三、道路运输安全管理制度

1. 安全生产责任制

（1）认真贯彻执行“安全第一、预防为主、综合治理”的方针，遵守国家法律法规和安全生产操作规程，守法经营，落实各级交通主管部门的安全生产管理规定，组织学习安全生产知识，最大限度地控制和减少道路交通事故的发生。

（2）道路运输经营者负责经营许可范围内的安全生产工作，是安全生产第一责任人，对安全生产工作负总责。

（3）聘请符合道路运输经营条件的驾驶人员，并与驾驶员签订安全生产责任书，将责任书内容分解到每个工作环节和工作岗位，职责明确，责任分清，层层落实安全生产责任制。

（4）积极参与各项安全生产活动，设立安全生产专项经费，保证安全生产工作的开展。

（5）落实事故处理“四不放过”的原则。

（6）建立营运车辆维护、检修工作制度，督促车辆按时做好综合性能检测及等级维护，确保车辆技术状况良好。

2. 安全生产操作规程

（1）严格遵守安全生产法律法规及工作规范，严肃安全生产操作规程，落实各项安全生产工作制度，组织开展安全生产活动和安全知识学习，提高全员安全生产意识。

（2）对道路运输驾驶人员要求做到“八不”。即：“不超载超限、不超速行车、不强行超车、不开带病车、不开情绪车、不开急躁车、不开冒险车、不酒后开车。”保证精力充沛，谨慎驾驶，严格遵守道路交通规则和交通运输法规。

（3）做好危险路段记录并积极采取应对措施，特别是山区道路行车安全，要做到“一慢、二看、三通过”。

（4）不运输法律、行政法规禁止运输的货物，法律、行政法规规定必须办理有关手续后方可运输的货物，应当按规定查验有关手续，符合要求的方可承运。

（5）保持车辆良好技术状况，不擅自改装营运车辆。

（6）做到反三违：不违反劳动纪律、不违章指挥、不违反操作规程。

（7）发生事故时，应立即停车、保护现场、及时报警、抢救伤员和货物财产，协助事故调查。

（8）采取必要措施，防止货物脱落、扬撒等。

（9）不违章作业，驾驶人员连续驾驶时间不超过 4 小时。

3. 安全生产监督检查制度

（1）每月至少进行一次全面安全检查，重点检查安全生产责任制、规章制度的建立完善、安全隐患整改、应急预案、有关法律法规及会议精神的学习贯彻落实情况，并做好记录。

（2）做好出车前、停车后的准备、检查工作，确保行车安全，发现隐患要及时修复后方可出车。

（3）装货时严查超载和擅自装载危险品。

（4）不定期检查车辆的安全装置、灯光信号、证件。

（5）检查驾驶员是否带病或疲劳开车，是否违反安全生产操作规程。

（6）检查消防设施是否安全有效。

（7）建立安全生产奖惩制度，依制度进行奖惩。

4. 消除安全生产事故隐患制度

为落实安全生产责任制，加强道路运输安全生产监督管理，遏制交通事故发生，必须做到：

（1）对交通主管部门检查发现的安全生产隐患整改事项，按时逐项予以整改、落实。

（2）每月至少开展一次全面安全检查，发现存在安全隐患立即通知整改，并立即抓好落实，及时消除。

（3）驾驶员要定期做健康体检及心理的职业适应性检查。

（4）每趟次出车前，要对车辆的安全性能进行全方位检查，发现问题及时排除，不消除隐患不得出车。

（5）装载货物时，必须检查超载及危险品等情况，确认无误后方可出车。

（6）要不定时检查驾驶员及车辆是否符合安全管理规定。

（7）车辆经检测、二级维护，查出的隐患要及时整改，整改不到位不得出车。

（8）定期对车辆和办公场所的消防器材、电路、车辆机件等进行自查自纠。

（9）对安全隐患不及时整改的责任者给予从严追究。

（10）建立健全安全生产事故隐患档案，吸取经验教训，举一反三，组织研究和探讨新技术应用。

5. 交通事故应急预案

为把交通事故的损失降到最低程度，必须做到：

（1）发生交通事故，当事人应立即进行自救，并报警。电话：122（交警）、119（消防）、120（急救），应简明讲清事故地点、伤亡、损失等情况，以及事故对周围环境的危害程度，保护现场，抢救伤员，保护货物财产并通报运输经营者与保险公司。

（2）当事人应立即切断车辆电源开关，使用消防器材，布置好安全警戒线，应果断处置，不要惊慌出错，避免造成更大的灾害。

（3）对伤者的外伤应立即进行包扎止血处理，发生骨折者应就地取材进行骨折定位，并移至安全地带，对死亡人员也应移至安全地带妥善安置。积极协助120救护人员救死扶伤，避免事故扩大化，把伤害减至最低程度。

（4）保护好自身的安全，积极配合交警、消防等部门进行救护并做好各项善后工作。

（5）发生一次死亡3人以上的运输事故，应在6h内报告当地交通主管部门。

6. 自然灾害、突发性事件应急预案

（1）做好应急运输保障工作，在发生自然灾害、突发性事件时，要服从县级以上人民政府或者交通主管部门的统一调度、指挥。

（2）报告：遇有自然灾害、突发性事件发生，应立即在最短时间内逐级向交通主管部门报告（在异地遇有自然灾害、突发性事件的应同时向当地人民政府和交通主管部门报告）。

（3）车辆：投入应急运输车辆使用年限不超过5年，并经检测合格的在用车；车辆运行单程在500km以上必须配备2名驾驶员，每位驾驶员连续驾驶时间不得超过3小时。

（4）人员：参运人员年龄在20~50岁，符合道路运输经营条件的驾驶人员，且技术过硬、作风正派、身体健康。

（5）接受应急运输任务后，运输车辆、人员必须整合待命，在规定时间内到达指定地点集合，且必须由道路运输经营者亲自带队。

（6）执行应急运输任务时，运输车辆及参运驾驶人员要遵守应急预案的有关规定，服从交通主管部门的统一调度、指挥，遇事主动请示、汇报，协调解决好各项工作事务。

（7）完成应急运输任务后，必须向各有关部门汇报任务完成情况，及时做好车辆维护、保修，总结经验，提高应急应变能力和处置能力。

（8）根据应急运输保障工作的需要，做好相关应急物资的储备，完成交通主管部门交给的其他运输任务。

第三节　安全生产投入

《中华人民共和国安全生产法》第二十三条规定，生产经营单位应当具备的安全生产条件所必需的资金投入，由生产经营单位的决策机构、主要负责人或者个人经营的投资人予以保证，并对由于安全生产所必需的资金投入不足导致的后果承担责任。有关生产经营单位应当按照规定提取和使用安全生产费用，专门用于改善安全生产条件。安全生产费用在成本中据实列支。

安全生产费用提取、使用和监督管理依据《企业安全生产费用提取和使用管理办法》(财资〔2022〕136号)执行。

一、安全生产费用的提取

交通运输企业以上年度实际营业收入为计提依据，按照以下标准平均逐月提取：

（1）普通货运业务按照1%提取。

（2）客运业务、管道运输、危险品等特殊货运业务按照1.5%提取。

企业在上述标准的基础上，根据安全生产实际需要，可适当提高安全费用提取标准。

新建企业和投产不足一年的企业以当年实际营业收入为提取依据，按月计提安全费用。

二、安全费用使用范围

交通运输企业安全生产费用应当用于以下支出：

（1）完善、改造和维护安全防护设施设备支出(不含“三同时”要求初期投入的安全设施)，包括道路、水路、铁路、城市轨道交通、管道运输设施设备和装卸工具安全状况检测及维护系统、运输设施设备和装卸工具附属安全设备等支出。

（2）购置、安装和使用具有行驶记录功能的车辆卫星定位装置、视频监控装置、船舶通信导航定位和自动识别系统、电子海图等支出。

（3）铁路和城市轨道交通防灾监测预警设备及铁路周界入侵报警系统、铁路危险品运输安全监测设备支出。

（4）配备、维护、保养应急救援器材、设备支出和应急救援队伍建设、应急预案制修订与应急演练支出。

（5）开展重大危险源检测、评估、监控支出，安全风险分级管控和事故隐患排查整改支出，安全生产信息化、智能化建设、运维和网络安全支出。

（6）安全生产检查、评估评价(不含新建、改建、扩建项目安全评价)、咨询和标准化建设支出。

(7) 配备和更新现场作业人员安全防护用品支出。

(8) 安全生产宣传、教育、培训和从业人员发现并报告事故隐患的奖励支出。

(9) 安全生产适用的新技术、新标准、新工艺、新装备的推广应用支出。

(10) 安全设施及特种设备检测检验、检定校准、铁路和城市轨道交通基础设备安全检测支出。

(11) 安全生产责任保险及承运人责任保险支出。

(12) 与安全生产直接相关的其他支出。

三、安全费用的管理

企业提取的安全费用应当专户核算，按规定范围安排使用，不得挤占、挪用。年度结余资金结转下年度使用，当年计提安全费用不足的或超出部分按正常成本费用渠道列支。

企业应当建立健全内部安全费用管理制度，明确安全费用提取和使用的程序、职责及权限，按规定提取和使用安全费用。

企业应当加强安全费用管理，编制年度安全费用提取和使用计划，纳入企业财务预算。企业年度安全费用使用计划和上一年安全费用的提取、使用情况按照管理权限报同级财政部门及行业主管部门备案。

企业提取的安全费用属于企业自提自用资金，其他单位和部门不得采取收取、代管等形式对其进行集中管理和使用，国家法律、法规另有规定的除外。

第四节　安全教育培训

一、主要负责人和安全管理人员安全教育培训

道路运输单位的主要负责人和安全生产管理人员必须具备与本单位所从事的生产经营活动相应的安全生产知识和管理能力。

道路运输单位的主要负责人和安全生产管理人员，应当由主管的负有安全生产监督管理职责的部门对其安全生产知识和管理能力考核合格，取得安全资格证书后方可任职。

1. 生产经营单位主要负责人培训内容

(1) 国家安全生产方针、政策和有关安全生产的法律、法规、规章及标准。

(2) 安全生产管理基本知识、安全生产技术、安全生产专业知识。

(3) 重大危险源管理、重大事故防范、应急管理和救援组织以及事故调查处理的有关规定。

(4) 职业危害及其预防措施。

(5) 国内外先进的安全生产管理经验。

(6) 典型事故和应急救援案例分析。

(7) 其他需要培训的内容。

2. 安全管理人员安全培训内容

(1) 国家安全生产方针、政策和有关安全生产的法律、法规、规章及标准。

(2) 安全生产管理、安全生产技术、职业卫生等知识。

（3）伤亡事故统计、报告及职业危害的调查处理方法。

（4）应急管理、应急预案编制以及应急处置的内容和要求。

（5）国内外先进的安全生产管理经验。

（6）典型事故和应急救援案例分析。

（7）其他需要培训的内容。

3. 培训学时

主要负责人和安全生产管理人员初次安全培训时间不得少于 32 学时。每年参加脱产再培训时间不得少于 24 学时。

二、从业人员安全培训

道路运输单位应当对从业人员进行安全生产教育和培训，保证从业人员具备必要的安全生产知识，熟悉有关的安全生产规章制度和安全操作规程，掌握本岗位的安全操作技能，了解事故应急处理措施，知悉自身在安全生产方面的权利和义务。未经安全生产教育和培训合格的从业人员，不得上岗作业。

生产经营单位使用被派遣劳动者的，应当将被派遣劳动者纳入本单位从业人员统一管理，对被派遣劳动者进行岗位安全操作规程和安全操作技能的教育和培训。劳务派遣单位应当对被派遣劳动者进行必要的安全生产教育和培训。

生产经营单位接收中等职业学校、高等学校学生实习的，应当对实习学生进行相应的安全生产教育和培训，提供必要的劳动防护用品。学校应当协助生产经营单位对实习学生进行安全生产教育和培训。

生产经营单位应当建立安全生产教育和培训档案，如实记录安全生产教育和培训的时间、内容、参加人员以及考核结果等情况。

（一）道路运输从业人员、驾驶员岗前培训

1. 安全驾驶的重要特征

要保证安全驾驶，驾驶员应当具备以下特征：

1）保证良好的心理状态和身体机能

良好的心理状态是安全驾驶的前提条件，驾驶员遇到突发或紧急情况时必须保持清醒的头脑，便于准确定位和应对冲突，平和的心态不可或缺。与此同时，研究发现，身体状况直接决定着驾驶员的判断能力，在精神饱满的时候，便能够集中精力，迅速地投入驾驶环境之中，面对特殊路段可以轻松地做出抉择，杜绝了事故的发生。此外，身体的有效协调也是安全驾驶的基本因素。驾驶员的操作不可中断，面对不同的外界状态，要能够快速地做出反应，如果出现意外，要镇定自若，从容面对，尽可能地将风险最小化。

2）熟悉各类驾驶信息

在行车途中，面对复杂的路段，要快速地处理好相关信息，这就需要对驾驶节奏的有效调节，在纵横交错、视盲区域以及超车的时候要采取必要的防范措施，避免发生意外。对车辆的状态要实时监控，比如在刹车的时候，检测四个轮胎是否均衡，有没有偏移的现象。此外，要检测转向系统和刹车系统是否存在异常情况，要具备一定的安全意识和应对技能。

2. 安全驾驶习惯与技能的培养方法

1）培养安全意识，提高行车素质

（1）增强安全驾驶法制教育，使驾驶员形成正确的行车观念和法制意识。从思想上培养安全驾驶的习惯。一是要加强自身的法制意识，形成良好的法制意识和驾驶理念。驾驶行为习惯的培养是一项长期的工作，需要不断地去学习和接受教育。所以，驾驶员要不断地提升自身驾驶技能，摒弃不良习惯，深入学习相关法律知识，增强安全意识。二是相关部门要强化法制约束力，监督驾驶员的行为习惯，做好安全驾驶方面政策、法规的宣传，将安全驾驶观念传输给驾驶人员，让每一位驾驶人员都能够自觉遵守交通法规，做到安全驾驶。

（2）驾驶员应当注意提升行车素质，增强责任感。在驾驶过程中，驾驶员一定要知道自己的责任，明白自己的行为将关乎着他人的生命、财产等安全，所以，一定要时刻保持高度警惕、精神饱满的状态，严禁酒后、疲劳驾驶。如果遭到堵车，要以平和的心态去面对，不可心浮气躁，安心地等待，严禁与他人发生口角或肢体冲突，要时刻提醒自己严格遵照交通规章制度，不断提升自我行车素质。

2）在实践中不断提升驾驶技巧，巧妙应对突发情况

不断提升驾驶技巧，是安全驾驶的前提，驾驶员应当在实践中有意识地锻炼自己的驾驶技巧，降低交通事故的发生概率。

（1）熟悉汽车的驾驶系统。作为一名驾驶人员，必须熟知自己车辆的驾驶系统，重点包含了各个部件的位置和车辆的综合性能，尤其要对汽车制动、油门以及离合器的位置烂熟于心，按照自身特征，进行座椅的调整，确保视野开阔、清晰，一旦遇到紧急情况，必须要做出快速、准确的应对，将安全隐患发生的概率降到最低。

（2）熟悉掌握汽车制动技巧。面对紧急情况，车辆的制动作用很大，车辆的制动系统是驾驶安全的基本要素和根本保障。新手以及技术不佳的驾驶人员的心理状态不是很好，在行车过程中，一旦遇到复杂的路段和特殊的情况，就会猛踩刹车，这样的做法往往难以达到预期的效果，极易导致安全事故的发生。

（3）转弯需谨慎。在行车过程中，难免会遇到弯度较大的路段，在这类路段上极易引发两类交通事故：一是与对面的车辆相撞，二是遭到后面车辆的追尾。发生前面一类交通事故的主要原因是驾驶员未遵守约定的路线或者视野不开阔；而导致后面一类交通事故的主要原因是驾驶员转弯太猛或者未发出转向信号。所以，遇到转弯路段，驾驶员一定要小心驾驶。要避免事故的发生，首先在视野不开阔的时候或无法确定对面是否有来车的时候，不能轻易地进行转弯；其次，在车辆转弯的时候，一定要放慢速度，并且要打开转向灯、鸣响汽笛，释放出信号。

除对国家道路交通安全和安全生产相关法律法规、安全行车知识、安全告知知识等学习外，危险货物车辆驾驶员与道路旅客运输驾驶员还需要接受典型交通事故案例警示教育、应急处置知识等培训，道路旅客运输驾驶员必须熟悉和了解客运车辆性能以及客运线路危险路段注意事项；并且危险货物车辆驾驶员、从业人员岗前培训时间不得少于 24 学时，道路旅客运输驾驶员岗前理论培训不得少于 12 学时，实际驾驶操作不少于 30 学时。

（二）危险货物运输继续教育培训

道路危险货物运输企业应当建立危险货物车辆驾驶员安全教育、培训及考核制度。定

期对危险货物车辆驾驶员开展法律法规、典型交通事故案例警示、技能训练、应急处置等教育培训。危险货物车辆驾驶员应当每月接受不少于 2 次，每次不少于 1h 的教育培训。道路危险货物运输企业应当组织和督促本企业的危险货物车辆驾驶员参加继续教育，保证危险货物车辆驾驶员参加教育和培训的时间，提供必要的学习条件。

道路危险货物运输企业应在危险货物车辆驾驶员接受教育与培训后，对危险货物车辆驾驶员教育与培训的效果进行考核。危险货物车辆驾驶员教育与培训考核的有关资料应纳入危险货物车辆驾驶员教育与培训档案。危险货物车辆驾驶员教育与培训档案的内容应包括：教育或培训的内容、培训时间、培训地点，授课人、参加培训人员的签名，考核人员、安全管理人员的签名，培训考试情况等。档案保存期限不少于 3 年。

（三）转岗或复岗培训

从业人员在本单位调整工作岗位或离岗一年重新上岗，应重新进行岗前安全培训教育，并经考试合格后方可上岗作业。

三、特种作业人员培训

特种作业人员必须按照国家有关规定经专门的安全作业培训，取得特种作业操作证后，方可上岗作业。

特种作业操作证有效期为 6 年，在全国范围内有效。特种作业操作证每 3 年复审一次。特种作业操作证申请复审或者延期复审前，特种作业人员应当参加必要的安全培训并考试合格。安全培训时间不少于 8 学时。

第五节　驾驶员管理

驾驶员是“人-车-路”系统中，最能动、最活跃的因素，是系统中的中枢环节。国内外的统计数据表明，道路交通事故中 90%的事故都与人相关，其中驾驶员负主要责任的事故高达 70%～80%。

道路运输企业安全生产是一个庞大的系统工程，既关系到车辆的安全可靠性、道路安全设施的有效性、交通安全管理的合理性等，也关系到道路的使用者——驾驶员的综合素质。驾驶员是引发交通事故诸多矛盾中最主要的矛盾，其本身所具有的安全可靠度才是交通安全的根本保证，而运输企业的驾驶员管理是提高驾驶员可靠度的根本途径，因此分析驾驶员管理是至关重要的。图 1.6 为驾驶员管理要素组成图。

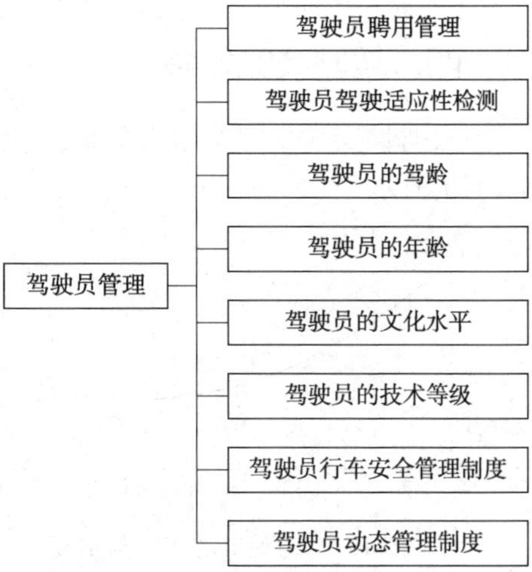

图 1.6　驾驶员管理要素组成图

一、驾驶员聘用管理

驾驶员的聘用管理包括驾驶员的聘用以及驾驶

员的培训。驾驶员聘用：运输企业制定合理、科学、公正的驾驶员聘任制度，包括对驾驶员年龄、文化程度、驾龄、性别等方面的要求，同时企业的安全管理部门对应聘驾驶员进行驾驶适宜性检测；企业安全管理部门负责审核应聘驾驶员的安全行车经历、应聘岗位要求的各种资格证书等，并对审核结果负责。

驾驶员上岗前培训：驾驶员教育培训的内容包括技术教育、职业道德教育以及法制教育三个方面。

(1) 技术教育：由于我国驾驶员整体文化素质偏低，这使得驾驶员对于新技术、新材料、新结构的学习、车辆性能以及驾驶操作技术的掌握受到很大的影响，所以技术教育应从提高文化水平和技术水平两个方面着手。

(2) 职业道德教育：对驾驶员进行职业道德教育应该紧密结合交通法规教育，围绕职业道德标准，以优质文明服务和安全礼貌行车为中心展开。

(3) 法制教育：驾驶员的法制教育以交通法规为重点，同时也要学习有关刑法、民法和经济法等方面的知识，结合职业道德教育一并开展。

二、驾驶员驾驶适应性检测

驾驶员的驾驶适应性是指驾驶员具有可能圆满完成汽车驾驶工作所必备的基本心理、生理素质，包括职业训练前已具备的天生的、潜在的素质和后天经验或者学习形成的整体能力。由于驾驶员之间素质不同，导致驾驶员之间存在“个性差异”以及“事故倾向性”，决定有些人适合驾驶工作，有些人不适合。企业应该联合相关部门对驾驶员的驾驶适应性进行检测，对于驾驶适应“很差”“要注意”的驾驶员少聘用。同时，通过对驾驶员进行心理、生理检测，分析出驾驶员发生交通事故的原因，对肇事驾驶员进行有针对性的培训；对有些不适宜从事驾驶工作的人员，劝其从事其他行业，能进一步减少交通事故的发生。

三、驾驶员的驾龄

由公安部交通管理局公布的不同驾龄驾驶员的肇事情况统计资料可知，随着驾驶员驾龄的增加，肇事事故有所减少，10 年以上的驾驶员事故率较低。

四、驾驶员的年龄

根据长安大学汽车学院的研究结果显示，驾驶员的年龄与事故发生次数存在关系，如图 1.7 所示。

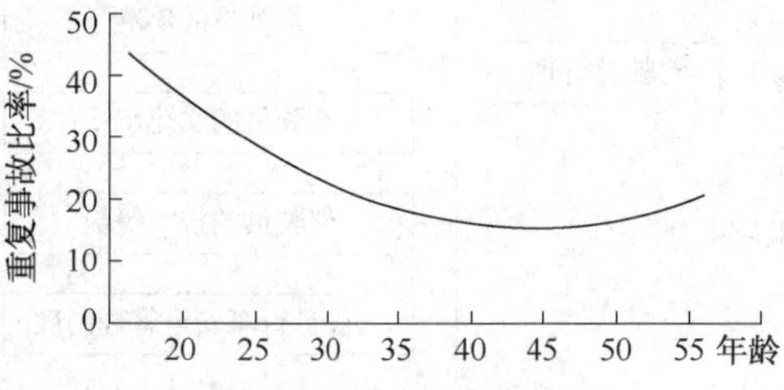

图 1.7　驾驶员的年龄与重复事故比率的关系

由图 1.7 可以看出：

(1) 25 岁以下的驾驶员的重复事故率最高。分析其原因，驾龄较短、技术陌生、经验缺乏；家庭的束缚、工作压力、对前途的彷徨以及其他生理、心理的问题导致当遇到险情时，常因观察判断不当和操作失误而酿成事故。

(2) 26～30 岁的驾驶员的重复事故率较高。这些驾驶员大都已婚，经济上趋于独立，解决问题的能力提高，心理状态趋向稳定，驾驶技术较为熟练，但是受到爱情、家庭的影响，容易麻痹大意，常常开快车，导致事故多次发生。

(3) 41~45 岁的驾驶员的重复事故率最低。正因如此，这个年龄段被称作驾驶员的“黄金期”，生理、心理成熟、技术熟练、经验丰富、情绪稳定、决策果断、措施得力，常常能避开危险。

(4) 45 岁以上的驾驶员的重复事故率已有所上升。虽然这个年龄段心理机能稳定，驾驶技能也较为娴熟，但是由于随着年龄的增长，人的生理机能逐渐下降，视力开始减弱、体力开始衰退、反应判断迟钝等，致使交通事故易发。

五、驾驶员的文化水平

文化程度决定了人认识事物、处理问题的能力。对于驾驶员而言，文化程度越高，越容易养成安全驾驶的行为，发生事故的可能性就越低；反之，文化程度越低，安全行驶意识就越薄弱，事故发生次数就越多。表 1. 1 为合肥市三个运输公司驾驶员文化水平与交通事故的关系表。

表 1. 1　合肥市三企业驾驶人员文化程度与道路交通事故的关系

文化程度	驾驶员人数/人	发生事故/起	事故发生率/%
高中	140	12	8. 57
初中	166	21	12. 65
小学	260	53	20. 38

六、驾驶员的技术等级

汽车驾驶员共设四个等级，分别是：技师(国家职业资格二级)、高级(国家职业资格三级)、中级(国家职业资格四级)、初级(国家职业资格五级)。

七、驾驶员行车安全管理制度

驾驶员行车安全管理制度涉及对驾驶员安全行驶里程的管理、驾驶员警示制度、驾驶员违章考核等方面的内容。

(1) 驾驶员安全行驶里程管理包括对驾驶员安全行驶里程的累计、驾驶员安全行驶里程的扣除、扣除标准等，总公司每季度、分公司每半年记载一次。安全行驶里程可作为对驾驶员考核以及续聘的重要依据。

(2) 驾驶员警示制度的主要内容为：对驾驶员出车前进行询问、告知，督促驾驶员做好对车辆的日常维护和检查，防止驾驶员疲劳、酒后或带病、带不良情绪上岗；将有关道路状况和天气情况及时告知驾驶员。驾驶员警示制度的建立消除了驾驶员带病、带不良情绪上岗，促使驾驶员做好车辆的日常维护工作。

(3) 驾驶员违章考核：包括驾驶员考评、安全责任追究、奖惩等方面的内容。驾驶员违章考核制度的建立，方便了企业及时掌握驾驶员违章情况，以及制定相应的奖惩措施。

八、驾驶员动态管理制度

驾驶员动态管理制度规定了对行车过程中GPS（Global Positioning System，全球定位系统）的管理办法、操作规程等内容。驾驶员动态管理制度的建立，实现了对驾驶员行车过程中的时时监管，充分保障了行车安全。

九、其他管理

1. 危险货物车辆驾驶员管理

（1）道路危险货物运输企业应当建立危险货物车辆驾驶员从业行为定期考核制度。危险货物车辆驾驶员从业行为定期考核的内容主要包括：危险货物车辆驾驶员违法驾驶情况、交通事故情况、服务质量、安全运营情况、安全操作规程执行情况、参加教育与培训情况以及危险货物车辆驾驶员心理和生理健康状况等。考核的周期不大于3个月。危险货物车辆驾驶员从业行为定期考核的结果应与企业安全生产奖惩制度挂钩。

（2）道路危险货物运输企业应当建立危险货物车辆驾驶员信息档案管理制度。危险货物车辆驾驶员信息档案实行一人一档，包括危险货物车辆驾驶员基本信息、危险货物车辆驾驶员体检表、安全驾驶信息、诚信考核信息等情况。

（3）道路危险货物运输企业应当建立危险货物车辆驾驶员调离和辞退制度。对交通违法记满分、诚信考核不合格以及从业资格证被吊销的危险货物车辆驾驶员要及时调离或辞退。

（4）道路危险货物运输企业应当建立危险货物车辆驾驶员安全告诫制度。安全管理人员对危险货物车辆驾驶员出车前进行问询、告知，督促危险货物车辆驾驶员做好对车辆的日常维护和检查，防止危险货物车辆驾驶员酒后、带病或者带不良情绪上岗。

（5）道路危险货物运输企业应当建立防止危险货物车辆驾驶员疲劳驾驶制度。关心危险货物车辆驾驶员的身心健康，定期组织危险货物车辆驾驶员进行体检，为危险货物车辆驾驶员创造良好的工作环境，合理安排运输任务，防止危险货物车辆驾驶员疲劳驾驶。

（6）危险货物运输车辆驾驶员在从事道路运输活动时，应当携带相应的从业资格证件，并应当遵守国家相关法规和道路运输安全操作规程，不得违法经营、违章作业。

（7）危险货物运输车辆驾驶员从事道路运输活动时不得超载运输，连续驾驶时间不得超过4h，每天累计驾驶时间不得超过8h。

（8）危险货物运输车辆驾驶员应按照规定填写行车日志。

（9）危险货物运输车辆驾驶员应当采取必要措施保证自身的人身和财产安全，发生紧急情况时，应当积极进行救护。

（10）道路危险货物运输驾驶员应当按照道路交通安全主管部门指定的行车时间和路线运输危险货物。

（11）在道路危险货物运输过程中发生燃烧、爆炸、污染、中毒或者被盗、丢失、流散、泄漏等事故，道路危险货物运输驾驶员、押运人员应当立即向当地公安部门和所在运输企业或者单位报告，说明事故情况、危险货物品名和特性，并采取一切可能的警示措施和应急措施，积极配合有关部门进行处置。

2. 危险货物运输车辆驾驶员的法律责任

(1) 有下列行为之一的人员，由设区的市级人民政府交通主管部门处 2 万元以上 10 万元以下的罚款；构成犯罪的，依法追究刑事责任：

① 未取得相应从业资格证件，从事道路危险货物运输活动的。

② 使用失效、伪造、变造的从业资格证件，从事道路危险货物运输活动的。

③ 超越从业资格证件核定范围，从事道路危险货物运输活动的。

(2) 道路运输从业人员有下列不具备安全条件情形之一的，由发证机关吊销其从业资格证件：

① 道路危险货物运输从业人员身体健康状况不符合有关机动车驾驶和相关从业要求且没有主动申请注销从业资格的。

② 道路危险货物运输驾驶员发生重大以上交通事故，且负主要责任的。

(3) 被吊销的从业资格证件应当由发证机关公告作废并登记归档。

(4) 交通主管部门及道路运输管理机构工作人员有下列情形之一的，依法给予行政处分；构成犯罪的，依法追究刑事责任：

① 不按规定的条件、程序和期限组织从业资格考试的。

② 发现违法行为未及时查处的。

③ 索取、收受他人财物及谋取其他不正当利益的。

④ 其他违法行为。

第六节 车辆管理

一、车辆管理的内容

车辆是道路运输企业从事运输生产经营活动的基础，同时也是旅客和货物的载体，车辆技术状况的好坏直接影响企业安全生产能否顺利进行。图 1.8 为车辆管理要素组成图。

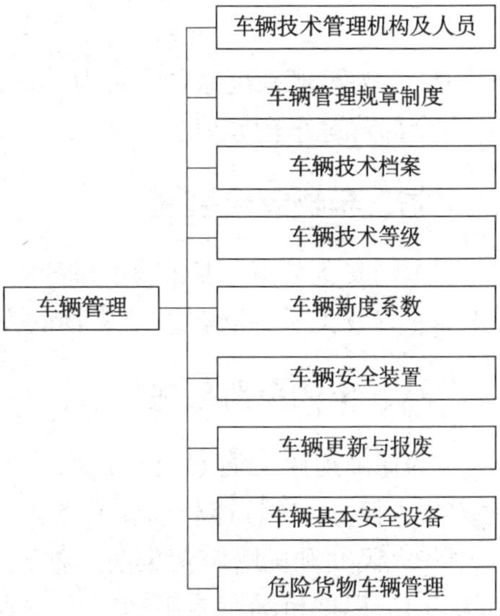

图 1.8 车辆管理要素组成图

二、车辆技术管理机构及人员

道路运输企业应配备车辆技术管理机构及人员，负责认真落实车辆技术档案管理、车辆的二级维护、车辆更新和报废工作、司乘人员行车档案登记工作等。

三、车辆管理规章制度

车辆管理规章制度的主要内容为：道路运输企业营运车辆必须符合《机动车运行安全技术条件》

(GB 7258—2017)和有关汽车运输车辆技术管理规定；车辆技术管理坚持预防为主、技术与经济相结合，做好车辆的定期检查、强制维护、更新与报废以及“回场必检、合格放行”。

四、车辆技术档案

建立健全车辆技术档案，做到“一车一档”。车辆技术档案包括的主要内容为：车辆基本情况、主要部件的更换情况、修理和二级维护、技术等级评定表、变更记录、行驶里程记录、交通事故记录等。

五、车辆技术等级

根据汽车使用年限、关键项等级和项次合格率，将车辆分为一级车、二级车和三级车三个等级。

1. 一级车

使用年限在七年以内，关键项分级的项目达到二级以上，关键项不分级的项目为合格，项次合格率大于等于80%，在运行中无任何保留条件。

2. 二级车

使用年限超过七年，关键项分级的项目达到二级，关键项不分级的项目为合格，项次合格率大于等于90%，在运行中无任何保留条件。

3. 三级车

凡达不到二级车技术标准的汽车均为三级车。

六、车辆新度系数

车辆新度系数是反映车辆新旧程度以及保持运输生产能力和后劲的重要指标。具体定义见式(1.1)。

$$a = 1 - [\sum (v_1 \times t_1)]/v_n \times 96 \tag{1.1}$$

式中：a为车辆新度系数；v_1为单车原值；t_1为单车实际使用月数(超过96的按96计算)；v_n为全部营运车辆原值。

七、车辆安全装置

车辆安全装置包括车辆的制动、传动和转向系统、照明系统等。车辆的安全装置是否齐全、有效关系到乘客以及货物的安全。

八、车辆更新与报废

为保障道路交通安全、鼓励技术进步、加快建设资源节约型、环境友好型社会，根据《中华人民共和国道路交通安全法》及其实施条例、《中华人民共和国大气污染防治法》、《中华人民共和国噪声污染防治法》，制定机动车强制报废标准规定。

(1) 根据机动车使用和安全技术、排放检验状况，国家对达到报废标准的机动车实施强制报废。

（2）已注册机动车有下列情形之一的应当强制报废，其所有人应当将机动车交售给报废机动车回收拆解企业，由报废机动车回收拆解企业按规定进行登记、拆解、销毁等处理，并将报废机动车登记证书、号牌、行驶证交公安机关交通管理部门注销：

① 达到规定使用年限的；

② 经修理和调整仍不符合机动车安全技术国家标准对在用车有关要求的；

③ 经修理和调整或者采用控制技术后，向大气排放污染物或者噪声仍不符合国家标准对在用车有关要求的；

④ 在检验有效期届满后连续 3 个机动车检验周期内未取得机动车检验合格标志的。

第五条各类机动车使用年限分别如下：

① 小、微型出租客运汽车使用 8 年，中型出租客运汽车使用 10 年，大型出租客运汽车使用 12 年；

② 租赁载客汽车使用 15 年；

③ 小型教练载客汽车使用 10 年，中型教练载客汽车使用 12 年，大型教练载客汽车使用 15 年；

④ 公交客运汽车使用 13 年；

⑤ 其他小、微型营运载客汽车使用 10 年，大、中型营运载客汽车使用 15 年；

⑥ 三轮汽车、装用单缸发动机的低速货车使用 9 年，装用多缸发动机的低速货车以及微型载货汽车使用 12 年，危险品运输载货汽车使用 10 年，其他载货汽车（包括半挂牵引车和全挂牵引车）使用 15 年；

⑦ 有载货功能的专项作业车使用 15 年，无载货功能的专项作业车使用 30 年；

⑧ 全挂车、危险品运输半挂车使用 10 年，集装箱半挂车 20 年，其他半挂车使用 15 年。

（3）国家对达到一定行驶里程的机动车引导报废。

达到下列行驶里程的机动车，其所有人可以将机动车交售给报废机动车回收拆解企业，由报废机动车回收拆解企业按规定进行登记、拆解、销毁等处理，并将报废的机动车登记证书、号牌、行驶证交公安机关交通管理部门注销：

① 小、微型出租客运汽车行驶 60 万 km，中型出租客运汽车行驶 50 万 km，大型出租客运汽车行驶 60 万 km；

② 租赁载客汽车行驶 60 万 km；

③ 小型和中型教练载客汽车行驶 50 万 km，大型教练载客汽车行驶 60 万 km；

④ 公交客运汽车行驶 40 万 km；

⑤ 其他小、微型营运载客汽车行驶 60 万 km，中型营运载客汽车行驶 50 万 km，大型营运载客汽车行驶 80 万 km；

⑥ 微型载货汽车行驶 50 万 km，中、轻型载货汽车行驶 60 万 km，重型载货汽车（包括半挂牵引车和全挂牵引车）行驶 70 万 km，危险品运输载货汽车行驶 40 万 km，装用多缸发动机的低速货车行驶 30 万 km。

九、车辆基本安全设备

车辆基本安全设备包括：灭火器、停车警示标志、安全锤等装备。

十、车辆危险货物管理

（1）道路危险货物运输企业或者单位应当按照《道路货物运输及站场管理规定》中有关车辆管理的规定，维护、检测、使用和管理专用车辆，确保专用车辆技术状况良好。

（2）设区的市级道路运输管理机构应当定期对专用车辆进行审验，每年审验一次。审验按照《道路货物运输及站场管理规定》进行，并增加以下审验项目：

① 专用车辆投保危险货物承运人责任险情况。

② 必需的应急处理器材、安全防护设施设备和专用车辆标志的配备情况。

③ 具有行驶记录功能的卫星定位装置的配备情况。

（3）禁止使用报废的、擅自改装的、检测不合格的、车辆技术等级达不到一级的和其他不符合国家规定的车辆从事道路危险货物运输。

除铰接列车、具有特殊装置的大型物件运输专用车辆外，严禁使用货车列车从事危险货物运输；倾卸式车辆只能运输散装硫黄、萘饼、粗蒽、煤焦沥青等危险货物。

禁止使用移动罐体（罐式集装箱除外）从事危险货物运输。

（4）运输剧毒化学品、爆炸品专用车辆及罐式专用车辆（含罐式挂车）应当到具备道路危险货物运输车辆维修资质的企业进行维修。

牵引车以及其他专用车辆由企业自行消除危险货物的危害后，可到具备一般车辆维修资质的企业进行维修。

（5）用于装卸危险货物的机械及工具的技术状况应当符合行业标准《危险货物道路运输规则》（JT/T 617—2018）规定的技术要求。

（6）罐式专用车辆的常压罐体应当符合国家标准《道路运输液体危险货物罐式车辆　第2部分：非金属常压罐体技术要求》（GB 18564.2—2008）有关技术要求。

使用压力容器运输危险货物的，应当符合国家特种设备安全监督管理部门制定并公布的《移动式压力容器安全技术监察规程》（TSG R0005—2011）等有关技术要求。

压力容器和罐式专用车辆应当在质量检验部门出具的压力容器或者罐体检验合格的有效期内承运危险货物。

（7）道路危险货物运输企业或者单位对重复使用的危险货物包装物、容器，在重复使用前应当进行检查；发现存在安全隐患的，应当维修或者更换。

道路危险货物运输企业或者单位应当对检查情况做记录，记录的保存期限不得少于2年。

（8）道路危险货物运输企业或者单位应当到具有污染物处理能力的机构对常压罐体进行清洗（置换）作业，将废气、污水等污染物集中收集，消除污染，不得随意排放，污染环境。

（9）以下为符合要求的专用车辆及设备：

① 自有专用车辆（挂车除外）5辆以上；运输剧毒化学品、爆炸品的，自有专用车辆（挂车除外）10辆以上。

② 专用车辆外廓尺寸、轴荷和质量符合国家标准《汽车、挂车及汽车列车外廓尺寸、轴荷及质量限值》（GB 1589—2016）的要求。

③ 专用车辆燃料消耗量符合行业标准《营运货车燃料消耗量限值及测量方法》（JT/T 719—2016）的要求。

④ 配备有效的通信工具。

⑤ 专用车辆应当安装具有行驶记录功能的卫星定位装置。

⑥ 运输剧毒化学品、爆炸品、易制爆危险化学品的，应当配备罐式、厢式专用车辆或者压力容器等专用容器。

⑦ 罐式专用车辆的罐体应当经质量检验部门检验合格，且罐体载货后总质量与专用车辆核定载质量相匹配。运输爆炸品、强腐蚀性危险货物的罐式专用车辆的罐体容积不得超过 $20m^3$，运输剧毒化学品的罐式专用车辆的罐体容积不得超过 $10m^3$，但符合国家有关标准的罐式集装箱除外。

⑧ 运输剧毒化学品、爆炸品、强腐蚀性危险货物的非罐式专用车辆，核定载质量不得超过 10t，但符合国家有关标准的集装箱运输专用车辆除外。

⑨ 配备与运输的危险货物性质相适应的安全防护、环境保护和消防设施设备。

第七节 营运管理

根据《中华人民共和国道路运输条例》规定，道路旅客运输和货物运输的共同规定有：

(1) 道路旅客运输经营者、货物运输经营者应当加强对从业人员的安全教育、职业道德教育，确保道路运输安全。

道路运输从业人员应当遵守道路运输操作规程，不得违章作业。驾驶人员连续驾驶时间不得超过 4 个小时。

(2) 生产(改装)道路旅客运输车辆、货物运输车辆的企业应当按照国家规定标定车辆的核定人数或者载质量，严禁多标或者少标车辆的核定人数或者载质量。

道路旅客运输经营者、货物运输经营者应当使用符合国家规定标准的车辆从事道路运输经营。

(3) 道路旅客运输经营者、货物运输经营者应当加强对车辆的维护和检测，确保车辆符合国家规定的技术标准；不得使用报废的、擅自改装的和其他不符合国家规定的车辆从事道路运输经营。

(4) 道路旅客运输经营者、货物运输经营者应当制定有关交通事故、自然灾害以及其他突发事件的道路运输应急预案。应急预案应当包括报告程序、应急指挥、应急车辆和设备的储备以及处置措施等内容。

(5) 发生交通事故、自然灾害以及其他突发事件，道路旅客运输经营者和货物运输经营者应当服从县级以上人民政府或者有关部门的统一调度、指挥。

(6) 道路运输车辆应当随车携带车辆营运证，不得转让、出租。

(7) 道路运输车辆运输旅客的，不得超过核定的人数，不得违反规定载货；运输货物的，不得运输旅客，运输的货物应当符合核定的载质量，严禁超载；载物的长、宽、高不得违反装载要求。

违反前款规定的，由公安机关交通管理部门依照《中华人民共和国道路交通安全法》的有关规定进行处罚。

(8) 道路旅客运输经营者、危险货物运输经营者应当分别为旅客或者危险货物投保承运人责任险。

此外，道路危险货物运输企业或单位应特别注意：

（1）道路危险货物运输企业或者单位应当严格按照道路运输管理机构决定的许可事项从事道路危险货物运输活动，不得转让、出租道路危险货物运输许可证件。严禁非经营性道路危险货物运输单位从事道路危险货物运输经营活动。

（2）危险货物托运人应当委托具有道路危险货物运输资质的企业承运。危险货物托运人应当对托运的危险货物种类、数量和承运人等相关信息予以记录，记录的保存期限不得少于1年。

（3）危险货物托运人应当严格按照国家有关规定妥善包装并在外包装设置标志，并向承运人说明危险货物的品名、数量、危害、应急措施等情况。需要添加抑制剂或者稳定剂的，托运人应当按照规定添加，并告知承运人相关注意事项。危险货物托运人托运危险化学品的，还应当提交与托运的危险化学品完全一致的安全技术说明书和安全标签。

（4）不得使用罐式专用车辆或者运输有毒、感染性、腐蚀性危险货物的专用车辆运输普通货物。其他专用车辆可以从事食品、生活用品、药品、医疗器具以外的普通货物运输，但应当由运输企业对专用车辆进行消除危害处理，确保不对普通货物造成污染、损害。不得将危险货物与普通货物混装运输。

（5）专用车辆应当按照国家标准《道路运输危险货物车辆标志》(GB 13392—2005)的要求悬挂标志。

（6）运输剧毒化学品、爆炸品的企业或者单位，应当配备专用停车区域，并设立明显的警示标牌。

（7）专用车辆应当配备符合有关国家标准以及与所载运的危险货物相适应的应急处理器材和安全防护设备。

（8）道路危险货物运输企业或者单位不得运输法律、行政法规禁止运输的货物。法律、行政法规规定的限运、凭证运输货物，道路危险货物运输企业或者单位应当按照有关规定办理相关运输手续。法律、行政法规规定托运人必须办理有关手续后方可运输的危险货物，道路危险货物运输企业应当查验有关手续齐全有效后方可承运。

（9）道路危险货物运输企业或者单位应当采取必要措施，防止危险货物脱落、扬撒、丢失以及燃烧、爆炸、泄漏等。

（10）驾驶人员应当随车携带《道路运输证》。

（11）在道路危险货物运输过程中，除驾驶人员外，还应当在专用车辆上配备押运人员，确保危险货物处于押运人员监管之下。

（12）道路危险货物运输途中，驾驶人员不得随意停车。因住宿或者发生影响正常运输的情况需要较长时间停车的，驾驶人员、押运人员应当设置警戒带，并采取相应的安全防范措施。运输剧毒化学品或者易制爆危险化学品需要较长时间停车的，驾驶人员或者押运人员应当向当地公安机关报告。

（13）危险货物的装卸作业应当遵守安全作业标准、规程和制度，并在装卸管理人员的现场指挥或者监控下进行。危险货物运输托运人和承运人应当按照合同约定指派装卸管理人员；若合同未予约定，则由负责装卸作业的一方指派装卸管理人员。

（14）驾驶人员、装卸管理人员和押运人员上岗时应当随身携带从业资格证。

（15）严禁专用车辆违反国家有关规定超载、超限运输。道路危险货物运输企业或者单位使用罐式专用车辆运输货物时，罐体载货后的总质量应当和专用车辆核定载质量相匹配；使用牵引车运输货物时，挂车载货后的总质量应当与牵引车的准牵引总质量相匹配。

（16）道路危险货物运输企业或者单位应当要求驾驶人员和押运人员在运输危险货物时，严格遵守有关部门关于危险货物运输线路、时间、速度方面的有关规定，并遵守有关部门关于剧毒、爆炸危险品道路运输车辆在重大节假日通行高速公路的相关规定。

（17）道路危险货物运输企业或者单位应当通过卫星定位监控平台或者监控终端及时纠正和处理超速行驶、疲劳驾驶、不按规定线路行驶等违法违规驾驶行为。监控数据应当至少保存 3 个月，违法驾驶信息及处理情况应当至少保存 3 年。

（18）道路危险货物运输从业人员必须熟悉有关安全生产的法规、技术标准和安全生产规章制度、安全操作规程，了解所装运危险货物的性质、危害特性、包装物或者容器的使用要求和发生意外事故时的处置措施，不得违章作业。

（19）道路危险货物运输企业或者单位应当通过岗前培训、例会、定期学习等方式，对从业人员进行经常性安全生产、职业道德、业务知识和操作规程的教育培训。

（20）道路危险货物运输企业或者单位应当加强安全生产管理，制定突发事件应急预案，配备应急救援人员和必要的应急救援器材、设备，并定期组织应急救援演练，严格落实各项安全制度。

（21）道路危险货物运输企业或者单位应当委托具备资质条件的机构，对本企业或单位的安全管理情况每 3 年至少进行一次安全评估，出具安全评估报告。

（22）在危险货物运输过程中发生燃烧、爆炸、污染、中毒或者被盗、丢失、流散、泄漏等事故，驾驶人员、押运人员应当立即根据应急预案和《道路运输危险货物安全卡》的要求采取应急处置措施，并向事故发生地公安部门、交通运输主管部门和本运输企业或者单位报告。运输企业或者单位接到事故报告后，应当按照本单位危险货物应急预案组织救援，并向事故发生地安全生产监督管理部门和环境保护、卫生主管部门报告。道路危险货物运输管理机构应当公布事故报告电话。

（23）在危险货物装卸过程中，应当根据危险货物的性质，轻装轻卸，堆码整齐，防止混杂、撒漏、破损，不得与普通货物混合堆放。

（24）道路危险货物运输企业或者单位应当为其承运的危险货物投保——承运人责任险。

（25）道路危险货物运输企业异地经营（运输线路起讫点均不在企业注册地市域内）累计 3 个月以上的，应当向经营地设区的市级道路运输管理机构备案并接受其监管。

（26）以下为符合要求的停车场地：

① 自有或者租借期限为 3 年以上，且与经营范围、规模相适应的停车场地，停车场地应当位于企业注册地市级行政区域内。

② 运输剧毒化学品、爆炸品专用车辆以及罐式专用车辆，数量为 20 辆（含）以下的，停车场地面积不低于车辆正投影面积的 1.5 倍，数量为 20 辆以上的，超过部分，每辆车的停车场地面积不低于车辆正投影面积；运输其他危险货物的，专用车辆数量为 10 辆（含）以下的，停车场地面积不低于车辆正投影面积的 1.5 倍；数量为 10 辆以上的，超过部分，每辆车的停车场地面积不低于车辆正投影面积。

③ 停车场地应当封闭并设立明显标识，不得妨碍居民生活和威胁公共安全。

第二章　道路旅客运输安全管理

第一节　道路旅客运输企业的等级划分及条件

根据中华人民共和国交通行业标准《道路旅客运输企业等级》(JT/T 630—2017)规定，道路旅客运输企业等级分为特级、一级、二级、三级、四级。道路旅客运输企业等级评定的条件包括运输能力、资产规模、车辆条件、经营业绩、安全状况、服务质量、人员素质和科技应用八个方面。

不符合企业法人条件的经营单位不评定企业等级。

一、特级道路旅客运输企业

1. 运输能力

道路旅客运输企业应在上一年度完成客运量 8000 万人次(含)以上，或客运周转量 600000 万人·km(含)以上。

2. 资产规模

道路旅客运输企业净资产应达到 15 亿元(含)以上，客运资产净值应达到 12 亿元(含)以上，并满足下列条件之一：

① 客运企业自有或控股三级(含)以上汽车客运站应不少于 40 个，汽车客运站等级应符合《汽车客运站级别划分和建设要求》(JT/T 200—2020)的规定，其中一级汽车客运站应不少于 8 个；

② 客运企业在注册地域(设区市以上)外自有或控股其他从事道路旅客运输的企业应不少于 35 个，并设在不少于 10 个不同区市。

3. 车辆条件

客车等级应符合《营运客车类型划分及等级评定》(JT/T 325—2018)的规定，新能源或清洁能源营运客车数量应不少于 200 辆，并满足下列条件之一：

① 客运企业自有营运客车 5000 辆(含)以上、客位 130000 个(含)以上且高级客车 1500 辆(含)以上、客位 50000 个(含)以上；

② 高级客车 2000 辆(含)以上、客位 70000 个(含)以上。

4. 经营业绩

道路旅客运输企业上一年度总营业收入 30 亿元(含)以上，其中道路旅客运输营业收入 20 亿元(含)以上。

5. 安全状况

道路旅客运输企业上一年度行车责任安全事故率应不高于 0.03 次/车，责任事故死亡率应不高于 0.002 人/车且单次责任事故死亡人数不超过 5 人，责任事故伤人率应不高于 0.01 人/车。

6. 服务质量

道路旅客运输企业经省级(含)以上工商管理机构注册的客运服务品牌应不少于 2 个，上一年度行业主管部门对企业不规范经营行为进行处罚的次数应不高于 0.02 次/车，上一年度省级(含)以上道路运输行业协会或新闻媒体曝光的企业重大服务质量事故应不多于 1 件。

上一年度道路运输企业质量信誉考核应达到 AAA 级。

7. 人员素质

道路旅客运输企业主要负责人及主管生产、经营和安全管理的责任人，以及企业各级子公司、分公司主要负责人中具有大专(含)以上文化程度的人数应不低于 90%，或具有中级职称(含)以上的人数不低于 10%。

道路旅客运输企业营运客车驾驶员中安全行车 100 万 km(含)以上的驾驶员应不少于总数的 3%。

8. 科技应用

道路旅客运输企业营运客车中安装、使用具有行驶记录功能卫星定位装置的车数应不低于 98%，其中班车客运、旅游客运车辆应达到 100%，并接入联网联控系统。

道路旅客运输企业自有或控股三级(含)以上汽车客运站实现联网售票数量占总数应达到 90%(含)以上，汽车客运站等级应符合《汽车客运站级别划分和建设要求》(JT/T 200—2020)的规定，其中二级(含)以上汽车客运站应达到 100%。

二、一级道路旅客运输企业

1. 运输能力

道路旅客运输企业应在上一年度完成客运量 1000 万人次(含)以上，或客运周转量 60000 万人 · km(含)以上。

2. 资产规模

道路旅客运输企业净资产应达到 6 亿元(含)以上，客运资产净值应达到 4.5 亿元(含)以上，并满足下列条件之一：

① 道路旅客运输企业自有或控股三级(含)以上汽车客运站应不少于 10 个，汽车客运站等级应符合《汽车客运站级别划分和建设要求》(JT/T 200—2020)的规定，其中一级汽车客运站应不少于 1 个；

② 道路旅客运输企业在注册地域(设区市以上)外自有或控股其他从事道路旅客运输的企业应不少于 10 个。

3. 车辆条件

客车等级应符合《营运客车类型划分及等级评定》(JT/T 325—2018)的规定，新能源或清洁能源营运客车数量不少于 50 辆，并满足下列条件之一：

① 道路旅客运输企业自有营运客车 700 辆(含)以上、客位 21000 个(含)以上且高级客

车200辆(含)以上、客位6000个(含)以上;

② 高级客车300辆(含)以上、客位9000个(含)以上。

4. 经营业绩

道路旅客运输企业上一年度总营业收入应达到4.5亿元(含)以上,其中道路旅客运输营业收入3亿(含)元以上。

5. 安全状况

道路旅客运输企业上一年度行车责任事故率应不高于0.03次/车,责任事故死亡率应不高于0.002人/车且单次责任事故死亡人数不超过5人,责任事故伤人率应不高于0.01人/次。

交通运输企业安全生产标准化评价应达到一级。

6. 服务质量

道路旅客运输企业经省级(含)以上工商管理机构注册的道路旅客运输服务品牌应不少于1个,上一年度行业主管部门对企业不规范经营行为进行处罚的次数应不高于0.05次/车,上一年度省级(含)以上道路运输行业协会或新闻媒体曝光的企业重大服务质量事故应不多于1件。

上一年度道路运输企业质量信誉考核应达到AAA级。

7. 人员素质

道路旅客运输企业主要负责人及主管生产、经营和安全管理的责任人,以及企业各级子公司、分公司主要负责人中具有大专(含)以上文化程度的人数应不低于90%,或具有中级职称(含)以上的人数不低于10%。

道路旅客运输企业营运客车驾驶员中安全行车100万km(含)以上的驾驶员应不少于总数的2%。

8. 科技应用

道路旅客运输企业营运客车中安装、使用具有行驶记录功能卫星定位装置的车数应不低于98%,其中班车道路旅客运输、旅游道路旅客运输车辆应达到100%,并接入联网联控系统。

道路旅客运输企业自有或控股三级(含)以上汽车客运站实现联网售票数量占总数应达到70%(含)以上,汽车客运站等级应符合《汽车客运站级别划分和建设要求》(JT/T 200—2020)的规定,其中二级(含)以上汽车客运站应达到100%。

三、二级道路旅客运输企业

1. 运输能力

道路旅客运输企业在上一年度完成道路旅客运输量200万人次(含)以上,或道路旅客运输周转量12000万人·km(含)以上。

2. 资产规模

道路旅客运输企业净资产应达到0.6亿元(含)以上,道路旅客运输资产净值应达到0.45亿元(含)以上。

3. 车辆条件

客车等级应符合《营运客车类型划分及等级评定》(JT/T 325—2018)的规定，并满足下列条件之一：

① 道路旅客运输企业自有营运客车 150 辆(含)以上、客位 4500 个(含)以上且高级客车 40 辆(含)以上、客位 1200 个(含)以上；

② 高级客车 60 辆(含)以上、客位 1800 个(含)以上。

4. 经营业绩

道路旅客运输企业上一年度总营业收入应达到 0.6 亿元(含)以上，其中道路旅客运输营业收入 0.45 亿元(含)以上。

5. 安全状况

道路旅客运输企业上一年度行车责任安全事故率应不高于 0.05 次/车，责任安全事故死亡率应不高于 0.01 人/车，责任安全事故伤人率应不高于 0.02 人/车。

交通运输企业安全生产标准化评价应达到二级(含)以上。

6. 服务质量

道路旅客运输企业上一年度行业主管部门对企业不规范经营行为进行处罚的次数应不高于 0.06 次/车，上一年度省级(含)以上道路运输行业协会或新闻媒体曝光的企业重大服务质量事故应不多于 2 件。

上一年度道路运输企业质量信誉考核应达到 AA 级(含)以上。

7. 人员素质

道路旅客运输企业主要负责人及主管生产、经营和安全管理的责任人，以及企业各级子公司、分公司主要负责人中具有大专(含)以上文化程度的人数应不低于 80%，或具有中级职称(含)以上的人数不低于 5%。

道路旅客运输企业营运客车驾驶员中安全行车 100 万 km(含)以上的驾驶员应不少于总数的 1%。

8. 科技应用

道路旅客运输企业营运客车中安装、使用具有行驶记录功能卫星定位装置的车数应不低于 90%，其中班车道路旅客运输、旅游道路旅客运输车辆应达到 100%，并接入联网联控系统。

道路旅客运输企业自有或控股三级(含)以上汽车客运站实现联网售票数量占总数应达到 50%(含)以上，汽车客运站等级应符合《汽车客运站级别划分和建设要求》(JT/T 200—2020)的规定，其中二级(含)以上汽车客运站应达到 100%。

四、三级道路旅客运输企业

1. 运输能力

道路旅客运输企业在上一年度完成道路旅客运输量 100 万人次(含)以上，或道路旅客运输周转量 6000 万人·km(含)以上。

2. 资产规模

道路旅客运输企业净资产应达到 0.2 亿元(含)以上，道路旅客运输资产净值应达到

0.12 亿元(含)以上。

3. 车辆条件

客车等级应符合《营运客车类型划分及等级评定》(JT/T 325—2018)的规定，并满足下列条件之一：

① 道路旅客运输企业自有营运客车 60 辆(含)以上、客位 1800 个(含)以上且高级客车在 20 辆(含)以上、客位 600 个(含)以上；

② 高级客车 30 辆(含)以上、客位 900 个(含)以上。

4. 经营业绩

道路旅客运输企业上一年度总营业收入应达到 0.2 亿元(含)以上，其中道路旅客运输营业收入 0.12 亿元(含)以上。

5. 安全状况

道路旅客运输企业上一年度行车责任安全事故率应不高于 0.05 次/车，责任安全事故死亡率应不高于 0.01 人/车，责任安全事故伤人率应不高于 0.02 人/车。

6. 服务质量

道路旅客运输企业上一年度行业主管部门对企业不规范经营行为进行处罚的次数应不高于 0.08 次/车，上一年度省级(含)以上道路运输行业协会或新闻媒体曝光的企业重大服务质量事故应不多于 2 件。

上一年度道路运输企业质量信誉考核应达到 AA 级(含)以上。

7. 人员素质

道路旅客运输企业主要负责人及主管生产、经营和安全管理的责任人，以及企业各级子公司、分公司主要负责人中具有大专(含)以上文化程度的人数应不低于 70%，或具有中级职称(含)以上的人数不低于 3%。

道路旅客运输企业营运客车驾驶员中安全行车 100 万 km(含)以上的驾驶员应不少于总数的 1%。

8. 科技应用

道路旅客运输企业营运客车中安装、使用具有行驶记录功能卫星定位装置的车数应不低于 70%，其中班车道路旅客运输、旅游道路旅客运输车辆应达到 100%，并接入联网联控系统。

五、四级道路旅客运输企业

1. 运输能力

道路旅客运输企业在一上年度完成客运量 20 万人次或道路旅客运输周转量 1200 万人·km(含)以上。

2. 资产规模

道路旅客运输企业净资产应达到 0.03 亿元(含)以上，道路旅客运输资产净值应达到 0.02 亿元(含)以上。

3. 车辆条件

道路旅客运输企业自有营运车辆 10 辆(含)以上、客位 200 个(含)以上。

4. 经营业绩

上一年度营业收入 300 万元以上，其中小客运营业收入 200 万元以上。

5. 安全状况

道路旅客运输企业上一年度行车责任安全事故率应不高于 0.05 次/车，责任安全事故死亡率应不高于 0.01 人/车，责任安全事故伤人率应不高于 0.02 人/车。

6. 服务质量

道路旅客运输企业上一年度行业主管部门对企业不规范经营行为进行处罚的次数应不高于 0.1 次/车，上一年度省级(含)以上道路运输行业协会或新闻媒体曝光的企业重大服务质量事故应不多于 2 件。

上一年度道路运输企业质量信誉考核应达到 A 级(含)以上。

7. 人员素质

道路旅客运输企业主要负责人及主管生产、经营和安全管理的责任人，以及企业各级子公司、分公司主要负责人中具有大专(含)以上文化程度的人数应不低于 60%，或具有中级职称(含)以上的人数不低于 2%。

道路旅客运输企业营运客车驾驶员中安全行车 100 万 km(含)以上的驾驶员应不少于总数的 1%。

8. 科技应用

道路旅客运输企业营运客车中安装、使用具有行驶记录功能卫星定位装置的车数应不低于 50%，其中班车道路旅客运输、旅游道路旅客运输车辆应达到 100%，并接入联网联控系统。

第二节 部门职责及企业对道路旅客运输的安全管理

为了维护道路旅客运输市场秩序，预防和减少交通事故，政府各部门应各负其责，运输企业应切实加强对道路旅客运输的安全管理。

一、各部门对道路旅客运输安全管理的职责

(一) 组织领导

各级人民政府承担道路旅客运输安全工作的领导职责，组织协调有关部门整顿道路旅客运输秩序，改善道路旅客运输环境。

(二) 职责分工

公安机关负责道路交通秩序管理和治安管理，保障道路交通安全和畅通；交通主管部门依照国家和各省的交通行业标准、规范和制度，负责对旅客运输企业的生产安全进行指

导和监督。

交通主管部门设置旅客运输线路和站(点)，应当合理规划，方便群众，考虑道路容量和交通安全因素，不妨碍道路畅通。

旅客运输线路和站(点)在设置前，交通主管部门应当征求公安等有关部门的意见。有关部门对旅客运输线路和站(点)设置有异议的，交通主管部门应当与提出意见的部门协商；协商不成的，由同级人民政府协调解决。

交通、公安、工商、建设等有关部门应当加强配合，保障旅客运输站(点)周围具备良好的道路交通环境。

交通主管部门依照国家有关规定组织实施并负责监督检查，对旅客运输企业实行经营资质等级制度和质量信誉考核制度。根据道路旅客运输企业的资质等级，确定其可经营的旅客运输线路种类。根据对道路旅客运输企业质量信誉的考核结果，重新确认或调整该企业的经营资质等级及所经营的旅客运输线路种类。

二、企业对道路旅客运输的安全管理

（一）道路旅客运输企业安全管理体系

2012年，中华人民共和国交通运输部、中华人民共和国公安部和中华人民共和国国家安全生产监督管理总局发出通知，将《道路旅客运输企业安全管理规范(试行)》[以下简称《规范(试行)》]印发给各省、自治区、直辖市的交通运输、公安、安全监管部门，要求各地各部门组织实施好《规范(试行)》，强化道路旅客运输企业安全生产的主体责任，加强道路旅客运输风险整治行动，从而提高道路旅客运输企业安全管理水平。

2018年，交通运输部、公安部、应急管理部共同修订发布了《道路旅客运输企业安全管理规范》(交运发〔2018〕55号)(以下简称《规范》)。在全面总结评估《规范(试行)》执行效果和存在问题的基础上，充分考虑当前道路旅客运输企业经营规模、运营模式、运输组织形式以及企业安全管理的信息化水平等方面的差异，适当调整不适宜或者可操作性差的条款要求，细化操作措施，量化具体评价指标，进一步提高《规范》的科学性、合理性、合法性、可操作性和实用性。

《规范》从四个板块提出了道路旅客运输企业安全管理工作的规范要求，分别是：安全生产基础保障、安全生产制度、安全隐患排查治理与风险管控、安全生产绩效管理。

1. 安全生产基础保障

1）安全生产管理机构

《规范》要求旅客运输企业及其分支机构依法设置安全生产领导机构，配备与本单位安全生产工作相适应的专职安全管理人员。包括企业主要负责人，运输经营、安全管理、车辆管理、从业人员管理等部门负责人及分支机构的主要负责人。

2）安全生产职责

安全生产职责包括道路旅客运输企业安全管理领导机构和安全生产管理人员的职责。领导机构的责任在于落实安全职责的工作，使企业安全管理更加体系化、标准化、具体化，便于定期考核。通过职责落实具体化，将所有道路旅客运输路线、车辆、驾驶员的安全管理落实到个人头上，道路旅客运输企业在出现问题时能及时发现问题所在，有针对性地找到相关负责人，并及时有效地进行纠正和改进。

2. 安全生产制度

1）旅客运输驾驶员管理

旅客运输企业应建立旅客运输驾驶员聘用制度，严格驾驶员录用条件，统一录用程序和旅客运输驾驶员录用条件，严格审核旅客运输驾驶员从业资格条件、安全行车经历及职业健康检查结果，对实际驾驶技能进行测试。合格的驾驶员需参加岗前培训和安全教育培训，并接受企业的考核；建立旅客运输驾驶员信息档案管理制度、调离和辞退制度和安全告诫制度，防止驾驶员疲劳驾驶，严格执行八小时工作制，连续驾驶时间不得超过 4 小时，每次停车休息时间不少于 20 分钟。企业每月查询一次旅客运输驾驶员的违法和事故信息，及时进行针对性的教育和处理。

2）道路旅客运输车辆管理

道路旅客运输企业应加强车辆技术管理，包括负责车辆技术管理的机构，配备专业车辆技术管理人员。企业应逐步建立车辆维护和技术信息化管理系统制度，并定期检查客车应配备的安全行车设施设备。

3）运输组织

旅客运输企业在申请线路经营时应当进行实际线路考察，建立每一条旅客运输线路的交通状况、限速情况、气候条件、沿线安全隐患路段情况等信息台账，对信息台账进行定期更新，并提供给旅客运输驾驶员。对旅客运输车辆的管理实行分线路、分区域的承包管理。

4）动态监控

旅客运输企业按照相关规定，为营运客车安装符合标准的卫星定位装置，并有效接入道路运输车辆动态监控平台及全国重点营运车辆联网联控系统；配备专职人员负责实时监控车辆行驶动态，记录分析处理动态信息，及时提醒、提示违规行为。

5）安全生产操作规程

旅客运输企业应当制定旅客运输驾驶员行车操作规程，比如，“出车前、行车中、收车后”的车辆技术状况检查，高速公路及特殊路段行车注意事项，应急驾驶操作程序等；制定车辆日常检查和日常维护操作规程，至少包括制动、轮胎、转向、灯光等安全部件检查要求和检查程序；制定车辆动态监控操作规程，比如卫星定位装置、动态监控平台设备的检修和维护要求等。

6）其他安全生产管理制度

包括安全生产基础档案制度、事故应急处置制度、生产安全事故责任倒查制度、应急救援制度、安全生产宣传和教育制度、安全生产社会监督机制及本企业安全生产管理所需要的其他制度。

3. 安全隐患排查治理与风险管控

事故隐患排查治理包括对旅客运输驾驶员、旅客运输车辆、运输线路、运营过程等安全生产各要素和环节进行安全隐患排查，及时消除安全隐患。

4. 安全生产绩效管理

道路旅客运输企业根据相关管理部门的要求和自身实际情况，制定安全生产绩效目标，主要包括道路交通责任事故起数、死亡人数、受伤人数、百万车公里事故起数、百万车公里伤亡人数、安全行车公里数等。针对年度目标，对各部门、各岗位人员进行安全绩效考核，并进行安全生产内部评价。

可以看出，《规范》从安全生产、安全管理到考核，从管理部门到驾驶员、车辆、客运站，做出了非常详尽的规定，从制度的角度分析，我国公路旅客运输体系是比较完善的。

（二）道路旅客运输企业的安全管理

1. 加强领导

道路旅客运输企业应当加强对安全生产的领导，建立安全生产管理机构，制定有关安全生产管理制度和措施，加强对驾驶员及其他有关从业人员的安全教育，推行安全生产责任制。

2. 加强驾驶员的安全管理

道路旅客运输企业的各类驾驶员，应当遵守国家和本省对营运客车驾驶员的条件规定。企业应抓好驾驶员的应聘和安全管理等工作。

3. 出站车辆的门检管理

道路旅客运输车站应当建立和完善门检工作制度，配备合格的门检工作人员。

道路旅客运输车站对出站车辆必须进行安全检查，发现车辆有机械事故隐患、人员超载等不安全因素的，应当制止其出站，待不安全因素消除后方可放行。

4. 车辆营运过程中的安全管理

道路旅客运输经营者和驾乘人员应当在道路旅客运输途中维护旅客人身及财产安全，完善旅客运输安全防范措施，进行必要的安全常识宣传，维护车内秩序。在发生危及旅客人身和财产安全的特殊情况时，根据具体情况，采取制止、呼救、报警、停车和组织旅客疏散等措施；发生旅客受伤情况时，应当设法及时抢救；对已经发生的案件，要设法保护现场。

在道路旅客运输车辆营运过程中，旅客运输企业及其从业人员应当遵守下列规定：

（1）营运车辆不得超速行驶。

（2）营运车辆上行李、物品应当按规定装载，不得超载。

（3）营运车辆不得超过核定的承载人数载客。

（4）不得使用威胁手段或纠缠方法强行揽客。

5. 报废车辆的管理

凡达到国家汽车报废标准的道路旅客运输车辆，应当按时办理报废、注销登记，并按规定予以解体，不得继续行驶。

6. 协助维护道路旅客运输治安秩序

道路旅客运输企业及其从业人员应当协助公安机关维护道路旅客运输治安秩序，在道路旅客运输过程中发现违法犯罪行为的，应当予以制止或者控制，并及时向公安机关报告。在必要情况下，驾乘人员应见义勇为，保护旅客的人身安全，绝不能放任不法行为的发生。

（三）禁用车辆和禁止行为

1. 禁用车辆

禁止使用货车、摩托车、拖拉机、残疾人专车、农用车、未经主管部门批准的拼装客车、未经主管部门批准擅自改装或者改型的客车和已达到报废标准的客车从事道路旅客运输经营业务。

2. 禁止行为

在道路旅客运输过程中，禁止一切个人、单位的下列行为：

（1）携带、运载、使用易燃、易爆、剧毒、放射性等危险物品和各类违禁品。

（2）进行赌博、诈骗、敲诈勒索等违法活动。

（3）其他违反治安管理法规的行为。

此外，乘客及旅客运输企业从业人员还应当遵守下列规定：

（1）不得在交通繁忙地点随意拦车。

（2）不得向车窗外抛掷物品。

（3）车辆行驶中，不得擅自开门或者跳车。

第三节　汽车客运站安全生产管理

汽车客运站是旅客乘车的集散场所，是道路交通运输行业的窗口，代表着道路交通运输行业的形象。客运站的安全管理既关乎旅客的生命及财产安全，也关系到客运站生产环境的安全和客运站生产人员的人身安全与健康。因此，汽车客运站的安全生产管理工作十分重要。

一、汽车客运站的性质、任务和级别划分

（一）汽车客运站的定义和性质

汽车客运站是公益性交通基础设施，是道路旅客运输网络的节点，是道路运输经营者与旅客进行运输交易活动的场所，是为旅客和运输经营业者提供站务服务的场所，是培育和发展道路运输市场的载体。

汽车客运站一般配有站房、停车场和服务设施以及专门的站务人员，是从事旅客运输服务的营业性机构。

汽车客运站的最大特征，是在这里运输生产与销售在同一过程中进行，所以它集运输生产、经营和服务于一体，是运输企业三大基层单位之一，在企业的生产经营中具有十分重要的地位和作用。

（二）汽车客运站的功能

汽车客运站的功能具有多重性。它首先是企业旅客运输生产的现场，负责集散旅客、发售车票、组织车辆、按班运送旅客，是企业旅客运输经营计划的具体执行者，因此具有运输组织功能；其次它又是组织客源，接待乘客候车、乘车，提供服务的场所，其服务的

周到和满意的程度，直接关系到企业的信誉和经营，所以具有服务功能；另外它还有中转/换乘功能、多式联运功能、通信/信息功能、辅助服务功能等。

（三）汽车客运站的任务

汽车客运站的任务，可归纳为以下几条：

(1) 保证完成和超额完成企业下达的旅客发送计划和营收计划。

(2) 搞好生产现场管理，组织驻站和参运车辆，按客班运行图进行有计划、有秩序的旅客运输生产经营工作。

(3) 搞好“三容”(站容、车容、仪容)，查堵“三品”(易燃、易爆、化学危险品)，加强治安工作，建立优良的车站秩序，做到优质服务。

(4) 加强营收管理工作，严格票证的领用、核发、销号制度，堵塞营收漏洞，加速资金周转。

(5) 做好后勤服务工作。

(6) 加强经济学、市场学等业务教育和政治思想工作，提高站务人员的素质和业务水平。

（四）汽车客运站的级别划分

以设施与设备配置、日发量为依据，将等级车站从高到低依次分为一级车站、二级车站、三级车站。除等级车站外，还有便捷车站与招呼站。

1. 一级车站

设施和设备符合中华人民共和国交通行业标准《汽车客运站级别划分和建设要求》(JT/T200—2020)有关一级站的相应配置(见表 2.1 和表 2.2)，且具备下列条件之一：

① 日发量在 5000 人次及以上的车站。

② 日发量在 2000 人次及以上的旅游车站、国际车站、综合客运枢纽内的车站。

2. 二级车站

设施和设备符合交通行业标准《汽车客运站级别划分和建设要求》(JT/T200—2020)中有关二级站的规定(见表 2.1 和表 2.2)，且具备下列条件之一：

① 日发量在 2000 人次及以上、不足 5000 人次的车站。

② 日发量在 1000 人次及以上、不足 2000 人次的旅游车站、国际车站、综合客运枢纽内的车站。

3. 三级车站

设施和设备符合交通行业标准《汽车客运站级别划分和建设要求》(JT/T200—2020)中有关三级站的规定(见表 2.1 和表 2.2)，且日发量在 300 人次及以上，不足 2000 人次的车站。

4. 便捷车站

设施与设备符合表 2.1 和表 2.2 中便捷车站配置要求的车站。

5. 招呼站

设施与设备不符合表 2.1 和表 2.2 中便捷车站配置要求，具有等候标志和候车设施的车站。

表 2.1 汽车客运站设施配置表

设施名称				一级车站	二级车站	三级车站	便捷车站
场地设施	换乘设施		公交停靠站	●	●	●	◎
			出租汽车停靠点	●	●	●	—
			社会车辆停靠点	●	◎	◎	—
			非机动车停车场	●	◎	◎	◎
	站前广场			●	◎	◎	—
	停车场(库)			●	●	●	●
	发车位			●	●	●	◎
建筑设施	站房	站务用房	候车厅(室)	●	●	●	●
			母婴候车室(区)	●	●	◎	—
			售票处(厅)	●	●	●	◎
			综合服务处	●	●	◎	—
			小件(行包)服务处	●	●	◎	◎
			治安室	●	●	◎	◎
			医疗救护室	◎	◎	◎	—
			饮水处	●	●	◎	◎
			盥洗室和旅客厕所	●	●	●	●
			无障碍设施	●	●	●	●
			旅游服务处	●	◎	◎	—
			站务员室	●	●	◎	—
			调度室	●	●	◎	—
			智能化系统用房	●	●	◎	—
			驾乘休息室	●	●	●	◎
			进、出站检查室	●	●	●	●
		办公用房		●	●	◎	◎
	辅助用房	生产辅助用房	车辆安全例检台	●	●	◎	◎
			车辆清洁、清洗处	●	◎	◎	—
			车辆维修处	◎	◎	◎	—
		生活辅助用房	驾乘公寓	◎	◎	—	—
			商业服务设施	●	●	◎	—

注：“●”代表应配置；“◎”代表视情况设置；“—”代表不作要求。

表 2.2　汽车客运站设备配置表

设施名称		一级车站	二级车站	三级车站	便捷车站
服务设备	售票检票设备	●	●	●	◎
	候车服务设备	●	●	●	●
	车辆清洁清洗设备	●	◎	—	—
	小件(行包)搬运与便民设备	●	●	◎	◎
	广播通讯设备	●	●	◎	◎
	宣传告示设备	●	●	●	●
	采暖/制冷设备	●	●	◎	—
安全设备	安全检查设备	●	●	●	●
	安全监控设备	●	●	◎	◎
	安全应急设备	●	●	●	●
信息网络设备	网络售、取票设备	●	●	◎	—
	验票检票信息设备	●	◎	◎	—
	车辆调度与管理设备	●	◎	—	—

注：“●”代表应配置；“◎”代表视情况设置；“—”代表不作要求。

二、汽车客运站安全生产管理要点

（一）汽车客运站安全生产管理的主要任务和目的

（1）规范汽车客运站安全生产管理工作，强化汽车客运站安全生产责任主体。

（2）切实贯彻执行国家有关安全生产的法律、行政法规、规章，制定安全生产管理目标、安全生产管理制度、业务操作规程和监督管理规则。

（3）有效实施“三不进站、五不出站”安全生产制度。

（4）把住道路旅客运输安全生产源头关，有效预防和减少因汽车客运站源头管理不到位而引发的安全生产事故，确保汽车客运站的安全生产。

（二）汽车客运站安全生产管理的具体内容及要求

1. 例行“三品”检查

对进站乘车旅客的行包及小件行李实施有效的检查，杜绝易燃、易爆、有毒等危险物品进站上车。二级以上客运站应配备专用安全检查仪，对旅客的行李、行包逐一逐件进行有效检查，并将检查出来的“三品”按有关规定进行及时处置，以杜绝“三品”上车，确保旅客生命财产安全和运输企业运输设备、设施及车站设施免遭损失。

2. 应班车辆的安全例检

切实贯彻执行车辆应班前逐日的安全例检合格制度。车辆应班前，必须通过车站专职安全检查人员的全面安全检查，检查合格，才能凭安检合格单或IC卡到调度报班。车站生产调度人员，凭安检合格凭证，方能安排售票、派车、服务上客、发班。通过车站安全例检环节消除车辆技术状况的安全隐患，把住应班车辆技术状况的安全关，确保应班车辆的技术状况良好并符合安全运行要求，杜绝由于车况原因而引发旅客运输行车事故。

车辆安全例检的项目及要求：

1）转向系

（1）横(直)拉杆、转向球销、转向器、转向节及臂应无裂纹和损伤，球销不得松旷；转向器及座安装牢固。

（2）各部件连接齐全、完好，锁止可靠，不得有使用铁丝、半边销代替标准开口销现象。

（3）方向盘转动灵活，操纵方便，无阻滞现象。转向系统在任何操作位置上，不得与其他部位相干涉。

2）制动系

（1）不得有漏油、漏气现象。

（2）行车制动系统工作正常，各连接锁销齐全、完好、牢靠。

（3）手制动作用有效，气压仪表工作正常。

（4）制动系的各种杆件、管道不得与其他部件在相对位移中发生干涉、摩擦。

（5）贮气筒、制动管道应固定牢靠。

3）传动系

传动轴、万向节不得有裂纹和松旷现象；各连接部位螺栓齐全、完好，牢固可靠。

4）灯光

前大灯、防雾灯、转向灯、小灯、刹车灯、尾灯安装牢靠，完好有效；雨刮器工作正常。

5）燃料供给系

（1）不得有漏油现象。

（2）油箱、油管应固定牢靠。

（3）不得有采用其他工具直接供油现象。

6）轮胎

（1）不得有严重磨损：胎面和胎壁上不得有长度超过 25mm 或深度足以暴露出轮胎帘布层的破裂和割伤。

（2）胎冠花纹深度：前轮胎不小于 3. 2mm，其余轮胎不小于 1. 6mm。

（3）不得有影响使用的缺损、异常磨损和变形，胎面不允许因局部磨损而暴露出帘布层。

（4）轮胎气压符合要求。

（5）轮胎螺母完整齐全，不得松旷。

7）悬挂

不得有断裂、移位现象。

8）随车安全设施

配备有三角木、灭火器、安全锤，在冰雪道路上运行必须配备有防滑链条；灭火器应有效，并放置在便于驾乘人员取用的位置。

3.“人车分离”

汽车客运站必须科学组织旅客进站售票、安检、候车、上车和旅客运输车辆进站、安检、待班、应班的作业流程。二级以上的等级客运站必须实行有效分离；有效地消除汽车客运站场安全事故隐患，确保站场内生产安全。

4.“三不进站，五不出站”

汽车客运站对进出车站人员、进出车站旅客运输车辆进行有效的检查，确保“三不进站，五不出站”的安全管理制度的落实。

（1）“三不进站”是指：危险品不进站，无关人员不进站(发车区)，无关车辆不进站。

（2）“五不出站”是指：超载车辆不出站，安全例检不合格客车不应班出站，应班驾驶员资格不符合要求不出站，客车证件不齐不出站，应班客车载客人数未经检查、“出站登记表”未经审检、驾乘人员未签字不出站。

5. 消防安全

汽车客运站的消防安全是客运站安全生产管理的重要内容之一。对客运站的生产场地，诸如：车辆待班区、发车区、检车区、旅客下车区、售票区、候车区、司乘人员休息区、车站办公区等场所，都要配备有效的消防灭火设施、设备。定期检查客运站的用电设备设施、线路、开关、插座等，及时消除用电隐患，确保客运站用电安全。

6. 公共安全

客运站的公共安全，包括车站治安安全、环境卫生、流行疾病的防控、反恐任务。

汽车客运站往往是人流、车流集中的地方。客运站公共安全的好坏直接影响到旅客的人身财产安全和身体健康，也影响到车站生产设施、设备的安全。因此，公共安全是车站安全生产管理工作的重要组成部分。汽车客运站必须制定详细、有效的公共安全管理制度，切实落实公共安全管理责任，有效地消除公共安全隐患，确保车站生产流程科学合理、秩序井然，防控及时、有效。

（三）汽车客运站管理及安全人员配备

汽车客运站经营者，行政隶属关系不一，企业内部管理层级不一。但是，汽车客运站的属性是一致的，汽车客运站经营的业务是一致的，安全生产管理的任务、内容、职责、要求是一致的。鉴于此，对于二级及以上客运站必须设置科学、合理、有效的安全生产管理机构。具体设置如下：

1. 汽车站安全生产管理领导小组

汽车站安全生产管理领导小组，是以站长为第一责任人，安全生产副站长为安全生产管理直接责任人，其他副站长、运调班长、安检组长、车站组长、服务班长为成员的安全生产领导小组。

2. 汽车客运站安全生产管理岗位设置

（1）安全生产管理副站长一名，协助汽车客运站站长，直接领导客运站安全生产管理工作，承担汽车客运站安全生产管理的直接、主要责任。

（2）配备适量的专(兼)职安全生产管理人员。安全管理人员职责是：草拟客运站安全生产管理制度，检查汽车站生产岗位安全职责的落实情况，检查生产场地的设施、设备安全状况，检查消防设施、设备经常是否处于良好有效状态，检查车站用电设备、线路等是否处于安全运行之中，检查客运站生产流程、操作程序是否符合安全要求，及时通报安全隐患并负责督促整改到位，直至隐患消除。及时组织召开客运站安全生产例会。负责做好安全生产管理文件、会议记录、隐患排查、整改等安全生产管理方面的资料整理、归档管理。

虽然各汽车客运站的经营规模、旅客发送量、站级及服务等级、经营管理模式、机构的设置、人员的配备有所不同，但这些安全生产管理工作必须有部门，有专职或兼职人员管理，责任必须到岗到人。建立一个安全生产管理网络系统，确保安全生产管理工作不缺位、不错位。

3. 专职安全生产人员配备的数量及条件

汽车客运站安全生产管理人员要保持相对稳定。三级、四级客运站应当配备兼职安全生产管理人员一名，一级、二级客运站应当配备专职安全生产管理人员，专职或兼职安全生产管理人员的数量应当适应工作需要。

汽车客运站安全生产管理人员的配备选用条件，应当是具有安全生产管理经验，熟悉各岗位的安全生产业务操作规程。

（四）汽车客运站安全生产管理职责

（1）坚持“安全第一、预防为主、综合管理”的安全生产方针，落实安全生产主体责任。

（2）坚持法定代表人是安全生产第一责任人，全面负责汽车客运站的安全生产工作。分管安全生产的领导对安全生产负直接的领导责任，其他分管领导对分管业务范围的安全生产工作负责。站领导和车站工作人员实行“一岗双责”制，既对分管的业务工作负责，又对分管业务范围的安全生产工作负责。

（3）要不断完善安全生产管理体系，健全安全生产管理机构，确保安全生产投入，落实各部门、各岗位的安全生产管理职责，规范各岗位的工作程序，全面推行“一岗双责”。

（4）车站运调人员必须坚持安全生产第一的工作原则。在调度旅客运输车辆时，必须在收到“安检合格通知单”后对驾驶证、从业资格证、行驶证、道路运输证、道路旅客运输线路标志牌进行审核和登记，合格后才能准予报班，调度人员方能派班。特别是对包车运输车辆的派班，除对上述证、牌、单检查登记外，还应检查登记包车协议及包车应具备的业务手续是否齐全有效。检查合格方能派车，从严把控车辆调度安全关，从源头确保运输生产安全。

（5）对进出车站的人员及车辆进行严格检查，确保“三不进站，五不出站”制度的落实。

（6）与道路旅客运输经营者签订安全责任协议，依法明确双方责任。

（7）发生安全事故和险情时，应当按照《生产安全事故报告和调查处理条例》等有关规定及时报告相关部门，同时对车站应班客车，当趟次班车发生的行车责任事故，及时检查客运站安全生产源头管理工作是否缺失，并追究责任人的责任。

（8）配合有关部门组织开展安全宣传、安全检查、事故处理、责任追究等工作，对有关部门提出的防范和整改措施应当严格落实。

（9）制定安全生产业务操作规程，对各岗位工作人员有关安全生产的活动予以规范。

（10）制订对所属工作人员特别是安全生产管理人员年度及长期的继续教育培训计划，明确培训内容和年度培训时间，确保相关人员具备必要的安全生产知识和安全生产管理能力。安全生产管理人员原则上每人每年应接受20个学时的培训。

(11) 每年度召开一次安全生产工作会议，每月召开一次安全生产例会，分析查找安全生产管理制度的缺陷和安全管理的薄弱环节。安全生产工作会议由安全生产领导小组组长组织召开，例会由分管安全生产的副站长组织召开。

(12) 细化和分解安全生产管理指标，制定阶段性的安全生产控制指标，并根据安全生产责任进行考核和奖惩。

(13) 积极采用新技术、新设备，推行现代科学管理方法，不断改善安全生产条件。

(14) 为道路旅客运输司乘人员提供必要的服务设施和临时休息场所。

(15) 按国家规定配备安全消防设备和消防器材，并确保齐全有效。

(16) 制定有关自然灾害、客运量突增、公共卫生以及其他突发事件的应急处置预案。应急预案包括报告程序、应急指挥、通信联络、应急设备的储备以及处置措施等内容。

(17) 全面制定汽车站的安全生产管理制度，建立和完善安全生产管理台账和档案，并妥善保管备查。

(五) 汽车站安全生产管理制度

1.“危险品”查堵制度

“危险品”查堵制度，应从以下三个方面建立：

(1) 制定“危险品”检查工作程序，规范“危险品”查堵工作。

(2) 设立专门的危险品查堵岗位，在进站口等关键环节对进站旅客携带的行李物品和托运行包进行安全检查，对查获的危险品要进行登记并妥善保管或按规定处理。

(3) 配备必要的检查设备。二级以上客运站应当配备行包安全检查设备，提高危险品查堵效率和质量。

2. 车辆安全例检制度

车辆例检制度应从以下几方面着手制定：

(1) 设置车辆例检岗位，安排专职安检人员，明确安检岗位职责，落实责任追究，安检人员应具备维修质量检验员资格。

(2) 设置专门的场地，配备汽车安全检查必要的检查仪器、设备。三级以上(含三级)汽车客运站必须设置车辆检查地沟(台)。对日行程300km以上的车辆实行每班次检查一次。日行程不超过300km的车辆实行每日检查一次。

(3) 严格填写车辆安全例检表和安全检查合格凭证，或者是有效的安检合格IC卡。加盖安全例检印章，并经签字后出具车辆安检合格通知单，再到调度报班，调度确认完备有效后才准予报班。

3. 应班客车出站检查制度

对出站应班车辆和驾驶员的相关情况进行检查，禁止不符合条件的客车和驾驶员出站运营。

对应班出站客车主要检查：例检合格通知单、行驶证、道路运输证、道路旅客运输标志牌和实载旅客人数等；对驾驶员主要检查驾驶证、从业资格证。

规范出站检查流程和检查工作规程。对检查符合要求的应班客车及驾驶员，出站检查人员应当在“出站登记表”上进行记录，并经受检客车驾驶员签字确认，对检查不符合要求的，应及时通知调度换车。对超载出站的客车当即卸载，待符合要求后方能放行运营。

得以载客出站的条件。有下列情形之一的，就不能载客出站：①驾驶证、从业资格证、行驶证、道路运输证、道路旅客运输标志牌不全或不符合规定；②车辆无报班安检合格通知单；③驾驶员饮酒或身体不适；④日行程超过400km的普通旅客运输班线或超过600km的高速旅客运输班线以及夜班车驾驶员数量不足的车辆；⑤超载、超限；⑥气候恶劣不宜行车。

还有消防安全管理制度，站场公共安全管理制度，安全生产责任追究和奖惩制度等。

总之，汽车客运站安全生产管理制度的建立，必须根据车站的具体情况，制定全面、详细、完善的安全生产管理制度。对汽车客运站的安全生产管理工作，通过制度的建立达到管理的规范化、标准化，规范汽车站各岗位工作人员安全生产责任、工作职责与工作流程，从而达到汽车客运站安全生产管理工作全员化、全过程化，确保客运站生产经营安全，确保汽车旅客运输源头安全管理万无一失。

（六）汽车客运站安全生产监督规则

（1）汽车客运站应当建立内部监督机制。安全生产管理人员负责监控汽车客运站的安全生产运营，向客运站法定代表人或者分管安全生产的领导负责，报告安全隐患，提出预防措施和整改建议。

法定代表人或者分管安全生产的领导应当积极采纳安全管理人员提出的预防措施和改进建议，并及时组织人员予以落实和整改。

（2）适时组织开展安全检查活动，重点检查所属工作人员的安全生产业务操作流程和各项安全生产管理制度的贯彻执行情况。

（3）建立安全生产举报制度。公开举报电话号码、通信地址或者电子邮件信箱，充分发挥乘客、新闻媒体及社会各界对客运站安全生产管理的监督作用。对接到的安全生产举报和投诉应当及时予以调查和处理，以使客运站的安全生产管理工作，通过监督、检查环节，发现不适和漏洞，不断修改、调整完善安全生产网络体系，切实把好旅客运输源头关。

第四节 旅客运输合同中旅客与承运人的义务

车票即为旅客运输合同。由于从事公共运输的承运人(旅客运输企业及汽车站)的服务对象并不是什么特定的人，因此，为避免与每个顾客签订合同的烦琐，节省缔约成本，承运人都制定了格式合同——车票。由于格式合同在一定程度上限制了缔约的自由，为了平衡承运人与旅客的利益，法律上对从事公共运输的承运人设定了一系列特别的义务。

旅客运输合同是双务合同；即双方都享有权利，又承担义务，且一方的权利正是另一方的义务。

一、旅客的义务

（一）支付票款义务

旅客的主要义务是支付约定的票款。《中华人民共和国民法典》第八百一十三条规定：“旅客、托运人或者收货人应当支付票款或者运输费用。承运人未按照约定路线或者通常路线运输增加票款或者运输费用的，旅客、托运人或者收货人可以拒绝支付增加部分的票款或者运输费用。”

旅客运输，如班车旅客运输、城市公交车旅客运输、出租车运输、旅游车运输等都采用了格式合同。在格式合同下，票款支付的标准是由承运人预先公布的，旅客不得讨价还价。当然作为承运人则应遵循我国运价管理的有关规定制定价格，亦即不得擅自涨价；不过在签订包车旅客运输合同时，允许旅客与承运人就包车费用(即票款)进行协商。

（二）持有效客票乘坐义务

《中华人民共和国民法典》第八百一十五条规定了：“旅客应当按照有效客票记载的时间、班次和座位号乘坐。旅客无票乘坐、超程乘坐、越级乘坐或者持不符合减价条件的优惠客票乘坐的，应当补交票款，承运人可以按照规定加收票款；旅客不支付票款的，承运人可以拒绝运输。实名制客运合同的旅客丢失客票的，可以请求承运人挂失补办，承运人不得再次收取票款和其他不合理费用。”

所谓“有效客票”是指符合旅客与承运人之间签订的运输合同约定条件的客票。如何判定，主要看客票上所记载的乘运时间、乘运地点、乘运路程、乘运等级等内容。如果旅客提前或推后乘坐、超程乘坐、越级乘坐等，就认为旅客不是持有效客票乘坐。旅客没有履行这个义务应当承担责任，一是补交票款或按规定加收票款，二是拒绝运输。

（三）为超限量携带的行李办理托运手续的义务

《中华人民共和国民法典》第八百一十七条规定：“旅客随身携带行李应当符合约定的限量和品类要求；超过限量或者违反品类要求携带行李的，应当办理托运手续。”

携带行李本是旅客的一项权利(携带权)，它是指旅客在乘坐运输工具时，有权按约定免费携带一定数量的行李。行李指旅行途中的生活必需品或小件物品。但应注意，行李并不包括免费搭乘的小孩，小孩属免票搭乘的旅客，同样享受旅客的权利。

但如果所携带的行李超过限量，则旅客有义务办理托运手续。

（四）旅客不得携带违禁物品义务

《中华人民共和国民法典》第八百一十八条规定：“旅客不得随车携带或者在行李中夹带易燃、易爆、有毒、有腐蚀性、有放射性以及有可能危及运输工具上人身和财产安全的危险物品或其他违禁物品。”

同时还规定：“旅客违反前款规定的，承运人可以将危险物品或者违禁物品卸下、销毁或者送交有关部门。旅客坚持携带或者夹带危险物品或者违禁物品的，承运人应当拒绝运输。”

二、承运人的义务

（一）运送强制义务

《中华人民共和国民法典》第八百一十条规定："从事公共运输的承运人不得拒绝旅客、托运人通常、合理的运输要求。"

运送强制也称缔约强制，是指承运人对旅客和托运人提出的通常的、合理的运输要求不得拒绝。这一点主要针对出租车借故拒载。

（二）安全运送义务

《中华人民共和国民法典》第八百一十一条规定："承运人应当在约定期限或者合理期限内将旅客、货物安全运输到约定地点。"所以安全运输是承运人的一项基本义务。

所谓安全运送义务，是指在运送旅客中，承运人应采取各种措施保障运输过程中旅客人身免受损害的义务。

法律中之所以规定安全运送义务，是因为旅客运输合同是双务合同，旅客支付运费(票款)购买的就是承运人提供安全、及时、舒适的运送服务，因此承运人收取了运费就应当提供约定的运送任务。

基于这条法律，如果在运输过程中旅客伤亡，承运人就应承担相应的责任，除非承运人能证明该伤亡系旅客故意、重大过失或者自身健康原因造成的。

（三）及时运送义务

《中华人民共和国民法典》第八百一十一条同时规定了这条义务和责任。

所谓及时运送义务是指承运人应当在约定的期间或者合理的期间内将旅客及其行李运抵目的地的义务。

所谓约定的期间，应既包括准时起运时间，也包括准时到达时间。旅客运输合同是格式合同，列车表上的内容是承运人预先拟定的，旅客信其内容才买票，也就是同意订入合同内容。

所以有些人认为客票是合同，客票以外的列车时刻表并非合同内容，因之晚点到达不算违约，这是站不住脚的。

所谓合理期间是指当事人未约定运输时间或约定不明确的情况下，承运人按通常的运输条件可将旅客运达目的地所需的时间。

（四）告知义务

《中华人民共和国民法典》第八百一十九条规定："承运人应当严格履行安全运输义务，及时告知旅客安全运输应当注意的事项。旅客对承运人为安全运输所作的合理安排应当积极协助和配合。"

（五）对旅客救助义务

《中华人民共和国民法典》第八百二十二条规定："承运人在运输过程中，应当尽力救助患有急病、分娩、遇险的旅客。"

这里要强调的是：承运人的救助义务是法定义务，而不是约定义务；救助行为不属于无因管理行为。

所谓无因管理是指没有法定或约定义务，而为了他人利益免受损失，自愿管理他人事务或为他人提供服务的行为。

既然《中华人民共和国民法典》中规定了承运人尽力救助是法定义务，因此如果承运人未尽力救助而给旅客造成损害的，当然应当承担赔偿责任。

承运人履行救助义务所支出的费用的承担问题有以下几种情况：

① 因旅客患急病、分娩，承运人支付的救助费用由旅客承担。

② 因第三人的过错而造成旅客遇险的，承运人支付的救助费用，应先由承运人支付，然后由承运人向第三人进行追偿。

③ 由承运人过错造成旅客遇险的，承运人实施救助所支付的费用，由承运人承担。

承运人未尽救助义务与未履行安全运送义务是有区别的。例如旅客患急病死亡，从安全运送来说，承运人不应当承担赔偿责任；但如果旅客患急病，承运人未尽力救助，则应对其未履行救助义务向旅客承担责任。

三、汽车站的注意义务

以某案例为例，某地汽车站发生一案，一名旅客在汽车站候车室不小心滑倒摔伤，造成骨折，住医院花去一万余元的医疗费。事后这名旅客向法院起诉，要求汽车站承担赔偿责任。

法院经查明后做出如下判决：旅客行走时未注意察看，自己应负主要责任；但旅客滑倒是因候车室积水所致，汽车站未及时清理候车室积水，也未向旅客做出告知和警示，则对旅客安全未尽到合理限度范围内的注意义务，故应承担次要责任，因此判汽车站向这位旅客赔偿 4000 元。对此有人不理解，不明白判决的理由是什么。此处对此案的判决做如下探讨。

（一）判决的理由

《中华人民共和国消费者权益保护法》中规定：“经营者应当保证其提供的商品或者服务符合保障人身、财产安全要求。对可能危及人身、财产安全的商品和服务，应当向消费者作出真实的说明和明确的警示，并说明和标明正确使用商品或者接受服务的方法以及防止危害发生的方法。”

基于汽车站与旅客之间形成的经营者与消费者的关系，汽车站应当对旅客的安全承担合理限度范围内的注意义务。

（二）合理限度范围内的注意义务

合理限度范围内的注意义务是指作为一个普通正常的经营者，一个诚实善良的经营者，对旅客的安全应当能达到的注意程度。

如候车室瓜皮果壳遍地，而车站却视而不见，那么造成旅客滑倒摔伤，车站就要承担相应的责任；如果车站已尽到了注意义务，旅客摔倒受伤是自己乱扔瓜皮所致，车站就可免负责任。又如，两名旅客在候车室发生纠纷厮打，如果车站长时间无人出来调解劝阻，则可以认定车站对旅客的安全未尽到“合理限度范围内的注意义务”，因此在致害人下落不明或无赔偿能力时，汽车站就要对受害旅客承担相应的赔偿责任。当然如果事发突然，一方将另一方打伤后随即逃离现场，车站不可能立即注意，则车站不应当承担责任。

这里所规定的注意义务，必须是一个正常的诚实善良的经营者应该能够做到的。不能超越经营者的能力和极限，要求其履行义务。

在上述案例中，候车室长期积水，车站没有采取清理措施，也没有设立警示标志来提醒旅客注意，由此而致旅客滑倒摔伤，车站就应当承担相应责任。所以法院的判决是正确的。

(三) 英、美、法的"香蕉皮规则"

消费者在商场或公共场所踩到香蕉皮摔倒受伤又找不到肇事者，业主是否要承担赔偿责任？法官不能断然判决，要香蕉皮出来"说话"。法官先观察香蕉皮的颜色，如果已经发黑，说明丢在地上很久了，业主本应有足够时间发现并丢入垃圾箱，以免客人滑倒摔伤。业主没有发现就存在过失，就要承担责任。如果香蕉皮是白白黄黄的，说明刚丢不久，业主不可能立即注意到，因此，就不必承担责任。这就是所谓"香蕉皮规则"，它已在英、美、法等国家采用。这个规则对我们国家同样有参考意义，即业主应当对消费者的安全负责，但并无绝对保证的义务。

第五节　出租汽车旅客运输安全管理

一、城市出租汽车运行组织系统与运输业户的开业安全条件

(一) 城市出租汽车运行组织系统

1. 出租车的运行方式

出租车的运行方式基本有三种，包括路抛模式、停车点模式与停车点候车+电调要车。

1) 路抛模式

这种模式就是出租车在指定范围内随意行车，遇到乘客就搭载，并带到乘客的指定地点下车。这种方式极大限度地提高了出租车的随意性，方便乘客。不过，这种模式的问题就是造成繁华区行车高峰时流量过大，偏远地区出租车缺少，同时由于这种方式对于总体出租车行车线路来说具有很大的盲目性和随机性，造成空驶率过高，而且在如今油价居高不下的情况下，产生很大的成本，对原本的出租车行业造成极大的冲击。

2) 停车点模式

出租车都停靠在一定的停车点，当有客人需要乘车时通过移动通信装置向出租车公司的信息系统发送信号，然后派最近的出租车前去接客，并在将客人送到指定地点以后再驾驶到最近的停车点等候命令。这种行车方式通过信息系统的建立和利用，大大提高了出租车的运行效率，减少了空驶率，降低了成本，同时保证了服务质量。不过，这种模式加长了对客户需求的反应时间，同时对交通的便利性有较高的要求。

3) 停车点候车+电调要车

第三种方式就是前两种的结合，这种"停车点候车+ 电调要车"方式是一种理想的运营

方式，克服了出租车路抛模式的种种弊端，但具体实施起来难度较大。要实现这种营运模式，首先要有统一的调度平台的支撑，还需要规划布局完善的路边上下客的候客点。

这三种方式各有优缺点，根据具体的情况应采取最合适的方案。例如，德国采用的就是第二种停车点模式，这是因为德国的交通十分便利，同时德国的高速公路是不限速的，所以这些特点可以弥补第二种方式在响应时间上的不足。而今使用第一种方式的国家和地区日渐减少，第三种方式的使用范围正在扩大，使用哪种方式在于适应国情、区情。

2. 出租车经营模式

我国大中城市出租汽车在经营模式上，主要有以下三种形式。

1）承包租赁经营

车辆产权、经营权为出租汽车公司所有，或车辆产权为驾驶员个人所有，但经营权仍属出租汽车公司，车主通过承包租赁方式开展经营，并向出租汽车公司上缴承包费、经营使用费等费用，这是各地采取的主要经营模式。对产权归个人、经营权属公司的车辆，每月收取经营使用费。

2）挂靠经营

车辆产权、经营权均归车主个人持有，但挂靠在出租汽车公司名下。采取这种经营模式的出租汽车公司与驾驶员之间是一种服务与被服务的关系。车主定期向挂靠公司缴纳一定的服务费，出租汽车公司主要为车主提供代缴各种税费、组织相关培训、协助开展车辆年检等服务。

3）个体经营

车辆产权、经营权归车主个人持有，车主以个体为单位开展运营，按规定缴纳各种费用。随着各地政府不断推进公司化运营，目前采用这种方式运营的出租车越来越少。

（二）城市出租汽车运输业户的开业安全条件

出租汽车旅客运输业户开业，必须具备下列开业安全条件。

（1）有与经营范围、规模相适应的安全、机务、业务等岗位人员和相对稳定的驾驶人员。驾驶员应具有正式驾驶执照，具有规定的实际驾驶资历，并取得运营机构颁发的出租汽车从业资格证和岗位服务证。

（2）出租汽车旅客运输经营企业的主要负责人，必须持有经市级交通主管部门统一培训和核发的岗位证书。

（3）拥有符合规定数量的证照齐全、达到二级车况等级以上的旅客运输车辆。

（4）有不低于车辆原值5%的流动资金，并提供会计师事务所或审计事务所出具的有效资信证明。

（5）有符合规定并与其车辆数相适应的固定停车场地。属租赁、借用停车场地的，应提供一年以上合法有效的租赁、借用场地合同或协议，每辆车停车面积不得小于车辆投影面积的2倍。

（6）申请人为企业的，还必须有企业章程、合法的法定代表人和健全的经营管理机构。

（7）法律法规或规章规定的其他安全条件。

二、城市出租汽车驾驶人员管理

城市出租汽车驾驶人员管理必须做到以下几点：

(1) 出租车驾驶员必须满足以下条件，不满足其中任何一条的经营者不得聘用。

① 遵纪守法，作风正派，有良好的职业道德，有良好的生活习惯，无违法乱纪的行为，自愿遵守经营者各项管理规定。

② 安全意识强，驾驶记录优良，未发生过死亡1人(包括1人)以上或重伤3人(包括3人)以上的安全责任事故。

③ 最近一个驾驶证记分周期内，无一次记6分及以上或合计记满12分的违章记录。

④ 未受到过吊扣驾驶证处罚。

⑤ 未受到过注销从业资格证的处罚。

⑥ 身高1.6m以上，听力、视力、辨色力、身体运动能力正常，身体素质和心理素质好，通过县级以上医院体检证明符合驾驶营运车辆标准。

⑦ 具有高中以上文化程度，安全驾驶5年以上，安全行车20万km以上，男性年龄不超过55周岁，女性不超过50周岁。

⑧ 经公司安全科组织岗前培训，并考试合格后，方能聘用。

⑨ 驾驶本公司营运客车必须持有《中华人民共和国机动车驾驶证》C型以上驾驶证。

⑩ 驾驶本公司营运客车必须持有符合规定的相关证件。

(2) 聘用单位需依法订立劳动用工合同，并按规定程序申领相关证件。

(3) 驾驶员一经聘用，必须服从公司统一管理，遵守公司各项规章制度，按时参加各级政治、业务学习和职业道德培训，增强法律意识、服务意识和文明意识，培训内容包括：

① 行业部门有关安全生产的文件、规定、会议精神等。

② 公司近期安全工作安排。

③ 近期全国事故通报，近期公司事故通报。

④ 近期驾驶员违章行为通报。

⑤ 驾驶员安全操作规程、驾驶员安全职责等公司安全要求。

⑥ 其他相关安全工作。

(4) 被聘用的驾驶员应按时向聘用单位(出租汽车经营者)缴纳承包费，及时维修、保养车辆，遇到事故应及时通知公司和经营者，积极配合相关人员进行处理。

(5) 建立健全驾驶员和聘用驾驶员档案，掌握驾驶员基本情况。

(6) 驾驶员安全操作规程分为行车前、行车途中、行程完毕，必须按照规程来执行。

① 行车前：检查所需证件和随车工具是否齐全、有效，对车辆的安全技术状况进行出车前检查，重点检查车辆的制动、转向、传动及灯光信号等装置，检查车容、车貌是否整洁，检查车辆油箱的油及水箱的水是否充足，车辆启动时，检查各种仪表、气压是否正常，检查车辆随车必备的消防器材、警示标志、应急锤等安全设施设备是否齐全有效，发现车辆有故障应立即报修，确保技术状况完好，相关不齐全有效的应补齐全且有效。

② 行车途中：自觉遵纪守法，服从交通管理人员的指挥和检查，做到起步平稳、方向不晃、换挡不响，严禁不踩离合踏板换挡，做到汽车换挡符合顺序、脚轻手快、加油均匀，

不猛打方向和临近障碍物急刹车，做到双手不脱离转向盘，严禁打手机，做到不脱挡滑行、不硬吃排档。行进陡坡、长坡和溜坡路段时严禁熄火空挡滑行，因转向、制动、传动、灯光、雨刮器、轮胎等发生故障影响行车安全时，应立即停车检查。油路故障时，严禁直流供油，超、会车前应观察前方车辆动态后，鸣号示意对方来车(夜间用灯光)。遇大雨、大雾、视线不清、交叉路、弯道、狭路、桥梁、繁华地段、隧道等严禁超车。在情况不明、视线不清以及通过交叉路口、狭路、桥梁、弯道、险坡、车站和繁华地点时，应减速缓行或停车查明情况后再通行。在行车中停车休息时，要按照“行车前安全检查”的项目进行安全检查，发现有故障应立即修理，确保车辆技术状况完好。

③ 行程完毕：做好车辆的清洁卫生，关闭电源，推进空挡位置，拉紧驻车制动器。要按照“行车前安全检查”的项目进行安全检查，发现有故障应立即报修，确保车辆技术状况完好。车辆停放好后要做好防火、防盗、防暴、防洪的预防工作。

三、安全管理与行车事故预防

1. 安全管理

(1) 出租汽车旅客运输经营者必须严格遵守以下有关安全的几点规定和要求：

① 严格遵守国家法律、法规、规章，接受道路运政机构和有关部门的管理、监督、检查和业务指导。

② 必须有一位领导人负责安全管理工作，并根据车辆数量相应设置保卫和形成安全管理机构，或配备保卫和形成安全管理人员，建立治安保卫和交通安全组织，做好本单位出租汽车的治安保卫和交通安全工作。

③ 建立健全安全责任制度和治安防范措施。

④ 加强内部管理，经常对从业人员进行遵纪守法、职业道德和安全教育，搞好专业培训，不断提高从业人员素质和服务质量。

⑤ 坚决执行政府下达的战备、抢险救灾和外事等各项应急任务。

⑥ 保持车辆良好的安全技术状态和车容整洁，保证安全防护设施和消防设备齐全有效，并配备必要的安全技术防范装置。

⑦ 优先采用安全性能高的环保节能车辆，逐步建立和完善先进的指挥调度和监督管理系统。

⑧ 出租汽车投入使用后达到国家规定的车辆使用年限或行驶里程的，经营者必须更新车辆。提前更新的、原车辆符合安全技术有关标准的，允许转为非营运车辆。

⑨ 出租汽车经营者对管理的从业人员违反营运、安全管理规定的，依法承担相应责任。

(2) 出租汽车驾驶员在营运服务时，必须做到：

① 遵守交通、治安管理法及有关规章制度。

② 不得承运携带物品超过车内及行李箱容积和负荷的乘客。

③ 车辆受阻期间，未经租用人同意，不得招揽他人同乘。

④ 有权拒载携带管制刀具、易燃、易爆等危险品的人员；无人照顾的精神病人、酗酒者以及其他危险人员乘车需有陪同监护。

⑤ 有权抵制非法检查。

⑥ 乘客租车前往外地、郊县或偏僻地区的，可以要求乘客随同前往就近的出租汽车出城登记点办理登记手续，乘客应予以配合。乘客不配合办理手续的，可以拒载。

⑦ 发现有违法犯罪嫌疑的人，应及时报告公安部门和本单位的保卫部门。

⑧ 对老弱病残孕优先服务，对急需抢救的人员应当予以救助。

2. 行车事故预防

（1）出租车行车事故预防，营运单位应该做到以下几点：

① 全面开展教育，贯彻安全行车观念，提高驾驶员安全预防意识。

② 抓住重点对象，新的驾驶员及有事故记录的驾驶员是安全预防的重点，要通过认真分析、及时跟踪、细心帮教、严格管理，杜绝在他们身上发生重特大交通事故。

③ 加大检查力度，对每天回场周检的车辆，突出检查重点安全部件，发现问题及时整改。

④ 严格维修保养，将车辆电器线路、电子仪器、灭火器等安全部件作为车辆维修保养的必检项目，确保设施设备运行良好投入营运。

⑤ 开展现场巡检，增加上路上线安全检查的次数和密度，发现问题及时处理。

⑥ 进行排队摸底，有的放矢开展安全管理教育工作。

⑦ 掌握信息动态，通过 GPS 平台及时掌握和了解驾驶员及车辆信息，对驾驶员的安全行车进行有效的监控，防止出现疲劳驾车现象。

⑧ 车辆安全检查，定期对营运的所有车辆进行一次全面安全检查，同时，接受上级单位对车辆的专项安全检查。

（2）出租车行车事故预防，公安交警单位应该做到以下几点：

① 定期检查出租车公司建立的基础台账是否按要求填写相关数据、基础台账相关责任人的照片是否符合规定、相关责任人的指纹是不是由本人按规定采集、反映相关责任人的各种证件复印件收集是否全面。

② 查漏补缺，同时，要求基础台账采集工作滞后的出租车公司尽快完善，并下达限期整改通知，对基本符合标准的出租车公司及从业人员基础信息资料，统一收集并存档。

③ 针对各出租车公司的管理制度、措施相继进行检查，主要是检查管理制度对违法驾驶员违法行为的处罚是否有明确规定，对驾驶员的违法情况是否进行了认真清理总结，法制安全教育是否取得效果，内部处罚力度是否够大，相关措施是否落实到人，奖惩措施是否过硬有效，发生重大事故负主要责任以上和记满 12 分的驾驶员以及不适宜从事旅客运输的驾驶员是否坚决采取停运整顿措施。

第三章　道路货物运输的企业等级及其安全管理

第一节　道路货物运输企业等级划分及条件

本节根据《道路货物运输企业等级》(JT/T 631—2017)，对道路货物运输企业等级划分及其对应条件进行阐述。

货物运输企业等级是指按照运输能力、资产规模、车辆条件、经营业绩、安全状况、服务质量、人员素质、科技应用等指标对道路货物运输企业划分的等级。

专用货车是指专供运送某种或某类货物的具有特殊装置或设备的货物运输车辆。

道路货物运输企业分为特级、一级、二级、三级、四级。

一、特级货物运输企业

1. 运输能力

货物运输企业应在上一年度完成道路货物运输量 1000 万 t(含)以上，或货物周转量 180000 万 t·km(含)以上。

货物运输企业应在全国 31 个(含)以上省级行政区拥有或控制经营网点。

2. 资产规模

货物运输企业总资产应达到 30 亿元(含)以上，其中企业净资产 15 亿元(含)以上。

3. 车辆条件

货物运输企业自有和实际控制营运货车总载质量应不少于 40000t，并满足下列条件之一：

(1) 载质量为 8t(含)以上货车的载质量不少于 24000t。

(2) 专用货车不少于货车总数的 20%。

(3) 厢式货车不少于货车总数的 60%。

(4) 甩挂运输牵引车不少于货车总数的 10%。

货物运输企业自有和实际控制营运货车中达到营运车辆技术等级一级的货车应不少于货车总数的 50%，营运车辆技术等级应符合相关规定。

货物运输企业自有和实际控制新能源或清洁能源营运货车数量应不少于 50 辆。

4. 经营业绩

货物运输企业上一年度总营业收入应达到 16 亿元(含)以上，其中货物运输营业收入 8 亿元(含)以上。

5. 安全状况

货物运输企业上一年度行车责任安全事故率不应高于 0.03 次/车，责任安全事故死亡率不高于 0.002 人/车，且单次责任安全事故死亡人数不超过 5 人，责任安全事故伤人率不高于 0.01 人/车。

交通运输企业安全生产标准化评价应达到一级。

交通运输企业安全生产标准化评价等级划分可参见《交通运输部关于印发〈交通运输企业安全生产标准化建设评价管理办法〉的通知》（交安监发〔2016〕133 号）。

6. 服务质量

货物运输企业经省级（含）以上工商管理机构注册的货物运输服务品牌不应少于 2 个，上一年度行业主管部门对企业不规范经营行为进行处罚的次数不应高于 0.05 次/车，上一年度省级（含）以上道路运输行业协会或新闻媒体曝光的企业重大服务质量事故不应多于 1 件。

货物运输企业上一年度道路运输企业质量信誉考核等级应达到 AAA 级。

道路运输企业质量信誉考核等级划分可参见《关于印发〈道路运输企业质量信誉考核办法（试行）〉的通知》（交公路发〔2006〕294 号）。

7. 人员素质

货物运输企业主要负责人及主管生产、经营和安全管理的责任人，以及企业各级子公司、分公司主要负责人中具有大专（含）以上文化程度的人数不应低于 85%，或具有中级职称（含）以上的人数不低于 10%。

货物运输企业营运货车驾驶员中安全行车 100 万 km（含）以上的驾驶员不应少于总数的 3%。

8. 科技应用

货物运输企业所有危险货物运输车辆、半挂牵引车以及重型载货汽车（总质量为 12t 及以上的普通货物运输车辆）应安装、使用具有行驶记录功能的卫星定位装置，并接入道路货物运输车辆公共平台。

货物运输企业自有管理信息系统，应涵盖以下所有功能：车辆指挥调度、安全生产管理、货物跟踪查询、订单处理、甩挂作业信息管理等。

二、一级货物运输企业

1. 运输能力

货物运输企业应在上一年度完成道路货物运输量 500 万 t（含）以上，或货物周转量 90000 万 t · km（含）以上。

货物运输企业应在全国 25 个（含）以上省级行政区拥有或控制经营网点，或在企业注册地所在省级行政区内所有地市级行政区拥有或控制经营网点。

2. 资产规模

货物运输企业总资产应达到 10 亿元（含）以上，其中企业净资产 5 亿元（含）以上。

3. 车辆条件

货物运输企业自有和实际控制营运货车总载质量不应少于 20000t，并满足下列条件之一：

(1) 载质量为8t(含)以上货车的载质量不少于12000t。

(2) 专用货车不少于货车总数的15%。

(3) 厢式货车不少于货车总数的50%。

(4) 甩挂运输牵引车不少于货车总数的8%。

货物运输企业自有和实际控制营运货车中达到营运车辆技术等级一级的货车不应少于货车总数的50%，营运车辆技术等级应符合相关规定。

货物运输企业自有和实际控制新能源或清洁能源营运货车数量不应少于30辆。

4. 经营业绩

货物运输企业上一年度总营业收入应达到8亿元(含)以上，其中货物运输营业收入4亿元(含)以上。

5. 安全状况

货物运输企业上一年度行车责任安全事故率不应高于0.03次/车，责任安全事故死亡率不高于0.002人/车，且单次责任安全事故死亡人数不超过5人，责任安全事故伤人率不高于0.01人/车。

交通运输企业安全生产标准化评价应达到一级。

6. 服务质量

货物运输企业经省级(含)以上工商管理机构注册的货物运输服务品牌不应少于1个，上一年度行业主管部门对企业不规范经营行为进行处罚的次数不应高于0.1次/车，上一年度省级(含)以上道路运输行业协会或新闻媒体曝光的企业重大服务质量事故不应多于1件。

货物运输企业上一年度道路运输企业质量信誉考核等级应达到AAA级。

7. 人员素质

货物运输企业主要负责人及主管生产、经营和安全管理的责任人，以及企业各级子公司、分公司主要负责人中具有大专(含)以上文化程度的人数不应低于85%，或具有中级职称(含)以上的人数不低于10%。

货物运输企业营运货车驾驶员中安全行车100万km(含)以上的驾驶员不少于总数的2%。

8. 科技应用

货物运输企业所有危险货物运输车辆、半挂牵引车以及重型载货汽车(总质量为12t及以上的普通货物运输车辆)应安装、使用具有行驶记录功能的卫星定位装置，并接入道路货物运输车辆公共平台。

货物运输企业自有管理信息系统，应涵盖以下所有功能：车辆指挥调度、安全生产管理、货物跟踪查询、订单处理、甩挂作业信息管理等。

三、二级货物运输企业

1. 运输能力

货物运输企业应在上一年度完成道路货物运输量180万t(含)以上，或货物周转量30000万t·km(含)以上。

货物运输企业应在全国 10 个(含)以上省级行政区拥有或控制经营网点，或在企业注册地所在省级行政区内 80%的地市级行政区拥有或控制经营网点，或在企业注册地所在地市级行政区内所有县级行政区拥有或控制经营网点。

2. 资产规模

货物运输企业总资产应达到 3 亿元(含)以上，其中企业净资产 1.5 亿元(含)以上。

3. 车辆条件

货物运输企业自有和实际控制营运货车总载质量不应少于 7000t，并满足下列条件之一：

(1) 载质量为 8t(含)以上货车的载质量不少于 4200t。

(2) 专用货车不少于货车总数的 10%。

(3) 厢式货车不少于货车总数的 40%。

(4) 甩挂运输牵引车不少于货车总数的 5%。

货物运输企业自有和实际控制营运货车中达到营运车辆技术等级一级的货车不应少于货车总数的 45%，营运车辆技术等级应符合相关规定。

货物运输企业自有和实际控制新能源或清洁能源营运货车数量不应少于 20 辆。

4. 经营业绩

货物运输企业上一年度总营业收入应达到 2.5 亿元(含)以上，其中货物运输营业收入 1.5 亿元(含)以上。

5. 安全状况

货物运输企业上一年度行车责任安全事故率不应高于 0.05 次/车，责任安全事故死亡率不高于 0.01 人/车，责任安全事故伤人率不高于 0.02 人/车。

交通运输企业安全生产标准化评价应达到二级(含)以上。

6. 服务质量

货物运输企业上一年度行业主管部门对企业不规范经营行为进行处罚的次数不应高于 0.1 次/车，上一年度省级(含)以上道路运输行业协会或新闻媒体曝光的企业重大服务质量事故不应多于 2 件。

货物运输企业上一年度道路运输企业质量信誉考核等级应达到 AA 级(含)以上。

7. 人员素质

货物运输企业主要负责人及主管生产、经营和安全管理的责任人，以及企业各级子公司、分公司主要负责人中具有大专(含)以上文化程度的人数不应低于 75%，或具有中级职称(含)以上的人数不低于 5%。

货物运输企业营运货车驾驶员中安全行车 100 万 km(含)以上的驾驶员不应少于总数的 1%。

8. 科技应用

货物运输企业所有危险货物运输车辆、半挂牵引车以及重型载货汽车(总质量为 12t 及以上的普通货物运输车辆)应安装、使用具有行驶记录功能卫星定位装置，并接入道路货物运输车辆公共平台。

货物运输企业自有管理信息系统，应涵盖以下功能中的 3 项(含)以上：车辆指挥调度、安全生产管理、货物跟踪查询、订单处理、甩挂作业信息管理等。

四、三级货物运输企业

1. 运输能力

货物运输企业应在上一年度完成道路货物运输量 50 万 t(含)以上，或货物周转量 9000 万 t · km(含)以上。

货物运输企业应在企业注册地所在省级行政区内 30%的地市级行政区拥有或控制经营网点，或在企业注册地所在地市级行政区内 80%的县级行政区拥有或控制经营网点。

2. 资产规模

货物运输企业总资产应达到 1 亿元(含)以上，其中企业净资产 0. 5 亿元(含)以上。

3. 车辆条件

货物运输企业自有和实际控制营运货车总载质量不应少于 2000t，并满足下列条件之一：

(1) 载质量为 8t(含)以上货车的载质量不少于 1200t。

(2) 专用货车不少于货车总数的 8%。

(3) 厢式货车不少于货车总数的 30%。

(4) 甩挂运输牵引车不少于货车总数的 3%。

货物运输企业自有和实际控制营运货车中达到营运车辆技术等级一级的货车不应少于货车总数的 45%，营运车辆技术等级应符合相关规定。

4. 经营业绩

货物运输企业上一年度总营业收入应达到 0. 2 亿元(含)以上，其中货物运输营业收入 0. 15 亿元(含)以上。

5. 安全状况

货物运输企业上一年度行车责任安全事故率不应高于 0. 05 次/车，责任安全事故死亡率不高于 0. 01 人/车，责任安全事故伤人率不高于 0. 02 人/车。

交通运输企业安全生产标准化评价应达到二级(含)以上。

6. 服务质量

货物运输企业上一年度行业主管部门对企业不规范经营行为进行处罚的次数不应高于 0. 2 次/车，上一年度省级(含)以上道路运输行业协会或新闻媒体曝光的企业重大服务质量事故不应多于 2 件。

货物运输企业上一年度道路运输企业质量信誉考核等级应达到 AA 级(含)以上。

7. 人员素质

货物运输企业主要负责人及主管生产、经营和安全管理的责任人，以及企业各级子公司、分公司主要负责人中具有大专(含)以上文化程度的人数不应低于 70%，或具有中级职称(含)以上的人数不低于 3%。

货物运输企业营运货车驾驶员中安全行车 100 万 km(含)以上的驾驶员不少于总数的 1%。

8. 科技应用

货物运输企业所有危险货物运输车辆、半挂牵引车以及重型载货汽车(总质量为12t及以上的普通货物运输车辆)应安装、使用具有行驶记录功能卫星定位装置，并接入道路货物运输车辆公共平台。

货物运输企业自有管理信息系统，应涵盖以下功能中的2项(含)以上：车辆指挥调度、安全生产管理、货物跟踪查询、订单处理、甩挂作业信息管理等。

五、四级货物运输企业

1. 运输能力

货物运输企业应在上一年度完成道路货物运输量10万t(含)以上，或货物周转量1800万t·km(含)以上。货物运输企业应在企业注册地所在地市级行政区内30%的县级行政区拥有或控制经营网点。

2. 资产规模

货物运输企业总资产应达到0.12亿元(含)以上，其中企业净资产0.06亿元(含)以上。

3. 车辆条件

货物运输企业自有和实际控制营运货车总载质量应不少于400t，并满足下列条件之一：

(1) 载质量为8t(含)以上货车的载质量不少于240t。

(2) 专用货车不少于货车总数的8%。

(3) 厢式货车不少于货车总数的30%。

(4) 甩挂运输牵引车不少于货车总数的3%。

货物运输企业自有和实际控制营运货车中达到营运车辆技术等级一级的货车不应少于货车总数的40%，营运车辆技术等级应符合相关规定。

4. 经营业绩

货物运输企业上一年度总营业收入应达到0.04亿元(含)以上，其中货物运输营业收入0.03亿元(含)以上。

5. 安全状况

货物运输企业上一年度行车责任安全事故率不应高于0.05次/车，责任安全事故死亡率不高于0.01人/车，责任安全事故伤人率不高于0.02人/车。

交通运输企业安全生产标准化评价应达到三级(含)以上。

6. 服务质量

货物运输企业上一年度行业主管部门对企业不规范经营行为进行处罚的次数不应高于0.2次/车，上一年度地市级(含)以上道路运输行业协会或新闻媒体曝光的企业重大服务质量事故不应多于2件，货物运输企业上一年度道路运输企业质量信誉考核等级应达到A级(含)以上。

7. 人员素质

货物运输企业主要负责人及主管生产、经营和安全管理的责任人，以及企业各级子公司、分公司主要负责人中具有大专(含)以上文化程度的人数不应低于60%，或具有中级职称(含)以上的人数不低于1%。

货物运输企业营运货车驾驶员中安全行车100万km(含)以上的驾驶员应不少于总数的1%。

8. 科技应用

货物运输企业所有危险货物运输车辆、半挂牵引车以及重型载货汽车(总质量为12t及以上的普通货物运输车辆)应安装、使用具有行驶记录功能卫星定位装置，并接入道路货物运输车辆公共平台。

货物运输企业自有管理信息系统，应涵盖以下功能中的1项(含)以上：车辆指挥调度、安全生产管理、货物跟踪查询、订单处理、甩挂作业信息管理等。

第二节　道路货物运输的安全管理

道路货物运输，分为普通货物运输与特种货物运输两大类。凡是由于货物本身性质特殊，在运送中需要特殊条件、特殊设备来保证其完整和安全的，都称为特种货物运输。

一、零担货物运输

托运人一次托运货物计费质量3t以上(不包括3t)或不足3t，但其性质、体积、形状需要一辆汽车运输的，为整批货物运输。托运人一次托运货物计费质量3t以下的，为零担货物运输。

零担货物运输经营活动是指零担货物的受理、仓储、运输、中转、装卸、交付等过程。零担货物运输按经营区域分为：县(市)内、地(市)内、省内、省际和国际零担货物运输；按送达速度分为：普通零担货物运输、快件零担货物运输、特快专运零担货物运输。

(一) 零担货物运输开业条件

零担货物运输包括零担货物受理、零担货物运输站经营、零担线路运输。经营零担货物受理和经营零担货物运输站场的业户除具备道路运输服务业户开业技术经济条件外，还应满足下列要求：

1. 零担货物受理业户

有固定的营业场所，与业务相适应的货物仓储面积和装卸设施。租赁仓储设施，需有1年以上合法有效的租赁合同；与零担货物运输站签订有受理经营线路范围内的半年以上有效的运输服务合同；有固定的业务人员，持有运管机关核发的上岗证。

2. 零担货物运输站

零担货物运输站是指专门办理零担货物运输业务，包括零担货物装卸、中转换装、仓储保管等业务，并具有车辆进出通道和货物装卸作业条件的场所。

一级站：是指年货物吞吐量在6万t以上零担货物运输站。

二级站：是指年货物吞吐量在2万t以上，但不足6万t的零担货物运输站。

三级站：是指年货物吞吐量在2万t以下的零担货物运输站。

零担货物运输站开业必须具有 $300m^2$ 以上的停车场和 $500m^2$ 以上的仓储面积并有相应的安全设施和装卸能力；与零担运输业户签订零担货物线路运输合同；业主和业务人员需经运管机关培训，持有上岗证。

3. 零担线路运输业户

使用封闭式专用货车或封闭式专用设备，车身喷涂“零担货物运输”标识，车辆技术状况达到二级以上；经营省内零担货物运输需有 5 辆(25 个吨位)以上零担货物运输车辆，跨省经营需有 10 辆(50 个吨位)以上零担货物运输车辆，国际零担货物运输按国际双边运输协定办理；业主、驾驶员、业务人员必须持有运管机关核发的上岗证。驾驶员应有安全行驶 2 年以上或安全行驶 5 万 km 以上的驾驶经历。

（二）零担货物运输开业审批程序

1. 申请经营零担货物运输的业户必须向运管机关提交的文件

申请经营零担货物运输的业户必须向运管机关提交下列文件：①开业申请报告；②单位申办凭乡镇以上政府或上级主管部门的证明，个人申办凭居民身份证和乡镇以上政府证明；③申请经营项目的可行性报告；④按照开业条件要求，零担受理业户、零担货物运输站场、零担运输业户相互签订合作意向书；⑤班线接发货站点的证明书。

2. 开业审批程序

（1）申请者持规定的文件，向经营所在地县以上(含县)运管机关申领、填报《道路货物运输业户开业申请登记表》。

（2）运管机关收到《道路货物运输业户开业申请登记表》后，进行资格审查，并在 30 天内做出书面答复。经批准后，准予进行筹备。

（3）运管机关认定开业筹备工作合格后，方可核发《道路运输经营许可证》。

（4）申请者持《道路运输经营许可证》，向有关部门办理其他手续。

（5）申办经营零担线路运输业务，还必须向运管机关办理零担货物运输车辆的《道路运输证》和填报《道路零担货运线路审批表》。经批准后，业户向运管机关领取单证、票据、零担货物运输线路牌，向社会公告，方可开业。

零担货物运输经营业户办理跨省异地经营零担货物运输业务，必须经所在地运管机关逐级审核后，报省级运管机关同意，经异地省级运管机关同意后，办理异地经营手续，方可营业。申办经营零担货物运输站业务，在地市范围内经营的，由县级运管机关审核，报地市运管机关审批；跨地市、跨省经营的，由县、地市运管机关审核，报省级运管机关批准。

已开业的业户需扩大经营范围或合并、分立、迁移变更时，应经原批准开业的运管机关同意，按审批权限办理有关手续。

业户歇业、停业必须提前 30 天向原开业审批机关提出申请，经批准后，办理手续，并向社会公布。经营零担线路运输不足六个月的，不得歇业、停业。

（三）零担货物运输经营规范

零担货物运输经营方式可采用定线、定点、定班运输形式或定线、定点、不定班运输形式。经营方式经批准后，不得随意变更。

在规定的距离和时间内将货物运达目的地的，为快件货物运输；应托运人要求，采取即托即运的，为特快件货物运输。快件零担货物运输是指从货物受理的当天15时报算，300km运距内，24h以内运达；1000km运距内，48h以内运达；2000km运距内，72h以内运达。特快专运是指应托运人要求即托即运，在约定时间内运达。

托运人办理零担货物托运需填写运单，如有特殊运输要求，经承托双方同意，在运单中注明特约事项。凡属法令禁限运货物，受理时应查验有效证明；零担运送危险货物，不准与普通货物混装。

零担货物运输汽车通行时需携带《道路运输证》、运单、零担货物运输线路牌，以备查验。

零担货物受理和零担货物运输站经营的业户，应在受理场所公布零担货物运输线路、站点、里程、班期表。

零担货物受理、仓储、装卸、起运、中转、到达、交付等环节，要严格履行交接制度，分清责任。经营零担货物运输的业户要按要求填报零担货物运输统计报表。

（四）零担货物运输的安全管理

1. 严格按照安全资质要求承运

零担货物运输必须按有关规定承运。下列货物不得按零担货物托运：

（1）需要冷藏加温运输的货物。

（2）规定限按整车办理的货物（装入铁路批准使用爆炸品保险箱运输的除外）。

（3）易于污染其他货物的污秽品（经过卫生处理不致污秽其他货物的除外）。

（4）蜜蜂。

（5）不易计算件数的货物。

（6）未装入容器的活动物（铁路局管内零担运输办法允许者除外）。

（7）一件质量超过2t、体积超过3m^{3}或长度超过9m的货物（发站认为不致影响中转站或到站卸车作业者除外）。

2. 零担贵重货物运输的安全管理

贵重货物，本身价值昂贵，在运输过程中承运人必须承担较大责任，如贵重金属、精密仪器、高档电器、珍贵艺术品等。这些年来，随着社会的发展和人们生活水平的提高，零担货物的品质普遍在升值，所以，必须在零担贵重货物运输过程中，加强对仓储、理货和运输的安全管理。

3. 零担危险货物运输的安全管理

在有资格受理零担危险货物运输时，其受理、仓储、搬运、装卸、运输等全过程各个环节都应严格遵守《危险货物道路运输规则》（JT/T 617—2018），严禁与普通零担货物混存、混装。

4. 禁运、限运零担货物运输的安全管理

凡属法规禁运或限运的零担货物，受理时应检验有效证明，而且担负经营与运输作业的相关业户在具备料理能力和经营特种货物运输资格的条件下，方可受理与承运。

5. 安全装卸设施

零担货物运输站应设置方便车辆装卸货物的高站台和相应的安全装卸器具。

6. 其他特种零担货物运输的安全管理

开展集装箱等特种运输的零担货物运输站应配备专门作业区域和专用装卸机械。

7. 长距离零担货物运输驾驶员的安全管理

零担货物运输运距超过 300km 的，必须配 2 个驾驶员，超长运距的零担货物运输，还要求保证驾驶员能离车休息。

二、整批货物运输

（一）整批货物运输的概念

托运人一次托运货物计费质量 3t 以上或不足 3t，但其性质、体积、形状需要一辆汽车运输的，为整批货物运输。

整批货物运输，是我国城乡现阶段最为广泛应用的道路货物运输形式，除零担货物运输、集装箱货物运输外，其余都属整批货物运输范畴。在各种货物运输方式中，整批货物运输占据货物运输量的比例相当大。随着我国国民经济的发展和高等级公路网络的形成，整批货物运输的平均运距将越来越长，必将促进营运方式、运力结构和车辆技术的变革，是具有广阔发展前景的货物运输方式。

下列货物必须按整批运输。

（1）鲜活货物：如冻肉、活牛、羊、猪、兔、禽、蜜蜂、鱼虾等。

（2）需要专用车辆装运的货物：如汽油、氨水等液态货物；大型特型笨重物件或价值昂贵、运输责任重大的贵重货物等。

（3）不能与其他货物并装的危险货物或轻泡货物。

（4）易于污染其他货物的污秽品，如垃圾、炭黑、湿的毛皮等。

（5）不易计件的散装货物：如煤、焦炭、矿石、砂石料等。

（二）整批货物运输的安全管理

1. 货箱的安全管理

货车车箱是运送货物的容器，货箱的安全性直接影响货物运输的质量与安全。货箱必须坚固无破损。对装运过有毒、易污染以及危险货物、流质货物的，应对货箱进行清洗和消毒。如货物性质特殊，还需对货箱进行特殊清洗和消毒。

2. 装载安全

货物要堆码整齐，捆扎牢固，关好车门，不超宽、超高、超重，保证运输全过程安全。

装载时防止货物混杂、撒漏、破损，严禁有毒、易污染物品与食品混装，以及危险货物与普通货物混装。

整批货物装载完毕后，敞篷车辆如需遮篷布时必须遮盖严密，绑扎牢固，关好车门，严防车辆行驶途中松动和甩物伤人。

三、集装箱运输

（一）集装箱的概念

集装箱是指具有一定强度和统一规格，在货物运输中专供周转使用的大型容器。集装箱必须满足以下要求：

（1）具有足够强度、可以长期反复使用。

（2）适用于一种或多种运输方式运输，途中转运时箱内货物不需要换装。

（3）具有快速装卸和搬运装置，特别便于从一种运输方式转移到另一种运输方式。

（4）便于货物装满和卸空。

（5）具有 $1m^3$ 以上的容积。

凡具备上述五项条件的运输容器，都可称为集装箱。

以集装箱作为承载器具，用专用汽车运输货物的活动，称为汽车集装箱运输。

（二）集装箱种类

集装箱可按外部尺寸、质量大小、制造材料、结构和用途进行分类。

1. 按外部尺寸分类

现在我国采用的国际国内不同尺寸的集装箱有 8 种，其外部尺寸、极限偏差和额定质量见表 3.1。

表 3.1　集装箱外部尺寸、极限偏差和额定质量

集装箱型号	高度(H)		宽度(w)		长度(L)		额定质量（最大总重）/kg
	尺寸/mm	偏差/mm	尺寸/mm	偏差/mm	尺寸/mm	偏差/mm	
IAA	2591	0~5	2438	0~5	12192	0~10	30480
IA	2438	0~5	2438	0~5	12192	0~10	30480
IAX	<2438	—	2438	0~5	12192	0~10	30480
ICC	2591	0~5	2438	0~5	6058	0~6	20320
IC	2438	0~5	2438	0~5	6058	0~6	20320
ICX	<2438	—	2438	0~5	6058	0~6	20320
IOD	2438	0~5	2438	0~5	4012	0~5	10000
5D	—	0~5	2438	0~5	1968	0~5	5000

2. 按质量大小分类

可分为大、中、小三种型号。20t 及其以上者为大型集装箱；5t 及其以下者为小型集装箱；其余为中型集装箱。

3. 按制造材料分类

主要有铝合金、钢、玻璃钢三种。铝合金集装箱因质量轻、防锈而被广泛采用；钢制集装箱，强度大，结构牢，焊接性能好，造价低，采用的也比较多；玻璃钢集装箱防腐隔热性能好，是一种新型材料。

4. 按结构分类

可分为折叠式与拆装式、内柱式、外柱式、薄壳式五种。

5. 按用途分类

可分为通用集装箱和专用集装箱两大类。通用集装箱，一般以装运杂件为主，用途最为广泛。专用集装箱，专门用来装运某一类别或某一特种货物的集装箱。

（三）集装箱运输管理

集装箱货物运输是涉及多部门、多环节，综合性很强的运输，搞好集装箱运输管理的重点在集装箱、货物运输站、运载工具和适箱货源管理等几个方面。

1. 搞好集装箱管理

（1）集装箱箱型标准化、系列化，这是发展多式联运的必要条件，是发挥集装箱运输优势的基本前提，这样才能使集装箱运输与各种运输方式间衔接配套。

（2）实现规范化的集装箱管理、完善有关集装箱管理的规章制度，对集装箱的发放、提运、交接、装载和技术状态等加以全面规范，明确供箱人、管理人、用箱人、运箱人的责任、权利和义务，实现集装箱管理的正规化。

（3）规定集装箱免费使用期限及赔偿标准对集装箱的超期使用或租用，集装箱及集装箱设备的丢失、损坏应有相应的赔偿规定。

2. 搞好运输车辆的管理

集装箱运输的专用车辆及搬运装卸工具的成组配套是组织集装箱运输的基本条件。同时，还必须有相应的场地、仓库和配套的作业机械，这是提高集装箱运输组织效率的重要基础。

3. 大力组织适箱货源

大力组织适箱货源是提高集装箱运输经济效益，防止空箱运输，造成人力浪费的重要条件。没有适箱货源，集装箱运输就难以得到很好的发展。因此货物运输部门应该搞好与生产部门和物资部门的协调关系，使适宜集装箱运输线路的适箱货源能纳入集装箱运输的范围。

4. 建立集装箱货物运输站体系

集装箱货物运输站是开展集装箱运输的基础，又是集装箱运输的枢纽，这就要求做好集装箱货物运输站的规划工作，使集装箱货物运输站的分布和建设具有科学性、合理性和经济性。

集装箱货物运输站是指专门办理集装箱运输业务，设有集装箱堆场和装卸集装箱的专用机械设备，并具有装箱、拆箱能力的货物运输站。

一级站：①位于大型海港附近，年箱运量在30000标准箱以上或年堆存量在9000标准箱以上的国际集装箱中转站。②位于大型河港或主要陆运交通枢纽附近，年箱运量在20000标准箱以上或年堆存量在6000标准箱以上的国内集装箱中转站。

二级站：①位于中型海港或主要陆运交通枢纽附近，年箱运量在16000~30000标准箱或年堆存量在6500~9000标准箱的国际集装箱中转站。②位于中型河港或主要陆运交通枢纽附近，年箱运量在10000~20000标准箱或年堆存量在4000~6000标准箱的国内集装箱中转站。

三级站：①位于中型海港或陆运交通枢纽附近，年箱运量在8000~16000标准箱或年堆存量在4000~6500标准箱的国际集装箱中转站。②位于中型河港或陆运交通枢纽附近，年箱运量在5000~10000标准箱或年堆存量在2500~4000标准箱的国内集装箱中转站。

四级站：①位于小型海港或陆运交通枢纽附近，年箱运量在4000~8000标准箱或年堆存量在2500~4000标准箱的国际集装箱中转站。②位于小型河港或陆运交通枢纽附近，年箱运量在 2000~5000 标准箱或年堆存量在 1000~2500 标准箱的国内集装箱中转站。

为了使集装箱货物运输站能顺利完成收货、装箱、拆箱、保管、支付等作业，除配备必要的工作人员和搬运装卸设备外，还应有以下几个方面的要求：

(1) 便于货物进行装箱和拆箱作业。

(2) 便于装有非成组货物的车辆进行装箱作业。

(3) 为了便于货物的疏运和分类，应具备足够操作面积的工作场地。

(4) 为暂时保管待发送和交付的货物，应有足够的堆存面积。

(5) 应设有进行海关查验、检查等事务性机构的办公室以及应有的附属设备。

(6) 应设有现代化的通信、消防等设备。

(四) 集装箱货物运输过程中的安全管理

1. 集装箱货物运输的特点

由于集装箱汽车运输是以集装箱为运送单位，所以在运输过程中，箱内货物不必中途卸下重装，具有运输单元化、直达化、标准化、专业化、系列化及装卸机械化等特点，是一种新型、高效、先进和安全的运输方式，因而是各种运输方式开展多式联运的最佳形式。

集装箱汽车运输归纳起来主要有以下优点：

(1) 减轻装卸劳动强度，提高装卸效率。

(2) 可以充分发挥甩挂运输的优势，加快货物送达速度，加速车辆和其他运输工具的周转，是疏港、疏站集散运输和公路直达运输的最佳运输方式。

(3) 节约货物包装费用，简化运输程序，方便交接手续。

(4) 保障运输安全，提高货物运输质量，减少货损货差，具有良好的社会效益。

(5) 降低货物运输成本，提高经济效益。

2. 集装箱货物运输车辆的安全要求

集装箱货物运输车辆应是技术状况良好，带有转锁装置，与所载集装箱要求相适应，能满足所运载集装箱总质量的要求。

集装箱货物运输车辆通常采用单车形式或牵引车加半挂车的列车组合形式。半挂车分为框架式、板式和自装自卸式等。

3. 装载货物要求

集装箱货物运输应配备集装箱专用装卸机械和装拆箱作业机械，装卸机械应有装箱专用吊具，装卸机械的额定起质量要满足集装箱总质量的要求，装拆箱作业机械要能适应进箱作业，以保证集装箱装卸的安全作业。在装箱作业进行之前，应对集装箱的卫生条件和技术条件进行认真的目测检查。集装箱内进行货物装卸作业时，应严格按照有关的操作规程，并应尽可能采用相应的装卸搬运机械作业，例如手推搬运车、输送式装箱机、叉车等，以减轻劳动强度，提高装卸作业效率。

为了防止发生货物事故，需要采用与该包装相适应的装载方法，利用集装箱装载的典型货物有：箱装货、波纹纸板货、捆包货、袋装货、货板(托盘)货、危险货物等。

集装箱运输过程中，由于跨越不同的国家和地区，经受多种自然的、地理的条件影响，不仅会因气候的不同导致箱内气压、湿度、温度方面的变化，而且由于长途的跋涉和几经换装搬运，集装箱会受到很大的震动、冲击、颠簸和摇晃，最终箱内货物容易损坏，甚至发生严重事故。为了确保集装箱货物运输质量，必须根据货物的性质、特点、规格等注意集装箱货物的合理配载、装载和固定。

4. 集装箱货物运输的责任规定

集装箱货物运输的责任规定有以下内容：

（1）集装箱可以装载在甲板上，无须事先协商，并按一般货物的运输责任处理。

（2）凡由发货人或货方装箱的集装箱只要铅封完整，承运人对所装货物的灭失或损坏不负责任。

（3）发货人或货方如因装箱不当而造成承运人方面的人身伤害或损失概由发货人或货方负责。

因此货方装箱前必须检查集装箱，妥为积载，以保障货物运输安全。

四、长大笨重货物运输

（一）长大笨重货物运输的概念

因货物的体积、质量的要求，需要大型或专用汽车运输的货物，为大型特型笨重物件运输(俗称“长大笨重货物运输”)。

长大笨重货物是指单件(含因货物性质或托运人要求不能分割、拆散的组合件或捆扎件，下同)，长度在14m以上或宽度在3.5m以上或高度在3m以上的货物；或质量在20t以上的单体货物或不可解体的成组(捆)货物。

长大笨重货物按其外形尺寸和质量(含包装和支承架)分成四级：

（1）一级大型物件是指达到下列标准之一者：长度大于14m(含14m)小于20m；宽度大于3.5m(含3.5m)小于4.5m；高度大于3m(含3m)小于3.8m；质量大于20t(含20t)小于100t。

（2）二级大型物件是指达到下列标准之一者：长度大于20m(含20m)小于30m；宽度大于4.5m(含4.5m)小于5.5m；高度大于3.8m(含3.8m)小于4.4m；质量大于100t(含100t)小于200t。

（3）三级大型物件是指达到下列标准之一者：长度大于30m(含30m)小于40m；宽度大于5.5m(含5.5m)小于6m；高度大于4.4m(含4.4m)小于5m；质量大于200t(含200t)小于300t。

（4）四级大型物件是指达到下列标准之一者：长度在40m及以上；宽度在6m及以上；高度在5m及以上；质量在300t及以上。

（二）长大笨重货物运输的要求

依据道路长大笨重货物运输的特殊性，其组织工作环节主要包括办理托运、承运、理货、验道、制定运输方案、签订运输合同、装卸、线路运输工作组织。

1. 办理托运

大型物件托运人(单位)必须向已取得大型物件运输经营资格的运输业户或其代理人办理托运。

营业性道路大型物件运输业户，按其设备、人员等条件，分为四类：一类能承运一级大型物件；二类能承运一级、二级大型物件；三类能承运一级、二级、三级大型物件；四类能承运一级、二级、三级、四级大型物件。

托运人必须提供货物性质、质量、外廓尺寸及对运输要求的说明书，并在(托)运单上如实填写大型物件的名称、规格、件数、件重、起运日期、收发货人详细地址及运输过程中的注意事项。凡未按上述要求办理托运或运单填写不明确，由此发生运输事故的，由托运人承担全部责任。承运前承托双方应先查看货物和运输现场条件，需排障时由托运人负责或委托承运人办理，运输方案商定后办理运输手续。

2. 承运

大型物件承运人在受理托运时，必须根据托运人填写的运单和提供的有关资料，予以查对核实，承运大型物件的级别必须与批准经营的类别相符，不准受理经营类别范围以外的大型物件。凡未按以上规定受理大型物件托运，由此发生运输事故的，由承运人承担全部责任。

3. 理货

理货是大件运输企业对货物的几何形状、质量和重心位置事先进行了解，取得可靠数据和图纸资料的工作过程。通过理货工作分析，可为确定超限货物级别及运输形式、查验道路以及制订运输方案提供依据。

理货工作的主要内容包括：调查大型物件的几何形状和质量，调查大型物件的重心位置和质量分布情况，查明货物承载位置及装卸方式，查看特殊大型物件的有关技术经济资料，以及完成书面形式的理货报告。

4. 验道

验道工作的主要内容包括：查验运输沿线全部道路的路面、路基、纵向坡度、横向坡度及弯道超高处的横坡坡度、道路的竖曲线半径、通道宽度及弯道半径，查验沿线桥梁涵洞、高空障碍，查看装卸货现场、倒载转运现场，了解沿线地理环境及气候情况。根据上述查验结果预测作业时间、编制运行路线图，完成验道报告。

5. 制定运输方案

在充分研究、分析理货报告及验道报告基础上，制定安全可靠、可行的运输方案。其主要内容包括：配备牵引车、挂车组及附件，配备动力机组及压载块，确定限定最高车速，制定运行技术措施，配备辅助车辆，制订货物装卸与捆扎加固方案，制定和验算运输技术方案，完成运输方案书面文件。涉及其他部门的应事先向有关部门申报并征得同意，方可起运。

6. 签订运输合同

根据托运方填写的委托运输文件及承运方进行理货分析、验道、制定运输方案的结果，承托双方签订书面形式的运输合同。其主要内容包括：明确合同生效时间、承托双方应负责任、有关法律手续及运费结算方式、付款方式等。

7. 装卸

大型物件运输的装卸作业，由承运人负责的，应根据托运人的要求、货物的特点和装卸操作规程进行作业。由托运人负责的，承运人应按约定的时间将车开到装卸地点，并监装、监卸。

在货物的装卸过程中，由于操作不当或违反操作规程，造成车货损失或第三者损失的，由承担装卸的一方负责赔偿。

8. 线路运输工作组织

线路运输工作组织包括：建立临时性的大件运输工作领导小组负责实施运输方案，执行运输合同和相应对外联系。领导小组下设行车、机务、安全、后勤生活、材料供应等工作小组及工作岗位并建立相关工作岗位责任制，组织大型物件运输工作所需牵引车驾驶员、挂车操作员、修理工、装卸工、工具材料员、技术人员及安全员等依照运输工作岗位责任及整体要求认真操作、协调工作，保证大件运输工作全面、准确完成。

9. 费收规定

大型物件运输费用按交通主管部门和物价管理部门的有关规定，由承、托双方协商确定。

因运输大型物件发生的道路改造、桥涵加固、清障、护送、装卸等费用，由托运人负担。

（三）标志旗和标志灯

运输大型物件，应按有关部门核定的路线行车。白天行车时，悬挂标志旗；夜间行车和停车休息时装设标志灯。

1. 标志旗

（1）标志旗的规格：采用布料等腰三角形旗帜。三角形底长150mm，腰长300mm，旗帜中间印有“大件”字样。标志旗的底色和中间字体的颜色，应与运输大型物件自身颜色有明显区别。

（2）标志旗的使用：在运输过程中分别竖于牵引车辆前方两侧和挂车装载物件上的最宽处。

如挂车装载物件的长度超过挂车尾部，需在物件末端的最高点装设标志旗。

（3）标志旗的管理：由运输经营业户自行制作和安装，底长150mm，腰长300mm。

2. 标志灯

（1）标志灯规格：采用运输车辆自身电源和与电源功率相匹配的红色灯泡连接而成。

（2）标志灯使用：在挂车装载物件的最宽处和超过挂车尾部的最长处装设。

（3）标志灯的管理：由运输经营业户自行制作和安装。

（四）长大笨重货物运输受理和运输过程中的安全管理

1. 受理长大笨重货物运输时的安全管理

承运和装卸长大笨重货物，承运人提供的车辆和装卸机械，必须能保证货物在长度、高度和单件质量方面的安全作业要求。

承运长大笨重货物的级别必须与批准经营的运输类别相符，不准受理经营类别范围以外的长大笨重货物。

受理长大笨重货物托运时，承运人除了按照特种货物办理承运手续外，还应再派对长大笨重货物装卸、运载操作有相当经验的人员，会同托运人到货物现场，对货物与装车场地及装卸方式方法等进行实地勘察，核对落实，决定能否受理或采取一定的安全加固措施后方可受理。若遇畸形的长大笨重货物，应向托运方索取货物说明书，同时应随附货物外形尺寸的三面视图(侧视、正视、俯视)，以“+”表示重心位置，要事先拟订周密的装运方案和运行路线，必要时应让托运方报请公安机关或其他有关部门审查后再予受理。

2. 现场勘察时的安全要求

承运单位对长大笨重货物的装卸场地进行现场勘察核实时，要坚持“安全第一、防范为主”的原则。一般应注意以下几点：

(1) 认真核实货物长度、宽度、高度、实际毛重、体形、重心、包装与标识，应用皮尺度量货物最高、最长、最宽部位，细致察看货物包装或底座的牢固程度是否符合机械吊装要求。

(2) 仔细勘察装卸现场及周围环境，上下、前后、左右有无装卸障碍物与其他设置。如车辆能否靠近货物、能否适应装卸机械操作，机械设施是否良好，装车场地土质是否松软或地面是否平坦，是否需要铺垫木板、钢板或方木等。

(3) 车辆通过的路面、桥涵、港口、码头等的载重负荷能力及弯道、坡道等能否适应。

3. 装卸长大笨重货物时的安全操作

装卸长大笨重货物时，不论采用机械装卸或人工装卸，都要严格按照装卸安全操作规程，还应特别注意检查装卸工具，装卸工人要明确分工，密切配合，专人发号，统一步调进行操作。如需机械操作，应先确认起吊跨度，检查机械负荷能力是否适应，并应留有一定的安全保险系数，严禁超跨度、超重作业和违章操作。配备司索、发号人员，司索人员要做到索套绑吊稳固、慢起稳落，不得将手脚伸入已吊起货物的下方，直接去取垫衬物；发号人员负责作业现场监督指挥，确保装卸货物安全。

装载不可解体的成组笨重货物时，应使货物全部支重面均衡地、平衡地放置在车厢底板或平板上，使其重心尽量位于车辆纵横中心线的交叉点。如不能达到此要求，则应对货物重心的横向移动，加以严格控制。一些特殊集重或畸形偏重的货物，下面应垫有一定厚度的木板，使其在运行中保持稳定。

大型物件装车后必须用垫木、蚂蝗攀(铆钉)、铁丝或钢丝绳固定牢固，以防滑动。特别对一些圆柱体及易于滚动的货物如卷筒、轧辊等，必须使用座架或凹木加固；装运钢板长度超过车身时，应在后栏板用坚固木垫成前低后高状，严禁用砖头、石块、朽木作垫隔。

4. 运输长大笨重货物时的安全操作

承运人运输长大笨重货物，应携带长大笨重货物运输的标志牌和核准证，以备路检。必须按有关部门核定的路线行车，白天行车时，悬挂标志旗；夜间行车和停车休息时装设标志灯。

装载长大笨重货物的大型专用车辆的运输，应由托运方配备随车电工、勤杂工人，携带所需材料和工具，协助车辆行驶途中排除障碍。必要时，承运方需配备专门车辆在前引导护送，以便顺利通行和提示来往车辆注意。

车辆运行应按有关部门指定的时间、路线行驶。为保证所载货物的稳定，必须低速行驶。必要时应邀请有关部门在通过有关路段和桥梁、涵洞时作技术指导。

五、超限超载货物运输

随着我国国民经济的快速发展和对外开放的需要，在公路上行驶的重型卡车、大型平板车、汽车列车、集装箱运输车以及其他载重卡车超限运输，其数量和比重逐年大幅增加。日益发展的超限超载运输势必导致公路早期破坏和桥梁的损坏、道路交通事故频发、严重影响了行车安全，危及人民群众的生命财产安全。因此，加强对超限超载运输的科学管理，显得十分重要。

（一）超限超载货物运输的定义

公路运输是多种运输方式中的一种，本书所指的超限超载运输，如不经特别指出，均为公路货物超限超载运输。

公路货物运输中的超限是指超过路面设计承载的标准。超限货物运输是公路运输中的特定概念，具体指在公路上行驶的车辆、工程机械，其总质量、轴载质量、外形尺寸三者之一超过限值标准者(指超长、超宽、超重、超高)，称之为公路超限运输。超限运输包括外形几何超限和轴载质量及车货总质量超限两大类型。

超载，指汽车装载货物时超过汽车额定载质量，对超载的核定，主要关注汽车性能以及由此而引发的行车安全性。汽车制造企业对其生产的每种车辆都会按国家标准规定和产品设计要求给出车辆的具体质量参数，包括整备质量、总质量、轴载质量。超载运输所超过的限值是针对车辆而言的，特别是车辆结构的承载能力。

在我国，与公路超限超载运输相关的法律法规和技术标准有《超限运输车辆行驶公路管理规定》(2021 年修正)、《汽车、挂车及汽车列车外廓尺寸、轴荷及质量限值》(GB 1589—2016)、《公路工程技术标准》(JTG B01—2014)、《公路沥青路面设计规范》(JTG D50—2017)和《公路水泥混凝土路面设计规范》(JTG D40—2011)等。这些标准和法规都对货车的车货总质量、轴载质量以及超限尺寸做出了相应规定，作为车辆运营中装载货物质量的限值。

一般来说，超限运输是指达到下列条件之一者：

（1）车货总高度从地面算起 4m 以上。

（2）车货总长 18m 以上。

（3）车货总宽度 2. 5m 以上。

（4）单车、半挂列车、全挂列车车货总质量 40000kg 以上；集装箱半挂列车车货总质量 46000kg 以上。

（5）车辆轴载质量在下列规定值以上：单轴(每侧单轮胎)载质量 6000kg；单轴(每侧双轮胎)载质量 10000kg；双联轴(每侧单轮胎)载质量 10000kg；双联轴(每侧各一单轮胎、双轮胎)载质量 14000kg；双联轴(每侧双轮胎)载质量 18000kg；三联轴(每侧单轮胎)载质量 12000kg；三联轴(每侧双轮胎)载质量 22000kg。

（二）超限超载货物运输的特性

超限货物运输组织与一般货物运输有所不同，具有以下特殊性。

1. 特殊装载要求

超限货物运输对车辆和装载有特殊要求，一般情况下超重货物装载在超重型挂车上，用超重型牵引车牵引，而这种起重型车组是非常规的特种车组，车组装上超限货物后，往往质量和外形尺寸大大超过普通汽车、列车，因此，超重型挂车和牵引车都是用高强度钢材和大负荷轮胎制成，价格昂贵。

2. 特殊运输条件

超限货物运输条件有特殊要求，途经道路和空中设施必须满足所运货物车载符合和外形储存的通行需要。道路要有足够的宽度、净空以及良好的曲度，桥涵要有足够的承载能力。这些要求在一般道路上往往难以满足，必须事先进行勘测，运前要对道路相关设施进行改造，如排除地空障碍、加固桥涵等，运输中采取一定的组织技术措施，采取分段封闭交通，大件车组才能顺利通行。

3. 特殊安全要求

超限货物一般均为国家某些重点工程的关键设备，因此超限货物运输必须确保安全，万无一失。在运输中，要对运输路线进行勘察筛选；对地空障碍进行排除；对超过设计荷载的桥涵进行加固；搞好全程护送；协调处理发生的问题等。

（三）超限超载货物运输的安全管理

1. 超限超载货物运输存在的问题

从超限超载货物的运输要求看，要求运输企业具有一定的装备实力、技术力量、安全保障、组织管理、赔偿能力和经营规模。超限超载货物装车后，运输时需要有关部门配合进行排障、护送。近年来，一些运输企业组织超限运输随意性很大，甚至违规运输，致使公路养护和改造费用剧增。

超限超载货物运输涉及的管理部门较多，而涉及的道路、桥涵、电信、管线等方面的管辖权又属于不同的行业，在不同的地方又属于不同的管理部门。这种状况不利于超限超载货物安全运输的管理。

《中华人民共和国公路法》及《超限运输车辆行驶公路管理规定》(2021 年修正) 都严禁车辆超限超载。公路超限超载运输的危害主要表现在以下几个方面：

(1) 严重破坏公路设施，缩短公路使用寿命。公路路面在有效使用期内随超限超载运输车辆轮胎碾压变形次数的增加增强而直接影响公路的使用寿命。

(2) 增加国家对公路建设、改造、养护的投入。根据中国交通工程研究部门的研究报告显示，当车辆轴载质量由 10t 提高到 13t，公路使用寿命由 8 年降为 3.9 年外，使用期降低了 51%。

(3) 严重影响公路的安全畅通。由于超限超载运输造成的路面病害，不仅严重影响行车速度，更为重要的是造成众多的安全事故。

(4) 造成国家规费大量流失，影响公路建设资金筹措。由于超限超载运输的恶性竞争，车主为了揽取生意竞相压价，导致运价降低，而运价下滑又刺激了超限运输，从而形成了恶性循环；为了少缴规费，货物运输车辆“大吨小标”的现象越来越严重，导致了国家交通规费大量流失，造成公路建设和公路养护资金的投入减少。

(5) 造成汽车行业的畸形发展。一些汽车制造企业和改装企业为了迎合购车者少缴交通规费和保险费的心理，随意生产大吨位车轴少的重型车。伪造型号和技术参数，大车小标识，降低吨位促销，造成汽车行业的畸形发展。

2. 安全管理措施

超限超载货物运输管理涉及交通安全、车辆生产、运输市场、收费管理和群众利益等诸多问题。加强超限超载货物运输的安全管理措施包括以下方面。

1）继续推进计重收费，完善收费政策

计重收费方法是经济治理货物超限超载运输的重要手段，是通过在收费站设置计重检测设备，并依据检测的车轴数、车货总重进行计量收费，当车辆超限超载运输时，则对其超出部分追加收费，超量越多，收费也越多。实行计重收费改变了原来按车型收费的模式，体现了公平原则。

计重收费可以有效抑制超限超载运输，计重收费的计费直接与车辆的质量挂钩，空载车辆或正常装载车辆收费较少，而对超限超载运输车辆，对于其超过限值部分采取加倍计费，对违法运输经营者予以必要的经济惩罚。计重收费通过经济和价格手段，有效切断了超限超载运输经营者的经济利益驱动链条。鉴于计重收费的经济调节作用结合部分地方计重收费工作，进一步调整计重收费标准，逐步使计重收费政策更加趋于科学化。

2）规范管理机制和流程

超限运输车辆行驶道路的管理工作坚持“统一管理、分级负责、方便运输、保障畅通”的原则。国务院交通主管部门主管全国超限运输车辆行驶道路的管理工作。县级以上地方人民政府交通主管部门主管本行政区域内超限运输车辆行驶道路的管理工作。超限运输车辆行驶道路的具体行政管理工作由县级以上地方人民政府交通主管部门设置的道路管理机构负责。

在道路上行驶的车辆的轴载质量应当符合《公路工程技术标准》(JTG B01—2014)的要求。但对有限定荷载要求的道路和桥梁，超限运输车辆不得行驶。

(1) 申请。

超限运输车辆行驶道路前，其承运人应按下列规定向道路管理机构提出书面申请：

① 跨省(自治区、直辖市)行政区域进行超限运输的，由途经道路沿线省级道路管理机构分别负责审批，必要时可转报国务院交通主管部门统一进行协调。

② 跨地(市)行政区域进行超限运输的，由省级道路管理机构负责审批。

③ 在本地(市)行政区域内进行超限运输的，由地(市)级道路管理机构负责审批。

承运人向道路管理机构申请超限运输车辆行驶道路时，除提交书面申请外，还应提供下列资料和证件：

① 货物名称、质量、外廓尺寸及必要的总体轮廓图。

② 运输车辆的厂牌型号、自载质量、轴载质量、轴距。轮数、轮胎单位压力、载货时总的外廓尺寸等有关资料。

③ 货物运输的起讫点、拟经过的路线和运输时间。

④ 车辆行驶证。

超限运输车辆行驶道路前，其承运人应根据具体情况分别依照下列规定的期限提出申请：

① 对于车货总质量在 40000kg 以下，但其车货总高度、长度及宽度超过规定的超限运

输，承运人应在起运前15日提出书面申请。

② 对于车货总质量在40000kg以上(不含40000kg)、集装箱车货总质量在46000kg以上(含46000kg)，100000kg以下的超限运输，承运人应在起运前1个月提出书面申请。

③ 对于车货总重100000kg(不含100000kg)以上的超限运输，承运人应在起运前3个月提出书面申请。

(2) 审批。

道路管理机构在接到承运人的书面申请后，应在15日内进行审查并提出书面答复意见。道路管理机构在审批超限运输时，应查阅超限运输所经道路路段的技术等级，桥梁(涵洞)负重参数，隧道高、宽尺寸等。根据实际情况，对需经路线进行勘测，选定运输路线，计算道路、桥梁承载能力，制定通行与加固方案，与承(托)运方共同研究运输过程的道路保障以及需要改路、加宽路基、加固桥、涵负重能力等方面的资金补偿等有关问题后，与承运人签订有关协议。

道路管理机构应根据制定的通行与加固方案以及签订的有关协议，对运输路线、桥涵等进行加固和改建，保障超限运输车辆安全行驶道路。

道路管理机构进行的勘测、方案论证、加固、改造、护送等措施及修复损坏部分所需的费用，由承运人承担。

道路管理机构对批准超限运输车辆行驶道路的，应签发《超限运输车辆通行证》(以下称"《通行证》")。《通行证》式样由国务院交通主管部门统一制定，省级道路管理机构负责统一印制和管理。

(3) 通行管理。

承运人必须持有效《通行证》，并悬挂明显标志，按道路管理机构核定的时间、路线和时速行驶道路。超限运输车辆未经道路管理机构批准，不得在道路上行驶。承运人不得涂改、伪造、租借、转让《通行证》。超限运输车辆的型号及运载的物品必须与签发的《通行证》所要求的规格保持一致。

超限运输车辆通过桥梁时，时速不得超过5km，且应匀速居中行驶，严禁在桥上制动或变速。四级公路、等外公路和技术状况低于三类的桥梁，不得进行超限运输。

道路管理机构应在道路桥梁、隧道及渡口设置限载、限宽、限高标志。

道路管理机构可根据需要在道路上设置运输车辆轴载质量及车货总质量的检测装置，对超限运输车辆进行检测。对超过限值标准且未办理超限运输手续的超限运输车辆，应责令承运人自行卸去超限的部分物品，并补办有关手续。

道路管理机构应加强对超限运输车辆行驶道路的现场管理，并可根据实际情况派员护送。在道路上进行超限运输的承运人，应当接受道路管理人员依法实施的监督检查，并为其提供方便。

(4) 法律责任。

在道路上擅自超限运输的，县级以上交通主管部门或其授权委托的道路管理机构应当责令承运人停止违法行为，接受调查、处理，并可处规定金额的罚款。对道路造成损害的，还应按道路赔(补)偿标准给予赔(补)偿。

承运人拒绝、阻碍道路管理人员依法执行公务并使用暴力、威胁手段的，依照治安管理规定处罚；构成犯罪的，依法追究刑事责任。

交通主管部门或道路管理机构的工作人员玩忽职守、徇私舞弊、滥用职权，构成犯罪的，依法追究刑事责任；尚不构成犯罪的，由所在单位或上级主管部门依法给予行政处分。

3）综合规划道路建设

在道路建设规划中，要为超限货物运输留有余地，特别是一些与大型厂矿企业连接的线路，在资金允许的情况下，尽可能提高一些桥梁等级，建设一至二条特殊超限货物运输通道。

4）加强监督和查处力度，强化管理手段

政府相关职能部门应合理调控运力，规范运输行为，促进运输市场运力和运量的供求平衡；推广集装箱化运输方式，规范公路货物运输车辆类型，特别是特殊产品运输车辆的类型；加大查处违规企业力度，加强汽车生产环节的控制管理，禁止生产违规超限车辆的类型；公安交警部门要加强车辆落户的源头管理，严惩违规擅自改装车辆的单位和个体业主；公路部门应对公路承载能力重新检查并做出明显标志。

5）推广互联网技术等新技术的应用，加强超限流动检测治理工作

建立超限运输线路的桥涵、市政基础设施等主要信息数据库，逐步建立超限货物运输信息平台，为企业运输提供信息服务。同时，应用现代信息管理技术手段，在关键路段设置轴重检测设备，对过往车辆进行自动检测并对恶意或严重超限的车辆收取补偿费等方式，对超限车辆形成一种有形的威慑。

六、甩挂运输

甩挂运输是道路货物运输规模化、网络化、集约化发展的必然产物，发展甩挂运输是客观规律要求。

（一）甩挂运输的含义

所谓“甩挂”，就是当配送车将满载的集装箱送到目的地时，车头与集装箱可以分离，车头再将满载的另一个集装箱运回，从而减少配送车返程的空载率，并最大限度地节约等候装卸的时间。

甩挂运输就是带有动力的机动车将随车拖带的承载装置，包括半挂车、全挂车甚至货车底盘上的货箱甩留在目的地后，再拖带其他装满货物的装置返回原地，或者驶向新的地点。这种一辆带有动力的主车，连续拖带两个以上承载装置的运输方式被称为甩挂运输。甩挂运输，狭义上讲是牵引车拖带半挂车及货物运往某地后卸除半挂车，再换上另一辆半挂车继续运输，广义上则指带有动力的机动车将随车拖带的承载装置(半挂车、全挂车、货车底盘上的货箱等)甩留在目的地后，再拖带其他承载装置驶向新的地点。

（二）甩挂运输的特点

据测算，甩挂运输可以提高车辆运输效率30%以上，降低成本30%，可以使汽车燃油消耗量降低20%~30%。甩挂运输作业法在实际应用中体现出如下优势：

1. 节省时间

挂车的组织模式消除了牵引车的等待装卸时间，不仅提高了驾驶员的工作效率，也最

大限度地消除了不同场站装卸效率的差异。

2. 提高运力

甩挂运输增加了牵引车的有效运行时间，提高了单车利用率。合理协调了货物运输与装卸作业时间，提高了车辆运输生产率和货物的流转速度。

3. 降低成本

完成同等运输量，可以减少牵引车的数量，降低牵引车的购置费用和运行费用。同时企业可以尽可能减少雇佣驾驶员的数量，节约相应支出。

4. 节能环保

甩挂运输"一带多"的形式，提高了牵引车的工作效率和挂车的吨位利用率，减少了车辆对道路的占用，降低了能源消耗，减少汽车排放污染。

5. 促进多式联运发展

可以促进实现以汽车甩挂运输为基础的铁路驮背运输、水运滚装等方式的联合运输，充分发挥各种运输方式的技术经济优势，减少货物装卸作业，提高铁路车辆和轮船的装卸效率。

(三) 甩挂运输对车辆的要求

甩挂运输对车辆的基本要求具体包括以下几个方面。

1. 车辆结构设计的匹配

规定牵引座、牵引销的安装位置(前后)；承载面高度(上下)；车轴布置与安装位置等要求，保证质量分配合理、运动不干涉并满足列车的设计与使用性能要求。采用标准化的车厢/货箱结构与尺寸，适应标准货物托盘的使用、固定，提高货物装载量。

2. 安全连接的匹配

要求牵引座、牵引销的机械连接件型号尺寸统一；牵引车与半挂车电器连接形式与规格统一、协调；气制动连接器形式与规格统一、协调、可靠；ABS(Anti-locked Braking System，制动防抱死系统)接口形式协调适用；各种连接件的安装位置耦合顺畅、操作便利。保证组成列车后，各种连接的性能优良、安全可靠，确保行车安全。

3. 牵引车与半挂车性能的优化匹配

通过优化设计确保列车有充足的动力储备和良好的燃油经济性，并在列车的制动协调性、行车稳定性、通过性等方面满足行车安全要求。

4. 辅助装备的适应性

半挂车支承装置应安全可靠、操作方便；快速接驳辅助工具应使用方便、快捷，通用性好；货物装卸装备应与货物及其包装方式、设施条件相适应且性能优良；采用涵盖车辆、货物、驾驶员以及行车计划在内的，便于甩挂运输调度和货物运输行业统计管理的电子标签和信息采集、传输技术，满足甩挂运输管理系统的统一要求且有高度的信息安全性、通信有效性、数据准确性等。

在具体技术参数方面，甩挂运输对车辆的技术参数要符合《道路甩挂运输车辆技术条件》(GB/T 35782—2017)的要求。

(四) 甩挂运输的安全管理措施

1. 进行定期安全技术检验

挂车应按照《中华人民共和国道路交通安全法》及其实施条例进行定期安全技术检验，确保符合国家规定的安全运行条件及相关技术标准。

2. 完善甩挂车辆海关监管制度

境内承运海关监管货物的甩挂运输车辆(集装箱拖头车)应当依照相关规定办理注册登记手续，在甩挂车辆办结海关监管手续后，经海关同意，牵引车与挂车可以分离，提高牵引车周转效率。海关依照有关规定实施监管。

3. 推进甩挂运输车辆装备标准化

车辆装备技术的标准化是发展甩挂运输的必备条件，要组织制订和推广应用牵引车、挂车连接的相关技术标准，引导制造企业严格执行国家统一标准生产牵引车和挂车，为发展甩挂运输提供技术保障。

4. 完善挂车证件管理

按照既简便适用又有利于监管的原则，完善挂车证件携带、保管与交接管理。挂车道路运输证和机动车行驶证应随车流转。

5. 购买挂车保险

由于挂车不具备动力，具有“可移动的集装箱”的属性，在车辆保险方面，应购买挂车交强险等保险，确保安全事故有赔付保障。

七、鲜活货物运输

(一) 鲜活货物的概念

鲜活货物运输是指在运输过程中，需要采用保鲜措施，并需在限定运输期限内运抵的货物。在鲜活货物运输过程中需要采取一定的措施，以确保这类货物在运输过程中不发生死亡和腐烂变质，道路汽车运输的鲜活易腐货物主要有鲜鱼、瓜果、蔬菜、家禽、牲畜、鲜蛋等。鲜活易腐货物死亡腐烂的主要原因有几种，一是微生物的繁殖，二是呼吸作用，三是途中照顾不当等。

(二) 鲜活易腐货物运输特点

1. 季节性强，适量变化较大

水果上市季节运量突然增大，而且随着自然条件和气候影响的变化，产量会有波动。南方的冬早蔬菜，亚热带气候地区的西瓜、芒果、香蕉、菠萝等瓜果，运量逐年增大，还远销东北、华北各省、香港特别行政区及日本等地。

2. 沿途都需要特殊照料

运输牲畜、家禽、鱼苗、蜜蜂、花木、秧苗(树种)等鲜活货物，如不针对各自的特殊需要加以照料，会出现大批死亡的严重后果。

3. 运送时间要求紧迫，应优先运输

鲜活易腐货物在运输时间上比普通货物要求及时、迅速，南方省份的冬早蔬菜运往北京、东北或出口，往往靠短途汽车运往机场，然后用飞机运出，如果短途运输耽误了时间，飞机再快，蔬菜也会不新鲜，失去了应有的价值。所以，鲜活物资运输做到及时、迅速，才能保证货主和运输企业同时取得好的经济效益。要能做到这一点，就要求有相应的设备并加强对货主及其他运输方式的协调和组织管理工作。

（三）鲜活货物的承托运

鲜活货物运输的主要要求是明确责任、及时运输。

办理鲜活货物托运时应符合有关的规定要求，应提供最长运输期限及途中管理、照料事宜的说明书。货物允许的最长运输期限应大于汽车运输能够达到的期限。

承运单位必须有保持鲜活货物不变质所必要的运输工具、设备及保管措施，如控温集装箱、冷藏仓库等。承运人受理承运后，应按要求及时起运，双班作业，直达运输，保证按时运达。途中需要管理、照料时，应按规定为货主提供方便，满足需要，不得阻止、刁难，否则应负责货物损害赔偿。

八、贵重货物运输

贵重货物是指价值昂贵，在运输过程中承运人必须承担经济责任的货物，如贵重金属、精密仪器、高档电器、珍贵艺术品等。

贵重货物运输管理，最重要的是做到安全运输，保证货物价值完好无损。为保证运输安全，托运人在办理托运时，应提供货物规格、性质及对运输要求的说明书，必要时承托双方应先查看货物如运输现场条件，商定运输方案后办理运输手续。

贵重货物应实行自愿保价运输。办理保价运输的货物，托运人必须在货物运单价格栏内，准确地填写货物的声明价格，必要时承运人可进行核实；对不具备同品名、同规格、同包装的计件货物，还应向承运人提交货物单件价格的物品清单；办理保价运输的货物，应在运单上加盖“保价运输”戳记，承运人按货物保价金额核收一定比例的保价费。不实行保价运输的贵重货物，发生货损货差时，按一般货物赔偿；办理保价运输的货物，按声明价格赔偿，实际损失低于声明价格时，按实际损失赔偿。

九、禁限运货物运输

（一）禁限运货物的概念

禁运货物，指根据国家法律和有关规定，必须经指定主管机关批准，并出具准运证明方可运输的货物，如弹药、武器、剧毒药品、毒品、珍稀动植物、贵重金属、历史文物等。

限运货物，指限定数量或区域内运输的货物。限运货物一般属于紧缺的重要物资，为了保持供需平衡，以满足物质生产和生活消费的基本需求，由省、自治区、直辖市以上人民政府确定限制运输时间、数量和流通区域的物资。这是一种权宜性的经济措施。限运有长期和短期与临时之分。

（二）禁运限运货物的管理

实行货物禁限运制度是国家对国民经济正常运行、国家和社会的稳定和人民生活的需要所采取的法律的行政手段和措施。为了执行国家的法律和政令，禁限运货物运输必须做到：

1. 坚持凭证制度托运禁限运货物

必须持省级以上人民政府或有其授权的主管部门出具有效的准运证明，按照批准运输的品名、规定、数量、线路、起讫站填写托运单进行托运。

2. 按经营范围受理运输

运输禁运限运货物的运输企业必须按照运政机关核定的经营范围、营运线路受理托运，按照禁限运货物运输规定，审验准运证明，核实货物品名、规格、数量、线路、起讫站等，确认无误后，方可受理。

第四章　道路危险货物运输的安全管理

第一节　危险货物的定义、分类及与特性

一、危险货物的定义与分类

货物在货物学中，被定义为凡是经由运输单位或仓储单位承运的一切原材料、工农业产品、商品及其他产品。简而言之，货物是需要运输或储运的产品、物品、物质等的共性名称。而危险货物根据我国法律法规的要求规定，是指具有爆炸、易燃、毒害、感染、腐蚀、放射性等危险特性，在运输、储存、生产、经营、使用和处置中，容易造成人身伤亡、财产损毁或环境污染而需要特别防护的物质和物品。

根据《危险货物分类和品名编号》(GB 6944—2012)、《危险货物品名表》(GB 12268—2012)，危险货物共分为9大类，分别为：第1类爆炸品；第2类气体；第3类易燃液体；第4类易燃固体、易于自燃的物质、遇水放出易燃气体的物质；第5类氧化性物质和有机过氧化物；第6类毒性物质和感染性物质；第7类放射性物质；第8类腐蚀性物质；第9类杂项危险物质和物品，包括危害环境物质。

危险货物的分类，有的是根据货物的物理性质；有的是根据货物的化学性质，如氧化性物质和腐蚀性物质；有的是结合货物的物理和化学性质，如易燃液体和易燃固体；还有的是根据货物对人身伤害的情况(如放射性物质和毒性物质)。总之，哪一种特性在运输中的危险性居主导地位，就把该货物归为那一类危险品。上述的分类标准，并不是相互排斥的，大多数危险货物都兼有两种以上的性质。因此，当注意某种货物的主要特性时，还必须注意该货物的其他性质。

二、危险货物的特性

(一) 燃烧性

许多危险货物具有燃烧性，火灾危险是危险货物运输中的主要危险之一。一般把能发光、放热的剧烈的化学变化过程叫作燃烧。

1. 燃烧的条件

物质的燃烧不是随时都可以发生的，它必须具备三个条件：可燃物、助燃物、热量。可以把这三个条件看作一个燃烧三角形，三角形中的三条边分别代表三个条件，即可清楚地知道组成三角形的三条边不能缺少其中任何一条边，如缺少一条边，三角形就不存在。因此，燃烧三角形中缺少任何一条三角形的边，燃烧三角形就不成立，那么燃烧也就不成立。

2. 燃烧的形式

危险货物的燃烧形式是多样化的，可燃气体、液体或者固体在空气中燃烧时，其燃烧形式一般有四种：扩散燃烧、蒸发燃烧、分解燃烧和表面燃烧。

1）扩散燃烧

如氢、乙炔等可燃气体从管口等处流向空气时的燃烧，就是由于可燃气体分子与空气分子互相扩散、混合，当浓度达到可燃范围时，遇明火则燃烧，形成的火焰使燃烧继续下去，此为扩散燃烧。

2）蒸发燃烧

如乙醇、乙醚等易燃液体的燃烧，就是由于液体蒸发产生的蒸气，在空气中扩散并与空气混合，当其在空气中的浓度达到可燃范围时，遇明火则燃烧并形成火焰，其火焰温度又进一步加热液体表面，从而促进其蒸发，使燃烧继续下去，此为蒸发燃烧。除液体的燃烧为蒸发燃烧外，有些固体也为蒸发燃烧，如萘。

3）分解燃烧

分解燃烧是指在燃烧中伴随着热分解现象的燃烧，如木材、煤、纸等固体可燃物，或者如油脂一类高沸点液体可燃物的燃烧，均属此类。在空气中加热木材时，木材首先因失去水分而干燥，然后产生热分解，放出可燃气体，这种气体被点燃而燃烧产生火焰，由于火焰的温度不断地把木材再分解，从而使燃烧继续下去。

4）表面燃烧

表面燃烧是指固体可燃物表面与空气相接触的部位被点燃，虽不产生火焰，但燃烧产生的热量能使内层继续燃烧。例如：无定形的木炭、铝粉、镁粉等的燃烧。

在上述情况中，前面三种形式的燃烧中，可燃物虽然是气体、液体、固体，但它们经过溢出、蒸发(或升华)、分解等过程，最后还是归结于可燃气体的燃烧，而且都产生火焰，并且它们都是以扩散的方法与空气相互接触而燃烧，其燃烧传播的速度取决于可燃物质及空气的扩散速度。

3. 引起燃烧或爆炸的火源(或热源)

前文说过物质燃烧必须具备三个条件，即可燃物、助燃物、热量。危险货物中很多是可燃(易燃)物，空气是良好的助燃物，在大多数情况下只有严格控制热量这一条件才能防止燃烧。

在危险货物作业场所，能引起燃烧或爆炸的火源(或热源)主要包括：

(1) 明火。指敞开的火焰、火星和灼热的物体等，具有很高的温度和热量，是引起火灾的最主要火源。如焊接、切割时的火花、烟囱火星、厨房火种、炉火、打火机、火柴、烧红的电热丝或铁块等。

(2) 电器火花。指各种电器设备由于超负荷、短路、接触不良等引起的火花。如电动机械非封闭式电动机、闪电雷击、舱内(库内)电源短路、接触不良、电线陈旧老化等所产生的电火花。

(3) 撞击火花。指物体相互碰撞或摩擦而产生的火花。如装卸的金属工具与保障容器相撞，装卸中使用撬棍或进行敲铲作业等所产生的火花。

(4) 静电火花。指两种不同的物质相互摩擦引起的静电荷集聚，在电位发生变化时放电而产生的火花。如石油产品在装卸时因流动而产生的静电火花，工作人员穿着、更换化纤服装而产生的火花等。

（5）化学热。指因物质发生化学反应所产生的热量，当热量达到一定温度时，引起物质的燃烧。如黄磷与空气发生氧化反应引起燃烧，金属钠与水反应引起燃烧，氧化剂与易燃液体或易燃固体发生反应引起燃烧等。

（6）其他热源。如聚焦、辐射等作用产生的热量也能引起火灾。

（二）爆炸性

爆炸是物质发生急剧的物理、化学变化，并在极短的时间内放出大量能量的一种现象。在这个变化过程中，伴有物质所含能量的快速转变，即变为该物质本身变化的产物或周围介质的压缩能或运动能。因此，它的一个重要特点是大量能量在有限的体积内突然释放并急剧转换。这种能量在极短时间内和有限的体积内大量积聚，造成高温、高压等非寻常状态，对周围介质形成急剧的压力突跃和随后的复杂运动，显示出不寻常的移动或机械破坏效应。爆炸的另一个显著的外部特征是由于介质振动而发生一定的音响效应。

1. 爆炸类型

爆炸依据变化形式的不同主要分为三种类型：物理爆炸、化学爆炸和核爆炸。

1）物理爆炸

物质因状态或压力发生突然变化而形成的爆炸，并且在爆炸前后没有新的物质产生，这种现象称为物理爆炸。如车胎爆炸、锅炉爆炸、高压气瓶爆炸等现象，地震、闪电雷击也属于物理爆炸现象。

2）化学爆炸

物质因发生急剧的化学变化而引起的爆炸称为化学爆炸，化学爆炸又分为爆炸性物质爆炸、可燃性混合气体爆炸和可燃性粉尘爆炸。如炸药、炮弹、爆竹的爆炸都是化学爆炸。

3）核爆炸

由原子核的裂变(如 U^{235}的裂变)或聚变(如氘、氚、锂的聚变)反应所释放的能量引起的爆炸现象称为核爆炸。

核爆炸反应放出的能量比炸药爆炸放出的化学能大得多，集中得多，可形成数百万到数千万摄氏度的高温，在爆炸中心区造成数百万大气压的高压，释放出大量的热辐射和强烈的光，产生各种对人类有害的放射性粒子，造成地区长时间污染。

2. 爆炸的必要条件

1）反应的快速性

反应的快速性是炸药发生爆炸的必要条件，它是爆炸反应过程区别于一般化学反应过程的最重要的标志。爆炸反应过程以高速进行，并在瞬间完成。只有高速才能使爆炸物的体积、能量、密度急骤增大而致爆炸。例如：煤炭虽然所含热量比同样质量的梯恩梯炸药(TNT)高 1 倍多，但由于燃烧速度缓慢而不能形成爆炸；而 TNT 完全反应所需时间约 $1/10^5$s，瞬间所产生的热量来不及散失，气体生成物升温到 2000～3000℃，压力达到 10 万～40 万个大气压(10000～40000MPa)，因而发生爆炸。

2）反应的放热性

反应的放热性也是炸药发生爆炸变化的必要条件，对于这一点，所有的炸药都没有例外。热量是爆炸做功的能量来源。没有大量的热放出，爆炸反应不可能完成，更不能形成高温、高压、高能量气体而膨胀做功。

3）产生大量气体生成物

爆炸对周围介质的做功是通过高温、高压气体迅速膨胀实现的，因此在反应过程中生成大量气体产物也是炸药爆炸的一个重要条件。反应生成的气体产物主要是 CO（一氧化碳）、CO_2（二氧化碳）、N_2（氮气）、H_2O（一氧化二氢，水蒸气）和 O_2（氧气）等。例如：1kgTNT 爆炸后能生成 727.2L 气体，是爆炸前体积的 1180 倍；1kg 硝铵炸药爆炸后能生成 906L 气体，体积膨胀 1530 倍。

综合上述炸药爆炸的三个条件，可以了解到炸药爆炸的整个过程，首先是外界给予一定的能量引起爆炸物质的化学反应，由于反应放出大量热量，一部分热量促使反应继续进行，一部分热量用来加热所产生的气体，由于反应速度极快，所产生的气体来不及扩散，所放出的热量集中在炸药原来占有的容积内，维持很高的能量密度，因此形成了高温、高压气体，使炸药爆炸具有巨大的功率和强烈的破坏作用。

（三）毒害性

某些物质少量进入人或动物的机体后，能与体液及组织发生作用，扰乱或破坏机体的正常生理功能，引起暂时性或永久性的病理状态，甚至危及生命安全，这种物质称为有毒物质（毒物）。此种物质具有的这种特性称为毒害性。

在危险货物中除了有毒物质和有毒气体具有很强的毒害性以外，还有许多其他类别的物质也具有一定的毒害性。运输中有毒的气体、液体或固体会因为破包、泄漏、蒸发等经过口吸入或皮肤接触等途径使人中毒。

1. 影响毒物毒性大小的因素

不同的物质其毒性大小各不相同，影响毒物毒性大小的主要因素有毒物的化学组成和结构、溶解性（水溶性还是脂溶性）、溶解度、颗粒大小、沸点高低、蒸气密度、环境温度等。

1）毒物的化学组成及结构对毒性的影响

毒物的化学组成及结构是影响毒物毒性大小的决定因素。

在无机毒物中，毒物的毒性决定于是否含有汞（Hg）、铅（Pb）、砷（As）、硒（Se）、钡（Ba）、氰根（—CN）等化学物质，当然这些化学物质在水溶液中应为离子状态。

在有机毒物中，含有磷（P）、氯（Cl）、硫（S）、汞（Hg）、氰基（—CN）、铅（Pb）、氨基（$—NH_2$）、硝基（$—NO_2$）等物质的多数属于毒物。当然有机毒物的毒性大小不仅与它的化学组成有关，而且还与其化学结构有关。

毒物的化学结构与毒性间的关系，在脂肪族烃类化合物中，毒性作用随碳原子数的增加而加强，其结构中如以支链代替直链，则毒性减弱。毒性的大小随着不饱和程度的增加而增加。另外碳链上的氢原子被卤素原子取代时，毒性变大，随着卤原子增多，其毒性也增大。分子的对称性与毒性也有关系，一般认为对称结构化合物的毒性大于不对称的结构化合物。如有机磷杀虫剂进入人体后，对人体所产生的毒作用的大小随它们的化学结构而异，对氧磷>对硫磷>甲基对硫磷。

2）溶解度

毒物在水中的溶解度越大，其毒性也越大。如氯化钡在25℃时水中的溶解度是9.9g，毒性较大；而硫酸钡在25℃时水中的溶解度是0.00028g，基本无毒性。硫化汞不溶于水，也不作为毒害品。

3）颗粒度

毒物的颗粒愈小，愈易引起中毒。这是由于颗粒愈小，愈易进入呼吸道而被吸收。大于10μm的气溶胶粒子沉着在上呼吸道，而1~10μm粒子能侵入呼吸道深部，甚至侵入肺泡内。

4）环境温度

环境温度越高，越易中毒。因为环境温度越高，毒物的挥发性越大；毒物的溶解度越大；人体的呼吸也会加剧；这样就增加了毒物进入人体的量。

5）沸点

毒物的沸点越低，就越易于挥发成蒸气，增加毒物在空气中的浓度，人体就易于中毒。

6）蒸气密度

毒物的蒸气密度越大，越易在低洼处积聚。如果通风不良，非常容易引起中毒。

7）脂溶性

毒物易溶于脂肪，则易渗过皮肤引起中毒。脂溶性的毒物可通过皮肤吸收，同时脂溶性的毒物易黏附在皮肤上，使吸收更有利于进行。如苯胺、硝基苯之类毒物很容易渗透皮肤，进入血液循环而引起中毒。

2. 毒物进入人体的主要途径

1）呼吸道

整个呼吸道都能吸收有毒物质，尤其以肺泡的吸收能力最大。肺泡的面积很大，大约55m^2，肺泡的壁很薄，肺泡上有丰富的微血管，所以肺泡对毒物的吸收很快。直径10μm以下的气体或粉尘能进入呼吸道，直径5μm以下的气体或粉尘能直接达到肺泡，在气体交换的同时进入循环系统到达全身各部位，可在未经肝脏转化之前就起作用。经呼吸道吸收毒物的数量和速度与吸入的浓度、时间、肺活量以及毒物的理化性质有关。

2）皮肤

虽然健康的皮肤有屏障作用，但一些毒物可以不同程度地通过表皮、毛囊或汗腺进入人体。毒物进入皮肤后，不经肝脏，直接进入血液循环。经皮肤吸收毒物的数量和速度与物质的溶解性、浓度、接触时间、皮肤是否有破损、出汗等因素有关。

皮肤的表皮屏障有三道：首先是皮肤的角质层，一般相对分子质量大于300的毒物不易透过此层；其次是位于表皮角质层下面的表皮细胞膜，它富含固醇磷脂，对非脂溶性物质具有屏蔽作用；表皮与真皮连接处的基膜也有类似作用，脂溶性的毒物虽能通过此屏障，但除非同时具有一定的水溶性，否则也不易被血液吸收。所以一些脂溶性和水溶性兼有的毒物才可以很容易通过皮肤的表皮屏障进入人体，从而引起中毒。但当皮肤破裂或有皮肤病时，其屏障作用被破坏，此时原来不会经过皮肤被吸收的毒物也能大量被吸收。

毒物经毛孔进入毛囊后，可绕过表皮屏障直接透过皮脂腺细胞和毛囊壁而进入真皮，但它的总截面积仅占表皮面积的0.1%~1.0%，所以这一途径不如经表皮吸收的比例高。

3）消化道

一般情况下，毒物经消化道进入人体的可能性不大。除误服外，可能会由于在作业现场进食或饮水，作业后未进行彻底清洗，一些在呼吸道中吸收较慢的粉尘状毒物可随痰咳出又重新咽下，都可导致毒物通过消化道进入人体。进入消化道的毒物在胃中吸收较少，主要在小肠中吸收，经肝脏转化后进入血液循环系统。但某些无机盐，如氰化物及脂溶性毒物，可经口腔黏膜吸收。由于经消化道吸收的毒物先经过人体肝脏等器官对某些毒物有解毒作用，所以消化道中毒较呼吸中毒表现得比较缓慢。

毒物被吸收以后，通过血液分布到全身，最后到达各种细胞内的作用点起作用而发生毒性。其毒性作用表现在两个方面，一方面毒物进入作用点后直接起毒性作用，另一方面毒物进入作用点后，经过代谢可使其毒性降低或增加。其代谢是通过在各种酶的作用下经水解、氧化、还原、结合等过程完成的。经代谢其毒性变小了，这叫解毒。毒物的代谢基地主要在肝脏，其次是在肠、肺、肾和皮肤等。经口进入的毒物吸收后首先要经肝脏的作用，其他途径进入的毒物则先经大循环，再转到肝脏。

毒物排出体外的主要途径有呼吸道、肾脏、消化道、汗液、乳汁等。

毒物在吸收、分布和排出的过程中，除被身体内的解毒功能所作用外，同时使机体组织或功能受到损伤，产生中毒症状。如毒物一氧化碳和氰化氢都能对细胞色素氧化酶起抑制作用。在正常情况下细胞色素氧化酶中的铁，可通过 Fe^{++}(亚铁离子) $\rightleftharpoons$ Fe^{+++}(铁离子)而进行氧化还原反应。但由于一氧化碳和氰化氢都能与酶的蛋白质部分的金属起作用，一氧化碳能与 Fe^{++}结合，而氰化氢能与 Fe^{+++}结合，两者都使酶的功能受到影响而发生细胞窒息。

（四）腐蚀性

腐蚀性是指某些物质化学性质非常活泼，能与很多金属，非金属及动、植物机体等发生化学反应，并使其遭到破坏的性质。具有这种特性的物质称为腐蚀性物质或腐蚀品。

危险货物中除了腐蚀性物质具有很强的腐蚀性外，还有许多物质也具有一定的腐蚀性。在危险货物运输规则中，定义腐蚀性物质以及衡量其腐蚀作用的大小时采用两个主要指标：一是根据在规定时间内看其与受试验动物皮肤接触后出现可见的坏死现象；二是让其与规定类型的钢或铝的表面接触，由其年腐蚀率的大小来判断。后者适用于不具化学灼伤的腐蚀品的判断。

腐蚀品与很多物品、人体接触后，都能形成不同程度的腐蚀。其中对人体的腐蚀又称为化学烧伤(或化学灼伤)。

1. 对人体的腐蚀

固体、液体和气体腐蚀品触及皮肤表面或器官的表面(如眼睛、食道等)都会引起化学烧伤。

固体腐蚀品如氢氧化钠等，能烧伤与之直接接触的表皮。液体腐蚀品能很快侵害人体的大部分表面积，并能透过衣物发生作用。气体腐蚀品虽然不多，但许多液体腐蚀品的蒸气和粉末状固体腐蚀品的粉尘，同样具有严重的腐蚀性，它们不仅能伤害人体的外部皮肤，还会侵害呼吸道和眼睛。

腐蚀品接触人的皮肤、眼睛或进入呼吸道、消化道，就立即与表皮细胞组织发生反应，使细胞组织受到破坏，造成烧伤。呼吸道、消化道的表面黏膜比人体表皮更娇嫩，更容易受腐蚀。内部器官被烧伤时，会引起炎症(如肺炎等)，严重的会死亡。

2. 对物品的腐蚀

腐蚀性物品中的酸、碱甚至盐都能不同程度地引起对金属的腐蚀。它们会腐蚀金属的容器及设备等。即使这些金属物品不直接与腐蚀品接触，也会因腐蚀品蒸气的作用而锈蚀。

有机物质如木材、布匹、纸张和皮革等也会被酸、碱腐蚀。腐蚀品甚至能腐蚀水泥建筑物，撒漏于水泥地上的盐酸，能把光滑的地面腐蚀成为麻面。撒漏的硫酸来不及加水稀释流入下水道，结果水泥制的下水道遭到毁坏。氢氟酸能腐蚀玻璃等。

(五) 放射性

所谓放射性是指一些物质能自发地、不断地放出穿透力很强、人的感觉器官察觉不到、对人体组织会造成伤害、使人体产生急性或慢性放射性疾病的特性。

危险货物中放射性物质即具有这个特性。物质的这种特性是1896年由法国科学家贝可勒尔从天然铀石中首先发现的，此后施密特发现钍盐也有类似的辐射特性，居里夫人进一步发现了具有辐射性质的物质钋和镭。

放射性物质放射出的射线通常有三种：α射线、β射线和γ射线，此外，还有一种中子流，是原子核裂变的产物，不是原子核衰变的产物。

1. α射线

α射线是一种带正电的粒子流，α粒子即氦原子核(He^{2+})，带两个正电荷，通过物质时，电离作用很强，本身则不断损耗能量，故它的穿透力弱，射程很短(空气中2.7cm、生物体中0.035mm)。但由于它的电离作用强，一旦进入体内，能引起很大伤害。所以，α射线内照射危害大，外照射危害不大。一般用两张纸，一层金属片，普通衣服，木板或一定厚度的空气层就能将α射线挡住。

2. β射线

β射线是一种带负电的电子流。β粒子即电子，由于β射线电荷少，质量小，运动速度快，所以它的穿透力较强，射程比α射线长(空气中7m、生物体中3mm)。但电离作用比α射线弱得多，约为1/100。所以，β射线内照射危害较小，外照射危害较大。一般用9mm厚的铝片、塑料板、木板或多层厚纸等也足以将它挡住。

3. γ射线

γ射线是一种波长很短的电磁波，即光子流，与X射线相似，不带电，速度高(30万km/s)，能量大，穿透力强，比β射线强50~100倍，比α射线强1万倍。γ射线电离能力最弱，只有α射线的1/1000，β射线的1/10。因此，γ射线外照射危害很大，内照射危害很小。一般用原子序数较高的金属，如铁、铅能起到一定的屏蔽作用。

4. 中子流

只有在原子核发生裂变时，才能从中释放出中子束。运输中常见的是由中子源放出的一种不带电的粒子源。因为中子不带电，不能直接产生电离，所以它的穿透力也是很强的。中子对人体的危害主要是外照射，一般认为，中子引起人体损伤的有效性是γ射线的2.5~

10倍。中子最容易被氢原子或含有氢原子的化合物吸收。常用石蜡、水、有机纤维、水泥等作为吸收材料。

（六）污染性

运输危险化学品或易对环境造成污染物质的车辆在道路上因过错或者意外造成运载品泄漏进入水体、土体或大气中，可能导致生态环境和人民生命财产受到严重威胁的环境事件。事故导致的危化品泄漏、燃烧、爆炸等，不仅会造成直接的人员伤亡和财产损失，还往往对周边的大气、水、土壤环境造成次生污染。

第二节　危险货物的包装和运输组件

一、危险货物的包装

（一）危险货物运输包装的基本要求

1. 危险货物运输包装的作用

危险货物的危险性主要取决于其自身的理化性质，同时也要受到外界条件的影响，如温度、雨雪水、机械作用以及不同性质货物之间的影响。对于危险货物运输包装来说，除了一般的经济学、市场营销学上的意义外，还具有如下重要的作用：

（1）能够防止被包装的危险货物因接触雨雪、阳光、潮湿空气和杂质而使货物变质，或发生剧烈化学反应所造成的事故。

（2）可以减少货物在运输过程中所受到的碰撞、振动、摩擦和挤压，使危险货物在包装的保护下保持相对稳定状态，从而保证运输过程的安全。

（3）可以防止因货物撒漏、挥发以及与性质相悖的货物直接接触而发生事故或污染运输设备及其他货物的事情发生。

（4）便于储运过程中的堆垛、搬动、保管，提高车辆生产率、运送速度和工作效率。

（5）可以防止放射性物质放出的射线对人体的内照射和外照射所造成的危害。

2. 危险货物运输包装的基本要求

根据危险货物的性质和运输的特点以及包装应起的作用，危险货物的运输包装必须具备以下基本要求：

（1）包装材质应与所包装的危险货物的理化性质相适应。危险货物对包装材料有腐蚀作用，要求相应的包装材质必须耐腐蚀。危险货物包装容器与所装货物直接接触的部分，不应受该物质的化学或其他作用的影响。包装与内装物直接接触部分，必要时应有内涂层或进行相应处理，以使包装材质能适应内装物的物理、化学性质，不使包装与内装物发生化学反应而形成危险产物或导致或削弱包装强度。

（2）危险货物运输包装应结构合理，具有一定强度，防护性能好。其构造和封闭形式应能承受正常运输条件下的各种作业风险，不应因温度、湿度或压力的变化而发生任何渗（撒）漏，包装表面应清洁，不允许黏附有害的危险物质。

《危险货物运输包装通用技术条件》(GB 12463—2009)，把危险货物的包装强度分为三个等级。Ⅰ级包装适用内装危险性较大的货物；Ⅱ级包装适用内装危险性中等的货物；Ⅲ级包装适用内装危险性较小的货物。

《危险货物品名表》(GB 12268—2012)将除第1类、第2类、第7类、5.2项和6.2项物质以及4.1项自反应物质，需要包装的危险货物按其具有的危险程度划分为三个包装类别：Ⅰ类包装：具有高度危险性的物质；Ⅱ类包装：具有中等危险性的物质；Ⅲ类包装：具有轻度危险性的物质。并在品名表的第5列“包装类别”中列出了该危险货物应使用的包装等级。

在国际危险货物运输中，确定采用哪个等级包装的依据是货物的危险程度。除第2类气体和第7类放射性物品的包装另有规定外，《国际公路运输危险货物协定》等的危险货物品名表中对各自所列危险货物都具体指明应采用包装的等级，这既表明了该货物的危险等级，又强调了等级的重要性。基本形式与我国的《危险货物品名表》(GB 12268—2012)中的“包装类别”相似。

(3) 包装的封口应与所装危险货物的性质相适应。一般来说，危险货物包装的封口应严密不漏。特别是挥发性强或腐蚀性强的危险货物，封口更应严密，但对有些危险货物不要求封口严密，甚至还要求设有排气孔。应如何对待某种危险货物包装封口，要根据所装危险货物的性质决定。

(4) 内、外包装之间应有适当的衬垫。衬垫材料应具备一定的缓冲、吸附和缓解作用。

(5) 运输危险货物包装应能适应一定范围的温度、湿度变化。

(6) 包装货物的件重、规格和形式应满足运输要求，以便于装卸、积载、搬运和储存。

(7) 包装的外表应按规定标明各种包装标志。

危险货物运输包装必须具备国家规定的《危险货物包装标志》(GB 190—2009)。标志应正确、明显和牢固、清晰。一种危险货物同时具有两种以上危险性质的，应分别具有表明该货物主次特性的主次标志。一个集合包件内具有几种不同性质的货物，所有这些货物的危险性质标志都应在集合包件的表面标示出来。

为了说明货物在装卸、保管、运输、开启时应注意的事项(如易碎、禁用手钩、怕湿、向上、吊装位置等)，危险货物运输包装上必须同时粘贴有包装储运图示标志[参考《包装储运图示标志》(GB/T 191—2008)]。包装的表面还必须有内装货物的正确品名(必须与托运书中所列品名一致)、货物的质量等运输识别标志以及表明包装本身的质量等级的标志等。

(8) 危险货物运输包装必须按规定进行性能试验，经试验合格后并在包装表面标注上持久、清晰、统一的合格标记后方可使用。

(9) 盛装爆炸品包装的附加要求。主要有以下方面：

① 盛装液体爆炸品容器的封闭形式，应具有防止渗漏的双重保护。

② 除内包装能充分防止爆炸品与金属物接触外，铁钉和其他没有防护涂料的金属部件不得穿透外包装。

③ 双重卷边接合的钢桶，金属桶或以金属做衬里的包装箱，应能防止爆炸物进入隙缝。钢桶或铝桶的封闭装置必须有合适的垫圈。

④ 包装内的爆炸物质和物品，包括内容器，必须衬垫妥实，在运输中不得发生危险性移动。

⑤ 盛装有对外部电磁辐射敏感的电引发装置的爆炸物品，包装应具备防止所装物品受外部电磁辐射源影响的功能。

（二）危险货物运输包装的分类

危险货物运输包装的分类主要有以下 3 种分类方法：

1. 按危险货物的物质种类分类

1）通用包装

一般来说，通用包装主要适用于易燃液体、易燃固体、易于自燃的物质和遇水放出易燃气体的物质、氧化性物质和有机过氧化物、毒性物质和感染性物质等货物。

2）爆炸品专用包装

对爆炸品来说，其运输包装必须进行专用包装，甚至在爆炸品之间都不能相互替用。一般来说，为了保证爆炸品在储运过程中的安全，爆炸品的生产设计者在设计、生产爆炸品时，往往根据本爆炸品所必须满足的防火、防振、防磁等要求，同时也设计了该爆炸品的包装物，而且其包装设计需与爆炸品的设计同时被批准，否则不得进行爆炸品的生产。

3）气体(气瓶)专用包装

气体危险货物的专用包装，其最显著的特点是能承受一定程度的内压力，所以又称压力容器包装。

4）放射性物质包装

由于各种放射性物质的特殊性，对其包装的要求应符合国家技术监督局正式实施的有关国家标准或规定。

5）腐蚀性物质包装

某种腐蚀性物质只能用某种材料包装，某件包装用于一种腐蚀性物质后，如能重复使用，也只能用于该腐蚀性物质而不能移作他用。

6）特殊物品的专用包装

某些物品由于某种特殊性质而需采用专门包装。

2. 按危险货物的包装材料分类

1）木制包装

包括天然板材和胶合板、木屑板等人工板材。木制运输包装可分为木桶包装和木箱包装 2 大类。

2）金属制包装

金属制包装的主要形式有桶(包括罐)和箱(包括盒、听)包装 2 大类。其基本性能表现为牢固、耐压、耐破、密封、防潮，其强度是所有通用包装中最高的。它是运输危险货物中使用最多、最广的包装方式之一。其所用的主要金属材料是各种薄钢板、铝板和塑料复合钢板等。

3）纸制包装

纸质包装主要有纸箱、纸盒、纸桶、纸袋等。纸制包装的特点是防震性能很好，经特殊工艺加工，强度可与木材相比。如果纸塑复合，可使纸质包装的防水性和密封性大大提高。

4）玻璃、陶瓷制包装

各种玻璃瓶、陶坛、瓷瓶等包装，其特点是耐腐蚀性强但很脆、易碎，所以又称易碎品。

5）棉麻织品及塑料编织纤维包装

用棉麻织品及塑料编织纤维做成的包装，一般统称袋。在危险货物运输包装中也具有较多的用途。

6）塑料制包装

塑料制包装的形状比较多。桶、袋、箱、瓶、盒、罐等都可用塑料制造。塑料包装的特点是质轻、不易碎、耐腐蚀。与金属、玻璃容器比较，其耐热、密封、耐蠕变性能相对要差一些。

7）编织材料包装

编织材料包装主要是指由竹、柳、草三种材料编织而成的容器。常见的有竹箩、竹箱、竹笼、柳条筐、柳条篓、薄草席包、草袋等。编织包装容器的荆、柳、藤、竹、草等物必须具备不霉、不烂、无虫蛀，而且编织紧密结实的基本要求。

3. 按危险货物的包装类型分类

1）桶类

桶类中有钢(铁)桶、铝桶、钢塑复合桶、木琵琶桶、胶合板桶、硬质纤维板桶、硬纸板桶、塑料桶等。

2）箱类

箱类包装一般包括以箱为外包装的集装箱、铁皮箱、危险货物保险箱、木箱、胶合板箱、纤维板箱、刨花板箱、瓦楞纸箱、钙塑板箱等。

3）袋类

包括棉布袋、麻袋、乳胶布袋、塑料袋、纸袋、集装袋等。

二、运输组件

道路危险货物运输组件一般指公路运输罐柜或货车、多式联运集装箱、可移动罐柜或多单元气体容器等。

（一）集装箱

1. 定义

集装箱系指一种永久性的并有相应的强度足以反复使用的运输设备。这种设备是为了便于以一种或几种方式运输，中间无须转装而专门设计的，在适用时应根据《1972年国际集装箱安全公约》予以批准。集装箱一词不包括车辆，也不包括包装，但装在底盘车上的集装箱包括在内。

2. 装运要求

（1）用于装运危险货物的集装箱应根据《1972年国际集装箱安全公约》予以批准。使用集装箱装运危险货物应遵守《关于货物集装箱、车辆装载指南》、我国的《集装箱装运包装危险货物监督管理规定》。

（2）危险货物只有按《道路危险货物运输管理规定》（交通运输部令 2019 年第 42 号）中有关规定包装后才能装在集装箱内运输。某些散装固体危险货物可装在主管当局特准做该项用途的集装箱内运输。某些危险货物具有特殊危险性，应对预期航程的环境做充分考虑后，方可采用集装箱运输。

（3）要求互相隔离的危险货物不得同装于一个集装箱内，要求“远离”的危险货物，必须经主管机关批准后方可同装在一个集装箱内，并必须保持等效的安全标准。

（4）充分了解危险货物的特性，不符合《道路危险货物运输管理规定》（中华人民共和国交通运输部令 2019 年第 42 号）要求的货物或已受损、渗漏者不得装入集装箱内。

（5）在集装箱内堆装要紧密牢固、有足够的支撑及加固，以适合航行的要求。

（6）当一票危险货物只构成集装箱装载内容的一部分，最好应装载于箱门附近；危险货物的任何部分不得从箱内突出，装箱后即应关门封锁。

（7）对托运人来说，应在货物托运单上或单独的申报单上保证他所托运的货物已正确地加以包装、标记、标志等内容，并具有适运的条件，写明其正确运输名称和危险货物的类别。

（8）危险货物在装箱作业时，应由装箱单位的装箱检查员进行现场监装，装箱完毕经过检查合格后，现场装箱检查员签署“集装箱装箱证明书”，并由装箱单位盖章，以证明货物已正确装箱并符合以下规定：

① 集装箱清洁、干燥，外观上适合装货。

② 集装箱内未装入不相容的货物，除非经有关主管机关批准。

③ 所有包件都经过外部破损检查，装入箱内的包件是完好的。

④ 所有包件装箱正确，衬垫、加固合理。

⑤ 当散装危险货物装入集装箱时，货物已均匀地分布在集装箱内。

⑥ 集装箱和所装入的包件均已正确地标记、标志和标牌。

⑦ 当将固体二氧化碳（干冰）用于冷却目的时，在集装箱外部门端明显处做显示标记或标志。注明“内有危险气体——二氧化碳（干冰），进入之前务必彻底通风”。

（9）装有危险货物的集装箱应按规定进行标记、标牌，至少贴有规格为 250mm×250mm 的标牌四幅。集装箱一经确认无危险性，所有危险货物标牌应自箱上去掉或加以遮盖。

（10）装载有危险货物的集装箱，应检查外部有无内装物的破损、撒漏或渗漏。

（11）从事道路危险货物装箱作业的单位应将每次危险货物装箱作业情况按要求如实记录。由负责装箱的现场检查员记录，记录内容包括：积载计划、装箱时间、装箱货况、集装箱箱体状况、货物包装状况、装箱衬垫、加固情况等事项。

（12）从事道路危险货物装箱作业的单位应将危险货物装箱情况拍摄照片存档，正确显示装箱前、中、后三种箱体状况和相应箱号，并保存于记录档案。

3. 各类危险货物的装箱要求

1）爆炸品

（1）曾装运过强酸、强碱类的集装箱在未彻底清刷干净之前，严禁装入爆炸品。

（2）包装应良好，木板箱包装不能有钉子外露。

（3）要逐件检查包装有无异状，如破损、水湿、油污、虫蛀等。

（4）装箱时应自里向外，由下至上装载。堆码要整齐平稳，不能留有空当。如不可避免时，应用木块或使用填补器填塞牢固。

（5）箱壁的四周应用衬垫木板使货物与金属铁器部位隔离。

（6）所装的货物在箱内不能铺满一层时，应用木棱固定，以防货物移动或堆垛坍塌。

（7）装货完毕，箱门处留有的空隙应采用填补器或其他的加固方法。

（8）进行箱内的固定工作必须使用不致产生火花的工具，用力不要过猛，严防撞击、振动，同时注意所使用的钉子不能撒落在箱内。

（9）装卸作业时，必须轻拿轻放，不得在包装上踩踏，搬运时不得在水泥地上滚动，禁止背负。

（10）在使用叉车装箱时，最好使用电瓶车。如使用内燃机铲车时，应选用燃烧完全的机车，并在排烟管上安装消除火星的网罩。

（11）作业时所使用的机具，应降低规定负荷的25%。夜间作业时应使用防爆型照明灯具。

（12）积载不能超过包装堆码试验的高度。

（13）雷管及引信等极敏感的物质应装于货物的表面。

（14）高温季节应遵守当地有关部门规定的作业时间。

（15）在装箱时注意它们的配装类要求。

2）压缩、液化和加压溶解气体

（1）检查钢瓶的安全帽是否拧紧，检测有无异味，以防气体冒出。瓶帽如有松动，应采取有效的紧固措施；其他的附件如阀门、瓶体、漆色是否符合要求；瓶壁的腐蚀程度，有无凹陷及损坏现象。

（2）钢瓶的保护皮圈应齐全，否则不能装入箱内。

（3）钢瓶不宜单个散放，最好以每几个为一组或以托盘的形式装箱，这样可防止钢瓶在箱内滚动。箱的侧壁和两端应用木板与金属部位隔离。

（4）作业时不能手持钢瓶的安全帽，严禁抛掷、碰撞、滚滑。

（5）堆放时，箱内钢瓶的安全帽必须朝同一方向。

（6）在进行有毒或剧毒气体的钢瓶作业时，在作业地点附近应备有防毒面具以备用。

（7）在进行作业时，严禁穿着沾有油污的工作服和使用沾有油污的手套及工具。

（8）箱内沾有油污的集装箱不能使用。

（9）所使用的工具或机具，应不致产生火花。使用机车装箱时，其排烟管应有防止火星冒出的防护网罩。

（10）进行货物固定时，钉子不能露于表面之外。

（11）夏季作业时，要有遮阳设施，防止日光曝晒，并遵守当地有关部门规定的作业时间。

（12）如集装箱内全部装满，则不需要特别加以固定，但箱门端的空隙应用木板或胶合板使箱门与货物隔离。

（13）如钢瓶在箱内拟装两层时，则必须在下层钢瓶上铺设有足够厚度的木板或胶合板。如上层的钢瓶数不能铺满一层时，为了防止货物倒塌和滑动，箱门附近的货物除用绳索捆扎外同时应施加固定。

（14）钢瓶原则上竖装，但由于尺寸的要求必须横装时，则每垛的前后应有隔板隔开，如在纵向留有空隙，则采用木框或增加隔板的厚度来填塞。为了防止货物的摩擦和滚动，上、下层钢瓶之间要插入衬垫材料，如有条件，最好采用薄的橡胶板、连续弯曲的衬垫垫于货物之间。

3）易燃液体

（1）检查桶盖有无松动，桶的焊接缝处有无渗漏后的渍迹，如有桶盖松动的现象应及时采取紧固措施，紧固时所使用的工具应为铜质的。如果焊接缝处有渗漏现象严禁装入箱内，并应及时运回仓库或远离装货现场。

（2）观察每一包件有无对应的标记和标签。桶的两端有无膨胀现象或表现出外裂现象。

（3）现场作业人员不能随身携带火种，如火柴、打火机等。不能穿着钉有铁掌的鞋靴。

（4）作业前，现场应备置相应的灭火器材，以便在尽短的时间内投入使用。

（5）装箱时应自里向外，平铺码靠，如需装载第二层货物时，应在下面货物上铺垫木板，以防向箱内搬桶、滚动桶时产生摩擦或撞击，并在每层之间使用木板衬垫。

（6）箱壁的四周(若是金属质的)应用木板或其他木质衬垫材料有效地隔离。

（7）桶与桶之间不能留有空隙，桶的凸缘应错开。错开的方法可采用垫高板。

（8）当不能铺满一层时，考虑重心偏心的空隙所留的余位，且应有效地紧固，使其不致滚动或移动。

（9）在作业过程中，如发现因温度较高而引起容器膨胀时，这样的货物不能装入箱内，发现地上有渗漏的痕迹时应仔细检查包装。

（10）闪点低于23℃(c. c)的易燃液体在高温季节作业时，应遵守当地有关部门规定的作业时间，夜间作业时应使用防爆型照明灯具。

（11）使用机车装箱时，其排烟管应具有防止火星冒出的装置，并应降低其负荷的25%。

（12）在进行固定工作时，应使用不致产生火星的工具，固定时所用的钉子不能外露。

（13）如果箱门附近留有较大的空隙，可采用侧壁支撑的方法进行固定。就是用同集装箱宽度尺寸相同的木棱，撑于两侧槽内，但应注意的是侧壁强度较弱，使用这种固定方法时，应首先由箱底板起，垫一根厚木板条贴于槽内，其长度应高于木棱的支撑点，然后方可固定，以扩大其受力面积。如有条件，可利用专用装置上的导轨和方形木条来固定货物，这是一种可靠的固定方法。

4）易燃固体，易于自燃、遇水放出易燃气体的易燃固体或物质

（1）根据货物的特性，对于撞击、摩擦较敏感的货物，在装箱时，箱壁的四周应用木板或胶合板有效地隔离。

（2）铁桶的包件，每层应用木板衬垫。

（3）箱内所留有的空隙用木板和木框架填补器塞牢和固定。

（4）使用铲车、铁车作业时，要采取有效的安全措施，防止摩擦、撞击出火星。

（5）袋装货在堆码时一定要注意其堆码方法，可采用砌墙法(也称各层二连装货法)，或其他的装载方法。箱门附近的空隙需加以固定。

（6）堆码应整齐，作业时禁止使用手钩。

（7）发现有退包或有水渍、油及污染现象的包件，不能装入箱内。

（8）对有温度要求的货物，应按货物性能的要求备置控制或检测温度的装置。

（9）电石、黄磷、金属钙等如发现其包件、桶的两端膨胀时，及时报有关人员处理，在未经过处理或放气前不要搬运、晃动。

（10）箱内潮湿的集装箱严禁使用该物质。

5）氧化剂、有机过氧化物

（1）所使用的集装箱内部应清洁干燥，没有油污，不得留有任何酸类、煤炭、木屑、硫化物及粉状可燃等物质。

（2）认真检查包件是否完好，桶盖有无松动，关闭环是否卡紧，外表有无裂痕。

（3）装货时应自里向外堆码，在装第二层桶装货物时，在下层货物的上面铺垫一层木板，以防摩擦或损坏包装。

（4）箱壁的四周应用木板加以隔离。

（5）箱内所留有的空隙应用木板、填补器或用支撑的方法加以固定，其钉子不能外露。

（6）箱内所用的固定、衬垫材料应质地良好，木板上不能带有树皮；严禁使用残缺不全的碎木板、铁丝或钢丝绳等铁质索具。

（7）严禁在箱门附近进行锯、刨、砍等工作，掉落的木屑应打扫干净，以防带入箱门。

（8）作业时，操作人员应戴防护手套，必要时需戴口罩和穿着工作服。

（9）所使用的机具应与货物的性质相适应。钦、铲车的排烟管应加有防火星冒出的装置。

（10）忌高热，作业时应有遮阳设施，防止日光直晒。

（11）有机过氧化物应在国际标准规定的条件下或经主管当局对预期航程情况做出应有的考虑后所规定的条件下用集装箱运输。

（12）使用温控集装箱(冷藏集装箱)时应事先检查其温控设备是否处于良好状态。

（13）袋装货的装载应按各层二连装货法，作业时禁止使用手钩。

（14）由于包装破漏，撒落的货物应及时清除，溢漏物不可重新装入原包装内。

6）有毒或感染性的物质

（1）作业中禁止肩扛、背负、冲撞、摔碰、翻滚。搬运时要平稳，轻放以防止包装破损。

（2）对易燃性质的毒害品，夏季要防止日晒。

（3）搬运一般毒品时应穿工作服，戴口罩、手套等。

（4）搬运腐蚀品、刺激性、易引起呼吸中毒的挥发性液体毒害品时，除必须穿着工作服，戴口罩、手套外，还应系胶质围裙、穿胶靴、带防护眼镜和防护帽等，外露皮肤涂防护药膏。

（5）搬运剧毒物质必须戴着防毒面具。

（6）如货物系托盘成组件，装第二层时应注意下面的货是否能承受得住压力并铺衬垫木板。如在箱内双排装载时所留的空隙应稳妥地固定。

（7）袋装货的积载应采用各层二连装货法，箱门端留有的空隙仍需用填补器固定。

（8）进行剧毒品作业时应远离生活区，防止有毒气体或粉尘渗入。

（9）忌湿、晒的毒害品应避免雨、雪天作业，防止日晒。在验收货或装箱前应了解在运输途中是否有雨淋、水湿现象。

（10）撒落在地面上的毒物，应用潮湿锯末及时清扫干净。

7）放射性物质

（1）认真检查包装，保证装入箱内的包装完好无损。

（2）作业中严禁肩扛、背负、翻滚和倒放，并注意轻拿轻放。

（3）摆放要平稳、牢靠以防在运输途中滑动倒塌。

（4）装箱时要做到放射性强度大的装于集装箱中部，将放射性强度小的装于周围，这样也能起到一定的屏蔽作用。

（5）如装的数量较少，不能装满一箱时，应装于箱的中部，四周用填料顶紧。

（6）无机械设备时，可用手推车。操作人员应按规定的作业时间进行轮换。

（7）袋包装的放射性矿石和矿砂装箱时应堆码严紧，采用两横一竖装载方法，其包装表面不得留有矿粉。

（8）放射性物质的包装不同，在装箱时根据不同的包装形式进行装载或固定。

（9）对于放射性物质应当优先装运，做到随进货，随装箱，随挂运。力争货不落地，不积压。

（10）作业完毕，应用肥皂、清水将手、脸彻底洗干净。

8）腐蚀性物质

对于腐蚀性物质的包装，除了前面所提到的各种包装外，还有塑料桶包装的货物。这种包装虽有很多长处，但也有一些弱点，例如：冬季时包装较脆，不能摔碰；夏季炎热时包装又变软怕压。因此在装箱时应适时考虑这些特点。

（1）装货时检查包件的桶盖是否松动，包件有无渗漏或裂变。

（2）塑料桶的堆码高度不得超过堆码试验允许的高度。

（3）如实际装载超过允许的高度时，应在第二层塑料桶上面打一木隔板，立柱支撑于箱底板上，方可继续装货。这样可以防止下层塑料桶被压坏，造成货物的外溢。

（4）各种形式的容器和包装的液体物品，严禁倒放。每层之间用木板衬垫。

（5）使用玻璃和陶瓷容器盛装本类货物时，应检查封口是否完好，有无渗漏，装箱应采取有效的紧固措施，固定的方法可参照前面所提到的图例。

（6）在搬运中，禁止直接用手接触，装载时应平稳牢固。

（二）可移动罐柜

1. 定义

可移动罐柜（Portable Tank）是指其主体是金属质的，容量在 450L 以上，配备有安全、减压、隔热、测量、通风、装卸等装置，可整体装卸的容器。这种容器也称为“罐柜集装箱”或“液体集装箱”。罐柜主体的外部大多数为一金属框架，金属框架的规格与集装箱一样，起到加强、紧固、保护和稳定的作用。

可移动罐柜的使用和构造的规定是根据联合国危险货物运输专家委员会制定的《关于危险货物运输的建议书》规章范本制定的。

2. 适用范围

可移动罐柜可以装运第1类和第2类~第9类危险货物。具体应根据设计结构和标准、最低罐壳厚度、辅助设备、底部开口、安全减压装置和减压装置、减压装置的设定、易熔元件、保险片、减压阀的能力、减压装置的标记、减压装置的连接管路和位置、计量装置等而适用。

按罐柜支架、框架、起吊和系固附件，设计和批准，检验和试验，标记等方面的不同要求，可移动罐柜按装运货物的不同分成3种：装运第1类和第3类~第9类危险货物的可移动罐柜；装运第2类非冷冻液化气体的可移动罐柜；装运第2类冷冻液化气体的可移动罐柜。

3. 装运第1类和第3类~第9类危险货物的可移动罐柜的规定

（1）可移动罐柜可用来运输相适应的第1类和第3类~第9类的物质。可移动罐柜的设计、制造、检验和试验应符合有关的规定。用于运输这些物质的可移动罐柜还应符合《联合国危险货物一览表》中给每种物质划定的可移动罐柜特殊要求。

（2）可移动罐柜在运输期间应采取足够的防护措施，防止因受到横向、纵向的碰撞及翻倒导致罐壳及其装卸设备的损坏。如果罐壳及其操作系统本身的结构可以经受碰撞和翻倒，则可不必采取防护措施。

（3）某些物质的化学性质不稳定，只有采取了必要的措施，防止运输途中发生危险性的分解、化学变化或聚合反应，方可接受运输。为此，还要特别注意保证罐柜内不含有任何能促使上述变化的物质。

（4）运输期间，罐壳（不包括开口及其封闭装置）或隔热层外表面的温度应不超过70℃。加温条件下运输液体或固体危险货物时，罐壳的隔热措施应符合这一要求。

（5）未进行清洁，残留有气体的空罐柜应按先前装有货物时罐柜的相同要求处理。

（6）可相互发生危险反应并造成以下情况的物质不得装在罐壳毗连的分隔舱内运输：

① 可燃和/或大量放热。

② 散发出易燃、有毒或窒息性气体。

③ 形成腐蚀性物质。

④ 形成不稳定性物质。

⑤ 产生危险的升压。

（7）主管机关或其授权单位与所有人分别保留该机关或该单位为每一可移动罐柜颁发的设计批准证书、试验报告以及列明首次检验和试验结果的证书。所有人在任何主管机关要求时必须能提供上述证书。

（8）除非装运的物质名称写在罐柜的金属牌上，否则在主管机关或其授权单位提出要求时，视情况发货人、收货人或代理人必须立即提供上述证书的副本。

4. 装运第2类非冷冻液化气体的可移动罐柜的规定

（1）可移动罐柜的设计、制造、检验和试验应符合国际标准的有关规定。

（2）可移动罐柜在运输期间应采取足够的防护措施，防止因受到横向、纵向的碰撞及翻倒导致罐壳及其装卸设备的损坏。如果罐壳及其操作系统本身的结构可以经受碰撞和翻倒，则可不必采取防护措施。

（3）某些非冷冻液化气体的化学性质不稳定，只有在采取了必要的措施，防止运输途中发生危险性的分解、化学变化或聚合反应，方可接受运输。为此，还要特别注意保证罐柜内不含有任何能促使上述变化的非冷冻液化气体。

（4）除非装运的气体名称写在罐柜的金属牌上，否则在主管机关或其授权单位提出要求时，视情况发货人、收货人或代理人必须立即提供为每一可移动罐柜颁发的设计批准证书、试验报告以及列明首次检验和试验结果的证书的副本。

（5）未进行清洁，残留有气体的空移动罐柜应按先前装有非冷冻液化气体的可移动罐柜相同要求处理。

5. 装运第 2 类冷冻液化气体的可移动罐柜的规定

（1）可移动罐柜的设计、制造、检验和试验应符合国际标准的有关规定。

（2）可移动罐柜在运输期间应采取足够的防护措施，防止因受到横向、纵向的碰撞及翻倒导致罐壳及其装卸设备的损坏。如果罐壳及其操作系统本身的结构可以经受碰撞和翻倒，则可不必采取防护措施。

（3）除非装运的气体名称写在罐柜的金属牌上，否则在主管机关或其授权单位提出要求时，视情况发货人、收货人或代理人必须立即提供为每一可移动罐柜颁发的设计批准证书、试验报告以及列明首次检验和试验结果的证书的副本。

（4）未进行清洁，残留有气体的空移动罐柜应按先前物质的可移动罐柜相同要求处理。

（三）多单元气体容器

1. 定义

多单元气体容器（Multiple-Element Gas Containers，MEGCs）是用一个总管进行内部连接并组装在一个框架内的各种钢瓶、管状容器和钢瓶组的组合体。多单元气体容器包括气体运输所需的附属设备和构件。单元是指气瓶、管状容器等。附属设备是指用于测量装置和充罐、排放、通气、安全的装置。构件是指罐壳外部的加强、紧固、保护和稳定部件。

2. 一般要求

对于多单元气体容器在非冷冻气体运输中使用的一般要求：

（1）多单元气体容器必须符合国际标准中的有关其设计、构造、检验和试验的规定。

（2）运输中，对于多单元气体容器必须加防护，防止横向、纵向撞击及倾覆对其单元和附属设备造成损坏。若其单元和附属设备的建造强度足够大以至可以承受撞击和倾覆的应力，则不需进行防护。

（3）多单元气体容器需定期试验和检验。多单元气体容器或其单元的定期检验到期之后不得向其充罐气体，但可以运输。

（4）充罐要求：

① 充罐之前，多单元气体容器必须进行检验，且确认其适用于该种气体运输。

② 多单元气体容器的单元，必须按工作压力、充罐率等进行充罐。任何情况下，多单元气体容器或单元组件的充罐不得超过所给出的最低工作压力。

③ 多单元气体容器的充罐不得超过其最大许可总质量。

④ 充罐后，独立的阀门必须予以关闭并在航程中保持关闭。第 2.3 类有毒气体只能用各单元上装有独立阀门的多单元气体容器进行运输。

⑤ 充罐孔必须用盖帽或栓塞关紧，托运人充罐后必须对其关闭装置的防渗漏性进行核实检测。

⑥ 下列情况下多单元气体容器不得提交充罐：(a)损坏的程度可能影响到压力容器或其结构和附属设备的完整性；(b)除非压力容器及其结构和附属设备经检验并证明状况良好；(c)除非要求的证书、重新试验及充罐标志清楚可见。

⑦ 已充罐的多单元气体容器在下列情况下不得提交运输：(a)渗漏时；(b)损坏的程度影响到压力容器或其结构或附属设备的完整性；(c)除非压力容器及其结构和附属设备经检验并证明状况良好；(d)除非要求的证书、重新试验及充罐标志清楚可见。

⑧ 未经清洁和驱气的空多单元气体容器，必须达到充罐原来物质的多单元气体容器同样的要求。

(四) 公路罐车

公路罐车是指装有容积超过 450L 的罐柜并配有减压装置的车辆。在正常装卸和运输条件下，罐柜都应固定在车辆上。

公路罐车的罐柜要求与可移动罐柜的要求相同，车辆应按车辆作业所在国公路的主管机关的要求进行试验和检验。

(五) 车辆

车辆系指各种公路货车。每一个拖车应视为一个单独的车辆。

危险货物可像装入集装箱那样装入公路货车，公路货车一般都具备货箱或围遮及紧固装置，因此，危险货物装车，车内积载、垫隔、紧固等要求与集装箱装箱要求相同。装有危险货物的车辆应具有车辆装载危险货物声明书，其内容和作用相当于集装箱装箱证明书。

(六) 散装容器

1. 定义

散装容器系指用于运输固体货物的盛装体系(包括任何内衬或涂层)，其中的固体货物与盛装体系直接接触。不包括包件、中型散装容器、大宗包装和可移动罐柜。散装容器符合下列条件：

(1) 具有永久性，因此强度足以供重复使用。

(2) 经特殊设计便于用一种或多种运输方式运输货物而无须中间倒装。

(3) 配备便于装卸的装置。

(4) 容积不小于 $1m^3$。

散装容器有：集装箱、海上散装容器、吊货箱、散货箱、交换车体箱、槽形集装箱、滚动式集装箱、车辆装载舱。

2. 装运要求

(1) 只有当某物质在《联合国危险货物一览表》中被指定一个散装容器代码时，方可使用散装容器运输。

（2）当一种物质在《联合国危险货物一览表》中没有散装容器代码时，产地国主管机关可签发临时运输批准。该批准必须被纳入托运文书中，并至少包含散装容器导则中所提供的资料以及该物质的运输条件。主管机关应提出适当的建议案，以使该物质在《联合国危险货物一览表》中被赋予一个代码。

（3）在运输途中可能达到的温度下，会变为液态的固体物质不得用散装容器装运。

（4）散装容器是防撒漏的，其防漏性能必须保证在正常运输条件下不因振动以及温度、湿度或压力的变化而造成内装物外漏。

（5）用散装容器装运散装固体物质时，必须以适当的方式使货物均匀地分布在容器中，使之最大限度地减少损坏容器或导致危险货物外漏的移动。

（6）安装的通风装置必须保持其清洁和实用。

（7）散装固体不应与散装容器的材质、密封垫、设备（包括盖子和防水油布），或与内装物接触的保护层等发生危险性反应或明显对其造成削弱。散装容器必须在构造上或经改装后能防止内装物渗透容器木质底的表面覆层，也必须能防止危险货物或其残余物接触到容器中易被危险货物影响的部件。

（8）在对散装容器进行充灌和交付运输前，必须对其进行检查和清洁，确保不会在容器的内、外表面上沾有其他残余物：①与物质会发生危险性反应的；②对散装容器结构的完整性造成有害影响的；③影响散装容器盛装危险货物的性能的。

（9）运输期间，散装容器的外表面不得沾有任何危险货物的残余物。

（10）如在散装容器中以串联方式使用几套关闭装置，在充灌前，必须首先关闭最靠近运输物质的那套关闭装置。

（11）装运过危险货物的空散装容器除非已采取了足够的措施以完全消除其危害性，否则将空散装容器与装满相同货物的散装容器同等对待。

（12）如果散装容器用来装运易发生粉尘爆炸或可产生易燃蒸气的物质（如某些废弃物），则必须在运输途中及装、卸货期间杜绝一切火源，并消除危险静电的产生。

（13）不同危险类别的危险货物、不适用于该规则的货物，以上这些货物彼此间会或可能发生危险反应则不得混装在同一个散装容器中。危险反应系指：①燃烧和/或产生大量的热；②散发易燃和/或有毒气体；③生成腐蚀性液体；④生成不稳定物质。

（14）在充罐前，必须对散装容器进行目视检查以确保其结构适用，内壁、顶和底板没有突起或凹陷，任何存储货物的内衬或衬垫板没有剥落或裂缝而影响其盛装能力。结构适用是指散装容器在结构部件上没有主要缺陷，比如上侧梁、下侧梁、上端梁、下端梁、门槛、门楣、地梁、角柱、角件。主要缺陷包括：①在结构或支撑构件上，有影响容器完整性的弯曲、裂纹或断裂；②在上端梁、下端梁或门楣处有多于一条接缝或一条不适当的接缝；③在任一上侧梁或下侧梁有两条以上接缝；④在门槛或角柱上有接缝；⑤门铰链和零件的磨损、扭弯、破裂、丢失或其他不可操纵故障；⑥密封垫和密封装置不密封；⑦整体上的变形足以妨碍装卸设备将散装容器正确地对准位置，安放并固定在底盘或车辆；⑧吊起附件的损伤或搬运装置交接处的损伤；⑨对辅助设备或操纵设备的损伤。

第三节 危险货物的标志、标牌及标记

一、运输包装的标志

（一）运输包装标志的作用

货物运输包装标志的基本含义，是指用图形或者文字(文字说明、字母标记或阿拉伯数字)在货物运输包装上制作的特定记号和说明事项。运输包装标志有三方面的内涵：一是运输包装标志是在收货、装卸、搬运、储存保管、送达直至交付的运输全过程中区别与辨认货物的重要基础；二是运输包装标志是一般贸易合同、发货单据和运输保险文件中记载有关事项的基本组成部分；三是运输包装标志还是包装货物正确交接、安全运输、完整交付的基本保证。

货物运输包装标志对每个环节都起着决定性作用。主要表现在以下 3 个方面：

(1) 直接表明了货物的主要特性和发货人的要求与意图。

(2) 在流通过程中，运输包装标志一般要在单证、货物上同时表现出来。它是核对单证、货物并使单货相符，以便正确、快速地辨认货物，高效率地进行装卸搬运作业，安全顺利完成流通全过程，准确无误地交付货物等环节的关键。

(3) 运输包装标志还可以节省制作大量单据的手续与时间，而且易于称呼。

（二）运输包装标志分类和内容

目前，运输包装标志可以分为识别标志、储运指示标志和危险货物包装标志 3 类。

1. 识别标志

识别标志是识别不同运输批次之间的标志。主要包括：

(1) 主要标志。在贸易合同和文件上一般简称“嘿(唛)头”，是以简明的几何图形(如三角形、四边形、六边形、圆形等图形)配以代用简缩字或字母，作为发货人向收货人表示该批货物的特定记号标志。所用的特定记号，以公司或商号的代号表示。有的则直接写明托运人和收货人的单位、姓名与地址的全称。

(2) 目的地标志。亦称到达地或卸货地标志。目的地标志用来表示货物运往到达地的地名。国内即为到达站站名，国外为到达国国名和地名。

(3) 批数、件数号码标志。该标志表示同一批货物的总件数及本件的顺序编号，其主要用途是便于清点货物。

(4) 输出地标志。亦称为生产地或发货地标志。它是用来表示货物生产地或发货地的地名。国内即为始发站站名，国外为原产国名、产地地名或发货站的国名、地名以及站名。

值得注意的是：目的地和输出地标志不能使用简称、代号或缩写文字，必须以文字直接写出全名称。如果是国际货物运输，还必须用中、外两种文字同时对照标明。

(5) 货物的品名、质量和体积标志。

(6) 运输号码标志。即货物运单号码。

（7）附加标志。亦称为副标志。它是在主要标志上附加某种记号，用以区分同一批货物中若干小批或不同的品质等级的辅助标志。

2. 包装储运图示标志

包装储运图示标志是根据货物对易碎、易残损、易变质、怕热、怕冻等有特殊要求所提出的搬运、储存、保管以及运输安全等注意事项。我国国家标准《包装储运图示标志》（GB/T 191—2008）把包装储运图示标志分为以下几种：

（1）易碎物品。表示运输包装件内装易碎品，因此搬运时应小心轻放。

（2）禁用手钩。表示搬运运输包装件时禁用手钩。

（3）向上。表示运输包装件的正确位置是竖直向上。

（4）怕晒。表示运输包装件不能直接照晒。

（5）怕辐射。表示包装物品一旦受辐射便会完全变质或损坏。

（6）怕雨。表示包装件怕雨淋。

（7）重心。表示一个单元货物的重心。

（8）禁止翻滚。表示不能翻滚运输包装。

（9）此面禁用手推车。表示搬运货物时此面禁放手推车。

（10）禁用叉车。表示不能用升降叉车搬运的包装件。

（11）由此夹起。表示装运货物时夹钳放置的位置。

（12）此处不能卡夹。表示装卸货物时此处不能用夹钳夹持。

（13）堆码质量极限。表示该运输包装件所能承受的最大质量极限。

（14）堆码层数极限。表示相同包装的最大堆码层数，n 表示层数极限。

（15）禁止堆码。表示该包装件不能堆码并且其上也不能放置其他负载。

（16）由此吊起。表示起吊货物时挂链条的位置。

（17）温度极限。表示运输包装件应该保持的温度极限。

国际标准化组织推荐的货物搬运图示标志有 7 种，表示 8 种意思的搬运注意事项，适用于装有一般货物的运输包装标志。图示标志的颜色：底色最好是白色，以黑色涂印。

3. 危险货物运输包装标志

危险货物运输包装标志也称为危险性能标志。危险性能标志的制定，是以危险货物的分类为基础，以便于根据货物或包件所贴的标志的一般形式（标志图案、颜色、形状等），识别出危险货物及其特性，并为装卸、搬运、储存提供基本指南。

我国国家标准《危险货物包装标志》（GB 190—2009）规定标志分为标记和标签。标记 4 个；标签 26 个，其图形分别标示了 9 类危险货物的主要特性。标志的主要图案有：炸弹开花（表示爆炸）、火焰（表示易燃）、骷髅和交叉的大腿骨（表示毒害）、三圈形（表示传染）、三叶形（表示放射性）、从两个玻璃器皿中溢出的酸碱腐蚀着一只手和一块金属（表示腐蚀）、一个圆圈上面有一团火焰（表示氧化性）和一个气瓶等。

危险货物包装件外表面可贴 1 个主标志，说明该危险货物的类别和特性；也可贴 2 个或 2 个以上的标志，按货物标志粘贴的位置顺序可确定主、副标志。如自上而下贴 3 个标志，说明最上边的为主标志，下边 2 个为副标志；自左而右的贴法，说明左边是主标志，其余为副标志。主标志说明是最应注意的危险性，副标志说明该货物兼有其他危险性，是多种危害兼备的危险货物。

需要说明的是：航空运输危险货物除采用上述的联合国推荐的标志外，还有 2 种危险货物包装标志：即磁化材料和仅限货机标志。

(三) 运输包装标志的使用要求

(1) 每件货物包装的表面都必须有识别标志和相应的储运图示标志和货物性能标志。

(2) 标志的文字书写应与底边平行。带棱角的包装，其棱角不得将标志图形或文字说明分开。书写、粘贴标志都应标在显著的位置，以利识别。如箱形包装，箱的相对两侧都必须有各种标志；袋形包装袋的两大面，桶形包装的桶盖和桶身的对应侧面都必须有必备的标志。总之，每一包装必须有两组以上相同的标志，其位置应在相对的两侧。“由此吊起”和“重心点”两种标志，使用时应根据要求粘贴、印刷或钉附在货物外包装的实际准确位置。

(3) 如一个集合货物包件内有两种以上不同性质的危险货物，如从包件外不能一目了然地看清包件内各包装标志的话，集合包件外除识别标志外，还必须具有包件内各种货物的性能标志。包件内的各包装必须有齐备的各种标志或标识。

(4) 放射性货物的性能标志，要正确填写内装物品的核素符号与放射性活度，如有运输指数的，必须准确填写。填写的数字应清晰、不褪色。

(5) 如一种危险货物除主要危险性能外，还有比较重要的副性能，应分别标有相应的主性能标志和副性能标志。磁性物质标志的使用应与其他任何主副标志同时并用。

(6) 货物的运输包装上，禁止有广告性、宣传性的文字或图案，以免与包装标志混杂，影响标志的正常使用。包装在重复使用时，应把原有的(废弃的)包装标志痕迹清除干净，以免与新标志混淆不清而造成事故。同时，不准在包装外表乱写乱涂任何与标志无关的文字或图案。

(四) 危险货物危险性能评价标志

长期以来，全世界各国和有关国际组织都在着力研究货物危险性的评价标志和系统方法。不少国家或部门从不同的角度提出了危险货物危险性能的评价方法。综合起来，可以归纳成 5 种危险性：火灾的危险性、健康上的危险性、反应危险性、对生物资源的危险性和对环境的危险性等。每种危险性再分别根据定性或定量标准分成 5 个等级，即：几乎无危险性、较小危险性、中等危险性、高等危险性和激烈危险性。

(1) 火灾的危险性。根据货物闪点高低将其分成 5 等。

(2) 健康上的危险性。根据对皮肤、眼睛的腐蚀刺激程度和 LD50(经口、经皮半数致死剂量)或 LC50(呼吸道吸入半数致死浓度)的值将其分为 5 等。

(3) 反应危险性。反应危险性又称化学活动性。主要是从与水的反应性(禁水性)和自身反应性两方面考虑。分别根据反应温度的高低、使货物温度上升的程度以及反应产物是否有气体生成或是否有聚合反应等将其分为 5 等。

(4) 对生物资源的危险性。主要是指某物质在生物体内的积聚从而造成损害。根据被污染的水、气、食物经口摄入产生急性或慢性中毒的危险程度将其分为 5 等。

(5) 对环境的危险性。主要是指对海上自然环境的影响和毒性的耐久性。

很显然，与运输危险货物密切相关的是前3种危险性。美国消防协会(National Fire Protection Association，NFPA)采用称作704M制的标志体系来表示这3种危险性，并用特定的标志贴在危险货物包装的表面，如一旦发生火灾或其他危险时，消防或其他工作人员便能迅速识别货物的危险性能和等级。

5. 危险货物运输包装英文标识

随着我国市场经济的发展，尤其是我国加入世界贸易组织(World Trade Organization，WTO)以后，我国的进出口贸易逐年扩大，其中危险货物运输量也大幅度增加。面临未来的国际贸易运输量不断增加的趋势，许多危险货物也将被“请”进或“请”出国门，所以，在危险货物的外包装上，仅能识别危险货物的分类及危害性显然不能满足运输危险货物业务的需要，还要求人们能识别货票、包装以及装箱单上的简单英文标识，这也是从事运输危险货物业务人员必须“应知”“应会”的重要内容之一。

运输危险货物的主要用语有：说明性标记词语和警戒性标记词语。说明性标记词语如：CENTRE OF BALANCE(重心)；BOTTOM(下部或底部)；BOILING POINT(沸点)等。警戒性标记词语如：AVOID COMPACT(防止冲击碰撞)；BE WARE OF FUME(严防漏气)；DO NOTCRUSH(切勿挤压)等。

二、货物运输组件的标牌和标记

标牌在某种意义上讲就是放大的标志。如果贴在包件上的标志从货物运输组件的外表面不能清楚看见，应将放大的标志即标牌粘贴在货物运输组件的外表面上，以警告人们在组件内装有危险货物并存在危险。

(一) 标牌

1. 标牌的特征

(1) 标牌的尺寸不应小于250mm×250mm，并带有和符号颜色相同的线，该线距边缘向里12.5mm，且和边缘平行。

(2) 标牌应与每一危险货物标志的颜色及符号相匹配。

(3) 如同对标志的要求一样，在标牌的下半部分的适当位置显示类别号(对于第1类物质，则为配装类字母)，其数字的高度不应小于25mm。

2. 标牌的使用

除以下情况外，标牌应和运输组件中货物的主危险性相对应：

(1) 装有任何数量配装类为S的第1.4类爆炸品、限量内运输的货物或豁免运输的第7类放射性物质的运输组件，不做标牌要求。

(2) 当组件内装有的第1类物质或物品多于1个危险项时，可以只显示最高爆炸危险性质的标牌。

(3)《联合国危险货物一览表》规定的物质或物品的副危险性应予以显示。然而，当组件内危险货物在1种类别以上时，如果其危害性已在主危险性标牌上显示出来，则不需要再贴副危险性标牌。

(4) 当货物运输组件内所装的危险货物或其残余物完全卸掉后，应立即除掉或遮盖掉由于装运此类物质而显示的标牌、橘黄色标志。

（5）装有危险货物或危险货物残留物的运输组件应按下列方式清楚地显示标牌：

① 集装箱、半挂车或可移动罐柜，在每侧和每端。

② 盛装 1 种以上危险货物或其残留物的多隔间罐柜，在相关分格间的位置，沿每侧标记。

③ 其他任何货物运输组件，至少在组件背面和两侧。

（6）第 7 类放射性物质的标牌上半部分的背景为黄色，下半部分为白色，三叶形和其他的打印字样为黑色。下半部分“放射性”字样的使用是非强制性的，也允许在此位置显示所托运货物的联合国编号。

（二）货物运输组件的标记

如果标贴在包件上的标记从货物运输组件的外表面不能清楚看见，应将放大的标记标贴在货物运输组件的外表面上，以提醒人们在组件内装有危险货物并存在危险。

1. 货物运输组件标记的内容

1）正确运输名称

内装物的正确运输名称必须持久地标记于下列运输组件(至少两侧)：

① 含危险货物的罐柜运输组件。

② 含危险货物的散装容器。

③ 装有单一物品包装危险货物，且无标牌、联合国编号要求的任何其他货物运输组件，另一个方法是可以显示联合国编号。

2）联合国编号

除第 1 类货物外，联合国编号必须按要求显示在下列托运货物上：

① 在罐柜货物运输组件中运输的固体、液体或气体，包括多隔间罐柜货物运输组件的每个隔间上。

② 包装危险货物，总重超过 4000kg，并针对该货物只有一个联合国编号，而且是货物运输组件中唯一的危险货物。

③ 在车辆、集装箱或罐柜中未包装的第 7 类 LSA-Ⅰ(无包装的Ⅰ类低比活度物质)，SCO-Ⅰ(Ⅰ类表面污染物体)的物质。

④ 在车辆(内或上)或货物集装箱内，具有唯一联合国编号的包装放射性物质，且在独家使用条件下运输。

⑤ 在散装容器内的固体危险物质。

2. 标记的要求

（1）在考虑适当的标记方法时，还应考虑到货物运输组件表面能进行标记的简易性。

（2）当货物运输组件内所装的危险货物或其残余物完全卸掉后，应立即除掉或遮盖掉由于装运此类物质而显示的标记。

（3）联合国编号应用黑色数字表示，数字高度不小于 65mm，而且与主要危险类别标牌下半部分白色背景颜色相反；或显示高不小于 120mm，宽不小于 300mm，四周带有 10mm 黑框的橘黄色长方形板上，位置紧挨标牌；当不需要标牌时，联合国编号应紧挨正确运输名称。

(4) 含有限量运输危险货物的运输组件不需要标记或标牌，但必须在外表面适当的位置(显示标牌的位置)粘贴高度不小于 65mm 的“限量”或“LTDQTY(有限数量)”。

3. 加温标记

货物运输组件内的物质，如果运输或交付运输时温度等于或超过 100℃时仍为液态，或当运输或交付运输时温度等于或超过 240℃时仍为固态，这样的组件就应在其每一侧和每一端面粘贴加温标记。这个三角形标记应具有宽度不小于 250mm 且为红颜色的边框。

除了加温标记，在运输过程中预计达到的物质最高温度必须耐久地标记在可移动罐柜或隔热护套的两端，并与加温标记紧挨，字体高度至少为 100mm。

(三) 熏蒸警告牌

因处于熏蒸状态下的封闭货物运输组件内的气体成分对人体具有一定的危害性，所以在该货物运输组件的进门处应当清楚地显示熏蒸警告牌，以起到警示作用。此警告牌应很容易被打算进入此组件的人员看到。其内容应包括熏蒸剂的识别名称、熏蒸剂加入日期及有效时间。

此熏蒸警告牌应为长方形，其宽度不应小于 300mm，高度不应小于 250mm。标记内容为黑字白底，字体不得小于 25mm。

(四) 集合包件和成组货物、混合包装、未清洁的空包装的标记和标志

1. 集合包件和成组货物的标记和标志

1) 集合包件和成组货物的概念

集合包件系指一个单独的发货人将一个或多个包件封起来，形成一个组件形式，用以方便运输中装卸和积载。具体是采用放置或堆码在一个货板如托盘上，通过皮带捆扎、缩拢缠紧、绷紧或其他方式予以系固；或放入一个有保护性的外包装内，如箱子或板条箱。

成组货物是指一些包件被放置或堆码，并采用捆扎、缩拢缠紧或其他合适方法紧固在像托盘之类的货板上，或放置在如箱式托盘之类的外包装内，或永久固定合装在网络内。理论上要比集合包件范围大，但要求基本相同。

这两种形式都是方便托运和运输作业而产生的，它不应损害每个内包件的盛装功能。

2) 具体规定

集合包件和成组货物必须标明内装的每一项危险货物的正确运输名称和联合国编号，并按包件的要求进行标记和标志，如明显可见独立包件的标记和标志，则可免除要求。集合包件和成组货物中的危险货物独立包件应按规定做好标记和标志。

2. 混合包装的标记和标志

1) 混合包装的概念

混合包装是指两种或多种危险货物装在同一个外包装内的包装形式。

2) 具体规定

混合包装的包件应按内装的每一种危险货物的要求进行标记和标志，如果所包括的危险性已反映在主标志上，则不必再粘贴副标志。

3. 未清洁的空包装或组件的标记和标志

(1) 除盛装过放射性物质以外其他危险货物的空包装(包括中型散装容器)，如果没有

经过有效清洗并驱除其中的蒸气，应按原先装过的危险货物的要求进行标记和标志。

（2）用于放射性物质装运的包装（包括罐柜和中型散装容器）不得用于其他货物的装运，除非采取清除辐射污染措施，将辐射污染降至：对于 β 和 γ 辐射源及低毒 α 辐射源在 $0.4Bq/cm^2$ 以下；对于所有其他 α 辐射源在 $0.04Bq/cm^2$ 以下。

（3）含有放射性物质残余物或装有未经清洁的放射性物质空包装的空货物运输组件，应按对原装放射性物质的货物运输组件或包件适用的规定运输。

第四节　危险货物的运输与装卸

一、包装货物运输、装卸要求

（一）爆炸品

1. 出车前

（1）运输爆炸品应使用厢式货车。

（2）厢式货车的车厢内不得有酸、碱、氧化剂等残留物。

（3）不具备有效的避雷电、防湿潮条件时，雷雨天气应停止对爆炸品的运输、装卸作业。

2. 运输

（1）应按公安部门核发的道路通行证所指定的时间、路线等行驶。

（2）运输过程中发生火灾时，应尽可能将爆炸品转移到危害最小的区域或进行有效隔离。不能转移、隔离时，应组织人员疏散。

（3）施救人员应戴防毒面具。扑救时禁止用沙土等物压盖，不得使用酸碱灭火剂。

3. 装卸

（1）严禁接触明火和高温；严禁使用会产生火花的工具、机具。

（2）车厢装货总高度不得超过 1.5m。无外包装的金属桶只能单层摆放，以免压力过大或撞击摩擦引起爆炸。

（3）火箭弹和旋上引信的炮弹应横装，与车辆行进方向垂直。凡从 1.5m 以上高度跌落或经过强烈震动的炮弹、引信、火工品等应单独存放，未经鉴定不得装车运输。

（4）任何情况下，爆炸品不得配装；装运雷管和炸药的两车不得同时在同一场地进行装卸。

（二）压缩气体和液化气体

下文所说的“压缩气体和液化气体”指包装件为气瓶装的压缩气体和液化气体。

1. 出车前

（1）车厢内不得有与所装货物性质相抵触的残留物。

（2）夏季运输应检查并保证瓶体遮阳、瓶体冷水喷淋降温设施等安全有效。

2. 运输

（1）运输中，低温液化气体的瓶体及设备受损、真空度遭破坏时，驾驶人员、押运人员应站在上风处操作，打开放空阀泄压，注意防止灼伤。一旦出现紧急情况，驾驶人员应将车辆转移到距火源较远的地方。

（2）压缩气体遇燃烧、爆炸等险情时，应向气瓶大量浇水使其冷却，并及时将气瓶移出危险区域。

（3）从火场上救出的气瓶，应及时通知有关技术部门另做处理，不可擅自继续运输。

（4）发现气瓶泄漏时，应确认拧紧阀门，并根据气体性质做好相应的人身防护：

① 施救人员应戴上防毒面具，站在上风处抢救。

② 易燃、助燃气体气瓶泄漏时，严禁靠近火种。

③ 有毒气体气瓶泄漏时，应迅速将所装载车辆转移到空旷安全处。

（5）除另有限运规定外，当运输过程中瓶内气体的温度高于40℃时，应对瓶体实施遮阳、冷水喷淋降温等措施。

3. 装卸

（1）装卸人员应根据所装气体的性质穿戴防护用品，必要时需戴好防毒面具。用起重机装卸大型气瓶或气瓶集装架（格）时，应戴好安全帽。

（2）装车时要旋紧瓶帽，注意保护气瓶阀门，防止撞坏。车下人员必须待车上人员将气瓶放置妥当后，才能继续往车上装瓶。在同一车厢内不准有两人以上同时单独往车上装瓶。

（3）气瓶应尽量采用直立运输，直立气瓶高出栏板部分不得大于气瓶高度的四分之一。不允许纵向水平装载气瓶。水平放置的气瓶均应横向平放，瓶口朝向应统一；水平放置最上层气瓶不得超过车厢栏板高度。

（4）妥善固定瓶体，防止气瓶窜动、滚动，保证装载平衡。

（5）卸车时，要在气瓶落地点铺上铅垫或橡皮垫；应逐个卸车，严禁溜放。

（6）装卸作业时，不要把阀门对准人身，注意防止气瓶安全帽脱落，气瓶应直立转动，不准脱手滚瓶或传接，气瓶直立放置时应稳妥牢靠。

（7）装运大型气瓶（盛装净重在0.5t以上的）或气瓶集装架（格）时，气瓶与气瓶、集装架与集装架之间需填牢填充物，在车厢后栏板与气瓶空隙处应有固定支撑物，并用紧绳器紧固，严防气瓶滚动，重瓶不准多层装载。

（8）装卸有毒气体时，应预先采取相应的防毒措施。

（9）装货时，漏气气瓶、严重破损瓶（报废瓶）、异型瓶不准装车。收回漏气气瓶时，漏气气瓶应装在车厢的后部，不得靠近驾驶室。

（10）装卸氧气瓶时，工作服、手套和装卸工具、机具上不得沾有油脂；装卸氧气瓶的机具应采用氧溶性润滑剂，并应装有防止产生火花的防护装置；不得使用电磁起重机搬运。库内搬运氧气瓶应采用带有橡胶车轮的专用小车，小车上固定氧气瓶的槽、架也要注意不产生静电。

（11）配装时应做到以下几方面：

① 易燃气体中除非助燃性的不燃气体、易燃液体、易燃固体、碱性腐蚀品、其他腐蚀

品外，不得与其他危险货物配装。

② 助燃气体(如，空气、氧气及具有氧化性的有毒气体)不得与易燃、易爆物品及酸性腐蚀品配装。

③ 不燃气体不得与爆炸品、酸性腐蚀品配装。

④ 有毒气体不得与易燃易爆物品、氧化剂和有机过氧化物、酸性腐蚀物品配装。

⑤ 有毒气体液氯与液氨不得配装。

(三) 易燃液体

1. 出车前

根据所装货物和包装情况(如，化学试剂、油漆等小包装)，随车携带好遮盖、捆扎等防散失工具，并检查随车灭火器是否完好，车辆货厢内不得有与易燃液体性质相抵触的残留物。

2. 运输

装运易燃液体的车辆不得接近明火、高温场所。

3. 装卸

(1) 装卸作业现场应远离火种、热源。操作时货物不准撞击、摩擦、拖拉；装车堆码时，桶口、箱盖一律向上，不得倒置；箱装货物，堆码整齐；装载完毕，应罩好网罩，捆扎牢固。

(2) 钢桶盛装的易燃液体，不得从高处翻滚溜放卸车。装卸时应采取措施防止产生火花，周围需有人员接应，严防钢桶撞击致损。

(3) 钢制包装件多层堆码时，层间应采取合适衬垫，并应捆扎牢固。

(4) 对低沸点或易聚合的易燃液体，若发现其包装容器内装物有膨胀(鼓桶)现象时，不得装车。

(四) 易燃固体、自燃物品和遇湿易燃物品

1. 出车前

(1) 运输危险货物车辆的货厢、随车工、属具不得沾有水、酸类和氧化剂。

(2) 运输遇湿易燃物品，应采取有效的防水、防潮措施。

2. 运输

(1) 运输过程中，应避开热辐射，通风良好，防止受潮。

(2) 雨雪天气运输遇湿易燃物品，应保证防雨雪、防湿潮措施切实有效。

3. 装卸

(1) 装卸场所及装卸用工、属具应清洁干燥，不得沾有酸类和氧化剂。

(2) 搬运时应轻装轻卸，不得摩擦、撞击、震动、摔碰。

(3) 装卸自燃物品时，应避免与空气、氧化剂、酸类等接触；对需用水(如，黄磷)、煤油、石蜡(如，金属钠、钾)、惰性气体(如，三乙基铝等)或其他稳定剂进行防护的包装件，应防止容器受撞击、震动、摔碰、倒置等造成容器破损，避免自燃物品与空气接触发生自燃。

(4) 遇湿易燃物品，不宜在潮湿的环境下装卸。若不具备防雨雪、防湿潮的条件，不准进行装卸作业。

（5）装卸容易升华、挥发出易燃、有害或刺激性气体的货物时，现场应通风良好、防止中毒；作业时应防止摩擦、撞击，以免引起燃烧、爆炸。

（6）装卸钢桶包装的碳化钙（电石）时，应确认包装内有无填充保护气体（氮气）。如未填充的，在装卸前应侧身轻轻地拧开桶上的通气孔放气，防止爆炸、冲击伤人。电石桶不得倒置。

（7）装卸对撞击敏感，遇高热、酸易分解、爆炸的自反应物质和有关物质时，应控制温度；且不得与酸性腐蚀品及有毒或易燃脂类危险品配装。

（8）配装时还应做到：

① 易燃固体不得与明火、水接触，不得与酸类和氧化剂配装。

② 遇湿易燃物品不得与酸类、氧化剂及含水的液体货物配装。

（五）氧化剂和有机过氧化物

1. 出车前

（1）有机过氧化物应选用控温厢式货车运输；若车厢为铁质底板，需铺有防护衬垫。车厢应隔热、防雨、通风，保持干燥。

（2）运输货物的车厢与随车工具不得沾有酸类、煤炭、砂糖、面粉、淀粉、金属粉、油脂、磷、硫、洗涤剂、润滑剂或其他松软、粉状等可燃物质。

（3）性质不稳定或由于聚合、分解在运输中能引起剧烈反应的危险货物，应加入稳定剂；有些常温下会加速分解的货物，应控制温度。

（4）运输需要控温的危险货物应做到：

① 装车前检查运输车辆、容器及制冷设备。

② 配备备用制冷系统或备用部件。

③ 驾驶人员和押运人员应具备熟练操作制冷系统的能力。

2. 运输

（1）有机过氧化物应加入稳定剂后方可运输。

（2）有机过氧化物的混合物按所含最高危险有机过氧化物的规定条件运输，并确认自加速分解温度（Self Accelerating Decomposition Temperature，SADT），必要时应采取有效控温措施。

（3）运输应控制温度的有机过氧化物时，要定时检查运输组件内的环境温度并记录，及时关注温度变化，必要时采取有效控温措施。

（4）运输过程中，环境温度超过控制温度时，应采取相应补救措施；环境温度超过应急温度，应启动有关应急程序。其中，控制温度低于应急温度，应急温度低于自加速分解温度。

3. 装卸

（1）对加入稳定剂或需控温运输的氧化剂和有机氧化物，作业时应认真检查包装，密切注意包装有无渗漏及膨胀（鼓桶）情况，发现异常应拒绝装运。

（2）装卸时，禁止摩擦、震动、摔碰、拖拉、翻滚、冲击。防止包装及容器损坏。

（3）装卸时发现包装破损，不能自行将破损件改换包装，不得将撒漏物装入原包装内，而应另行处理。操作时，不得踩踏、碾压撒漏物，禁止使用金属和可燃物(如，纸、木等)处理撒漏物。

（4）外包装为金属容器的货物，应单层摆放。需要堆码时，包装物之间应有性质与所运货物相容的不燃材料衬垫并加固。

（5）有机过氧化物装卸时严禁混有杂质，特别是酸类、重金属氧化物、胺类等物质。

（6）配装时还应做到：

① 氧化剂不能和易燃物质配装运输，尤其不能与酸、碱、硫黄、粉尘类(炭粉、糖粉、面粉、洗涤剂、润滑剂、淀粉)及油脂类货物配装。

② 漂白粉及无机氧化剂中的亚硝酸盐、亚氯酸盐、次亚氯酸盐不得与其他氧化剂配装。

（六）毒害品和感染性物品

1. 毒害品

1）出车前

除有特殊包装要求的剧毒品采用化工物品专业罐车运输外，毒害品应采用厢式货车运输。

2）运输

运输毒害品过程中，押运人员要严密监视，防止货物丢失、撒漏。行车时要避开高温、明火场所。

3）装卸

（1）装卸作业前，对刚开启的仓库、集装箱、封闭式车厢要先通风排气，驱除积聚的有毒气体。当装卸场所的各种毒害品浓度低于最高容许浓度时方可作业。

（2）作业人员应根据不同货物的危险特性，穿戴好相应的防护服装、手套、防毒口罩、防毒面具和护目镜等。

（3）认真检查毒害品的包装，应特别注意剧毒品、粉状的毒害品的包装，外包装表面应无残留物。发现包装破损、渗漏等现象，则拒绝装运。

（4）装卸作业时，作业人员尽量站在上风处，不能停留在低洼处。

（5）避免易碎包装件、纸质包装件的包装损坏，防止毒害品撒漏。

（6）货物不得倒置；堆码要靠紧堆齐，桶口、箱口向上，袋口朝里。

（7）对刺激性较强的和散发异臭的毒害品，装卸人员应采取轮班作业。

（8）在夏季高温期，尽量安排在早晚气温较低时作业；晚间作业应采用防爆式或封闭式安全照明。积雪、冰封时作业，应有防滑措施。

（9）忌水的毒害品(如，磷化铝、磷化锌等)，应防止受潮。装运毒害品之后的车辆及工、属具要严格清洗消毒，未经安全管理人员检验批准，不得装运食用、药用的危险货物。

（10）配装时应做到：

① 无机毒害品不得与酸性腐蚀品、易感染性物品配装。

② 有机毒害品不得与爆炸品、助燃气体、氧化剂、有机过氧化物及酸性腐蚀物品配装。

③ 毒害品严禁与食用、药用的危险货物同车配装。

2. 感染性物品

1）出车前

（1）应穿戴专用安全防护服和用具。

（2）认真检查盛装感染性物品的每个包装件外表的警示标识，核对医疗废物标签，标签内容包括：医疗废物产生单位、产生日期、类别及需要的特别说明等。标签、封口不符合要求时，拒绝运输。

2）运输

（1）运输感染性物品，应经有关的卫生检疫机构的特许。

（2）运输医疗废物，应符合《危险货物道路运输规则》（JT/T 617）的要求。

（3）运输医疗废物，应按照有关部门规定的时间和路线，从产生地点运送至指定地点。

（4）车厢内温度应控制在所运医疗废物要求的温度范围之内。

3）装卸

（1）根据不同的医疗废物分类，作业人员在工作中应穿戴好相应的防护服装、手套、防毒口罩、面具和护目镜等。

（2）作业人员受到医疗废物刺伤、擦伤等伤害时，应采取相应的处理措施，并及时报告相关部门。

（七）放射性物品

放射性物品的运输装卸应按《放射性物品安全运输规程》（GB 11806—2019）的有关规定执行。

（八）腐蚀品

1. 出车前

根据危险货物性质配备相应的防护用品和应急处理器具。

2. 运输

（1）运输过程中发现货物撒漏时，要立即用干砂、干土覆盖吸收；货物大量溢出时，应立即向当地公安、环保等部门报告，并采取一切可能的警示和消除危害措施。

（2）运输过程中发现货物着火时，不得用水柱直接喷射，以防腐蚀品飞溅，应用水柱向高空喷射形成雾状覆盖火区；对遇水发生剧烈反应，能燃烧、爆炸或放出有毒气体的货物，不得用水扑救；着火货物是强酸时，应尽可能抢出货物，以防止高温爆炸、酸液飞溅；无法抢出货物时，可用大量水降低容器温度。

（3）扑救易散发腐蚀性蒸气或有毒气体的货物时，应穿戴防毒面具和相应的防护用品。扑救人员应站在上风处处施救。如果扑救人员灼伤，应立即用流动自来水或清水冲洗创面15~30min，之后送医院救治。

3）装卸

（1）装卸作业前应穿戴具有防腐蚀的防护用品，并穿戴带有面罩的安全帽。对易散发有毒蒸气或烟雾的，应配备防毒面具。并认真检查包装、封口是否完好，要严防渗漏，特别要防止内包装破损。

(2) 装卸作业时，应轻装、轻卸，防止容器受损。液体腐蚀品不得肩扛、背负；忌震动、摩擦；易碎容器包装的货物，不得拖拉、翻滚、撞击；外包装没有封盖的组合包装件不得堆码装运。

(3) 具有氧化性的腐蚀品不得接触可燃物和还原剂。

(4) 有机腐蚀品严禁接触明火、高温或氧化剂。

(5) 配装时应做到：

① 特别注意：腐蚀品不得与普通货物配装。

② 酸性腐蚀品不得与碱性腐蚀品配装。

③ 有机酸性腐蚀品不得与有氧化性的无机酸性腐蚀品配装。

④ 浓硫酸不得与任何其他物质配装。

(九) 杂类

杂类危险货物汽车运输，应按货物特性采取相应措施。

二、散装货物运输、装卸要求

(一) 散装固体

(1) 运输散装固体车辆的车厢应采取衬垫措施，防止撒漏；应带好装卸工、属具和苫布。

(2) 易撒漏、飞扬的散装粉状危险货物，装车后应用苫布遮盖严密，必要时应捆扎结实，防止飞扬，包装良好后方可装运。

(3) 行车中尽量防止货物窜动、甩出车厢。

(4) 高温季节，散装煤焦沥青应在早晚时段进行装卸。

(5) 装卸硝酸铵时，环境温度不得超过40℃，否则应停止作业。装卸现场应保持足够的水源以降温和应急。

(6) 装卸会散发有害气体、粉尘或致病微生物的散装固体，应注意人身保护并采取必要的预防措施。

(二) 散装液体

(1) 运输易燃液体的罐车应有阻火器和呼吸阀，应配备导除静电装置；排气管应安装熄灭火星装置；罐体内应设置防波挡板，以减少液体震荡产生静电。

(2) 装卸作业可采用泵送或自流灌装。

(3) 作业环境温度要适应该液体的储存和运输安全的理化性质要求。

(4) 作业中要密切注视货物动态，防止液体泄漏、溢出。需要换罐时，应先开空罐，后关满罐。

(5) 易燃液体装卸始末，管道内流速不得超过1m/s，正常作业流速不宜超过3m/s。其他液体产品可采用经济流速。

(6) 装卸料管应专管专用。

(7) 装卸作业结束后，应将装卸管道内剩余的液体清扫干净；可采用泵吸或氮气清扫易燃液体装卸管道。

（三）散装气体

1. 出车前

（1）根据所装危险货物的性质选择罐体。与罐壳材料、垫圈、装卸设备及任何防护衬料接触可能发生反应而形成危险产物，或明显减损材料强度的货物，不得充灌。

（2）装卸前应对罐体进行检查，罐体应符合下列要求：

① 罐体无渗漏现象。

② 罐体内应无与待装货物性质相抵触的残留物。

③ 阀门应能关紧，且无渗漏现象。

④ 罐体与车身应紧固，罐体盖应严密。

⑤ 装卸料导管状况应良好无渗漏。

⑥ 装运易燃易爆的货物，导除静电装置应良好。

⑦ 罐体改装其他液体时，应经过清洗和安全处理，检验合格后方可使用。清洗罐体的污水经处理后，按指定地点排放。

2. 运输

（1）在运输过程中罐体应采取防护措施，防止罐体受到横向、纵向的碰撞及翻倒时导致罐壳及其装卸设备损坏。

（2）化学性质不稳定的物质，需采取必要的措施后方可运输，以防止运输途中发生危险性的分解、化学变化或聚合反应。

（3）运输过程中，罐壳（不包括开口及其封闭装置）或隔热层外表面的温度应不超过70℃。

3. 装卸

（1）装卸作业现场应通风良好。装卸人员应站在上风处作业。

（2）装卸前要连接好防静电装置。易燃易爆品的装卸工具要有防止产生火花的性能。装卸时应轻开、轻关孔盖，密切注视进出料情况，防止溢出。

（3）装料时，认真核对货物品名后按车辆核定吨位装载，并应按规定留有膨胀余位，严禁超载。装料后，关紧罐体进料口，将导管中的残留液体或残留气体排放到指定地点。

（4）卸料时，贮罐所标货名应与所卸货物相符；卸料导管应支撑固定，保证卸料导管与阀门的连接牢固；要逐渐缓慢开启阀门。

（5）卸料时，装卸人员不得擅离操作岗位。卸料后应收好卸料导管、支撑架及防静电设施等。

（四）液化气体

下文所说的“液化气体”指包装货物运输、装卸要求中“压缩气体和液化气体”中的液化气体。

1. 一般规定

（1）车辆进入贮罐区前，应停车提起导除静电装置；进入充灌车位后，再接好导除静电装置。

（2）灌装前，应对罐体阀门和附件（安全阀、压力计、液位计、温度计）以及冷却、喷淋设施的灵敏度和可靠性进行检查，并确认罐体内有规定的余压；如无余压的，经检验合格后方可充灌。

（3）严格按规定控制灌装量，做好灌装量复核、记录，严禁超量、超温、超压。

（4）发生下列异常情况时，一律不准灌装，操作人员应立即采取紧急措施，并及时报告有关部门：

① 容器工作压力、介质温度或壁温超过许可值，采取各种措施仍不能使之下降。

② 容器的主要受压元件发生裂缝、鼓包、变形、泄漏等缺陷而危及安全。

③ 安全附件失效、接管端断裂或紧固件损坏，难以保证运输安全。

④ 雷雨天气，充装现场不具备避雷电作用。

⑤ 充装易燃易爆气体时，充装现场附近发生火灾。

（5）禁止用直接加热罐体的方法卸液。卸液后，罐体内应留有规定的余压。

（6）运输过程中应严密注视车内压力表的工作情况，发现异常，应立即停车检查；排除故障后方可继续运行。

2. 非冷冻液化气体

（1）非冷冻液化气体的单位体积最大质量（kg/L）不得超过50℃时该液化气体密度的0.95倍；罐体在60℃时不得充满液化气体。

（2）装载后的罐体不得超过最大允许总重，并且不得超过所运各种气体的最大允许载重。

（3）罐体在下列情况下不得交付运输：

① 罐体处于不足量状态，由于罐体压力骤增可能产生不可承受的压力。

② 罐体渗漏时。

③ 罐体的损坏程度已影响到罐体的总体及其起吊或紧固设备。

④ 罐体的操作设备未经过检验，不清楚是否处于良好的工作状态。

3. 冷冻液化气体

（1）不可使用保温效果变差的罐体。

（2）充灌度不应超过92%，且不得超重。

（3）装卸作业时，装卸人员应穿戴防冻伤的防护用品（如，防冻手套），并穿戴带有面罩的安全帽。

（五）有机过氧化物和易燃固体中的自反应物质

下文所说的内容适用于运输自加速分解温度为55℃或以上的有机过氧化物和易燃固体项中的自反应物质。

（1）罐体应配置感温装置。

（2）罐体应有泄压安全装置和应急释放装置。在达到由有机过氧化物的性质和罐体的结构特点所确定的压力时，泄压安全装置就应启动。罐壳上不允许有易熔化的元件。

（3）罐体的表面应采用白色或明亮的金属。罐体应有遮阳板隔热或保护。如果罐体中所运物质的自加速分解温度为55℃或以下，或者罐体为铝质的，罐体则应完全隔热。

（4）环境温度为15℃时，充灌度不得超过90%。

（六）放射性物质

（1）运输放射性物质的可移动罐体不得用于装运其他货物。

（2）运输放射性物质的可移动罐体的充灌度不得超90%或代以经主管机关批准的其他数值。

（七）腐蚀品

（1）运输腐蚀品的罐体材料和附属设施应具有防腐性能。

（2）运输腐蚀品的罐车应专车专运。

（3）装卸操作时应注意：

① 作业时，装卸人员应站在上风处。

② 出车前或灌装前，应检查卸料阀门是否关闭，防止上放下漏。

③ 卸货前，应让收货人确认卸货贮槽无误，防止放错贮槽引发货物化学反应而酿成事故。

④ 灌装和卸货后，应将进料口盖严盖紧，防止行驶中车辆的晃动导致腐蚀品溅出。

⑤ 卸料时，应保证导管与阀门的连接牢固后，逐渐缓慢开启阀门。

三、集装箱货物运输、装卸要求

（1）装箱作业前，应检查所用集装箱，确认集装箱技术状态良好并清扫干净，去除无关标志、标记和标牌。

（2）装箱作业前，应检查集装箱内有无与待装危险货物性质相抵触的残留物。发现问题，应及时通知发货人进行处理。

（3）装箱作业前，应检查待装的包装件。破损、撒漏、水湿及沾污其他污染物的包装件不得装箱，对撒漏破损件及清扫的撒漏物交由发货人处理。

（4）不准将性质相抵触、灭火方法不同或易污染的危险货物装在同一集装箱内。如符合配装规定而与其他货物配装时，危险货物应装在箱门附近。包装件在集装箱内应有足够的支撑和固定。

（5）装箱作业时，应根据装载要求装箱，防止集重和偏重。

（6）装箱完毕，关闭、封锁箱门，并按要求粘贴好与箱内危险货物性质一致的危险货物标志、标牌。

（7）熏蒸中的集装箱，应标贴有熏蒸警告符号。当固体二氧化碳（干冰）用作冷却目的时，集装箱外部门端明显处应贴有指示标记或标志，并标明“内有危险的二氧化碳（干冰），进入之前务必彻底通风！”字样。

（8）集装箱内装有易产生毒害气体或易燃气体的货物时，卸货时应先打开箱门，进行足够的通风后方可装卸作业。

（9）对卸空危险货物的集装箱要进行安全处理；有污染的集装箱，要在指定地点、按规定要求进行清扫或清洗。

（10）装过毒害品、感染性物品、放射性物品的集装箱在清扫或清洗前，应开箱通风。进行清扫或清洗的工作人员应穿戴适用的防护用品。洗箱污水在未做处理之前，禁止排放。经处理过的污水，应符合《污水综合排放标准》（GB 8978—1996）的排放标准。

四、部分常见大宗危险货物运输、装卸要求

（一）液化石油气

下文所说的"液化石油气"指汽车罐车运输液化石油气。

1. 运输

（1）运输液化石油气罐车应按当地公安部门规定的路线、时间和车速行驶，不准带拖挂车，不得携带其他易燃、易爆危险物品。罐体内温度达到40℃时，应采取遮阳或罐外冷水降温措施。

（2）运输过程中，液化石油气罐车若发生大量泄漏时，应切断一切火源，戴好防护面具与手套；同时应立即采取防火、灭火措施，关闭阀门制止渗漏，并用雾状水保护关闭阀门的人员；设立警戒区，组织人员向逆风方向疏散。一般不得起动车辆。

2. 装卸

（1）作业前应接好安全地线，管道和管接头连接应牢固，并排尽空气。

（2）装卸人员应相对稳定。作业时，驾驶人员、装卸人员均不得离开现场。在正常装卸时，不得随意起动车辆。

（3）新罐车或检修后、首次充装的罐车，充装前应做抽真空或充氮置换处理，严禁直接充装。

（4）液化石油气罐车充装时必须用地磅、液面计、流量计或其他计量装置进行计量，严禁超装。罐车的充装量不得超过设计所允许的最大充装量。

（5）充装完毕，应复检质量或液位，并应认真填写充装记录。若有超装，应立即处理。

（6）液化石油气罐车抵达厂(站)后，应及时卸货。罐车不得兼作贮罐用。一般情况不得从罐车直接向钢瓶直接灌装；如临时确需从罐车直接灌瓶，现场应符合安全防火、灭火要求，并有相应的安全措施，且应预先取得当地公安消防部门的同意。

（7）禁止采用蒸汽直接注入罐车罐内升压，或直接加热罐车罐体的方法卸货。

（8）液化石油气罐车卸货后，罐内应留有规定的余压。

（9）凡出现下列情况，罐车应立即停止装卸作业，并做妥善处理：

① 雷击天气。

② 附近发生火灾。

③ 检测出液化气体泄漏。

④ 液压异常。

⑤ 其他不安全因素。

（二）油品

下文所说的"油品"指用常压燃油罐车运输燃油。

1. 运输

当罐车的罐体内温度达到40℃时，应采取遮阳或罐外冷水降温措施。

2. 装卸

（1）在灌油前和放油后，驾驶人员应检查阀门和管盖是否关牢，查看接地线是否接牢，

不得敞盖行驶，严禁罐车顶部载物。

（2）燃油罐车可采用泵送或自流灌装。

（3）罐车进加油站卸油时，要有专人监护，避免无关人员靠近。

（4）卸油时发动机应熄火。雷雨天气时，应确认避雷电措施有效，否则应停止卸油作业。

（5）卸油时应夹好导静电接线，接好卸油胶管，当确认所卸油品与贮油罐所贮的油品种类相同时方可缓慢开启卸油阀门。

（6）卸油前要检查油罐的存油量，以防止卸油时冒顶跑油。卸油时应严格控制流速，在油品没有淹没进油管口前，油品的流速应控制在0.7~1m/s，防止产生静电。

（7）卸油过程要做到不冒、不撒、不漏，各部分接口牢固，卸油时驾驶人员不得离开现场，应与加油站工作人员共同监视卸油情况，发现问题随时采取措施。

（8）卸油时，卸油管应深入罐内。卸油管口至罐底距离不得大于300mm，以防喷溅产生静电。

（9）卸油要尽可能卸净，当加油站工作人员确认罐内已无贮油时方可关闭放油阀门，收好放油管，盖严油罐盖。

（10）测量油量要在卸完油30min以后进行，以防测油尺与油液面、油罐之间静电放电。

第五节 危险货物运输安全管理

一、危险货物运输相关法规及标准

（一）危险货物运输行政法规

1.《危险化学品安全管理条例》(国务院令2011年第591号)

国务院对危险化学品安全管理十分重视，2011年修订通过了《危险化学品安全管理条例》(2011年12月1日起施行)。该条例是危险化学品道路运输安全管理现行法规中内容最全面、层次最高的法规，其涉及道路危险货物运输的规定主要有：

（1）条例适用范围。

（2）有关危险化学品定义。

（3）有关交通部门的职责。

（4）有关资质认定制度。

（5）有关持证上岗制度。

（6）对托运人(企业)的有关要求。

（7）对承运人(企业)要求。

（8）对从业人员的要求。

（9）事故报告要求。

2.《中华人民共和国道路运输条例》(国务院令2022年第752号)

《中华人民共和国道路运输条例》于2004年4月14日国务院第48次常务会议通过，2022年3月29日中华人民共和国国务院令第752号公布：根据《国务院关于修改和废止部分行政法规的决定》第4次修改，自2022年5月1日起施行。该条例分总则、道路运输经营、道路运输相关业务、国际道路运输、执法监督、法律责任、附则等。主要内容有：

(1) 从事危险货物运输经营的，向设区的市级道路运输管理机构提出申请。

(2) 申请从事危险货物运输经营的，应当具备四项基本条件：①有5辆以上经检验合格的运输危险货物专用车辆、设备；②有经所在地设区的市级人民政府交通主管部门考试合格，取得上岗资格证的驾驶人员、装卸管理人员、押运人员；③运输危险货物专用车辆配有必要的通信工具；④有健全的安全生产管理制度。

(3) 运输危险货物应当采取必要措施，防止危险货物燃烧、爆炸、辐射、泄漏等。

(4) 运输危险货物应当配备必要的押运人员。

(5) 托运危险货物的，应当向货物运输经营者说明危险货物的品名、性质、应急处置方法等情况，并严格按照国家有关规定包装，设置明显标志。

(6) 危险货物运输经营者应当为危险货物投保承运人责任险。

(7) 法律、行政法规规定必须办理有关手续后方可运输的货物，货物运输经营者应当查验有关手续。

(8) 违反本条例的规定，未取得道路运输经营许可，擅自从事道路运输经营的，由县级以上道路运输管理机构责令停止经营；有违法所得的，没收违法所得，处违法所得2倍以上10倍以下的罚款；没有违法所得或者违法所得不足2万元的，处3万元以上10万元以下的罚款；构成犯罪的，依法追究刑事责任。

《中华人民共和国道路运输条例》所称的“危险货物”应该以强制性国家标准《危险货物品名表》(GB 12268—2012)为准。但根据“专项(专门)法律优先通用法律”的原则，要特别注意《危险化学品安全管理条例》(国务院令2011年第591号)和《中华人民共和国烟花爆竹安全管理条例》《民用爆炸品安全管理条例》对危险化学品和烟花爆竹、民用爆炸品运输的要求。

3.《道路危险货物运输管理规定》(交通运输部令2019年第42号)

为规范道路货物运输市场秩序，保障道路危险货物运输安全，保护环境，维护道路危险货物运输各方当事人的合法权益，根据《中华人民共和国安全生产法》和《危险化学品安全管理条例》(国务院令2011年第591号)、《中华人民共和国道路运输条例》(国务院令2022年第752号)等国家有关法律、法规，并根据现代科学技术的发展，交通运输部于2019年重新修订了《道路危险货物运输管理规定》(中华人民共和国交通运输部令2019年第42号、自公布之日起施行)。

新“危规”共有：总则、道路危险货物运输许可、专用车辆及设备管理、道路危险货物运输、监督检查、法律责任及附则共七章六十七条。

该规定首先定义了：①危险货物以列入国家标准《危险货物品名表》(GB 12268—2012)的为准，未列入《危险货物品名表》(GB 12268—2012)的，以有关法律、行政法规的规定或者国务院有关部门公布的结果为准；②道路危险货物运输，是指使用载货汽车通过道路运输危险货物的作业全过程；③道路危险货物运输车辆，是指满足特定技术条件和要求，从事道路危险货物运输的载货汽车。

此外，该规定对从业人员、运输车辆以及违法处罚等都进行了详细的说明。

（二）危险货物运输技术标准

道路危险货物运输及其管理，是一项技术性很强的工作。近年来，我国在加强道路危险货物运输法制化过程中，颁布了不少有关危险货物的技术标准。

1. 主要的国家标准

1）《危险货物分类和品名编号》（GB 6944—2012）

《危险货物分类和品名编号》（GB 6944—2012）由中华人民共和国国家质量监督检验检疫总局和中国国家标准化管理委员会 2012 年 5 月 11 日修订发布，2012 年 12 月 1 日实施，以代替原标准 GB 6944—2005。

2）《危险货物品名表》（GB 12268—2012）

《危险货物品名表》由中华人民共和国国家质量监督检验检疫总局和中国国家标准化管理委员会 2012 年 5 月 11 日修订发布，2012 年 12 月 1 日实施，以代替原标准 GB/T 12268—2005。该标准是依据《危险货物分类和品名编号》（GB 6944—2012）的分类定义和编号规定，把所能收集到的国际、国内危险货物品名，逐一分类、分项、编号，形成单独一册的品名表，便于查找。

3）《道路运输危险货物车辆标志》（GB 13392—2005）

本标准规定了道路运输危险货物车辆标志的分类、规格尺寸、技术要求、试验方法、检验规则、包装、标志、装卸、运输和储存，以及安装悬挂和维护要求。本标准适用于道路运输危险货物车辆标志的生产、使用和管理。

2. 其他的国家标准

道路危险货物运输涉及内容广泛，有关危险货物在包装、包装标志、储运图示等方面，国家均制定有相关国家标准，这些标准均与道路危险货物运输及其管理活动有关，必须予以执行。这些相关标准主要有：

（1）《道路运输爆炸品和剧毒化学品车辆安全技术条件》（GB 20300—2018）。

（2）《道路运输液体危险货物罐式车辆　第 1 部分：金属常压罐体技术要求》（GB 18564. 1—2019）。

（3）《道路运输液体危险货物罐式车辆　第 2 部分：非金属常压罐体技术要求》（GB 18564. 2—2008）。

（4）《危险货物运输包装通用技术条件》（GB 12463—2009）。

（5）《危险货物包装标志》（GB 190—2009）。

（6）《包装储运图示标志》（GB/T 191—2008）。

（7）《运油车、加油车技术条件》（QC/T 653—2000）。

（8）《危险货物命名原则》（GB/T 7694—2008）。

（9）《化学品安全技术说明书内容和项目顺序》（GB/T 16483—2008）。

（10）《危险货物运输包装类别划分方法》（GB/T 15098—2008）。

(11)《危险货物运输车辆结构要求》(GB 21668—2008)。

(12)《化学品安全标签编写规定》(GB 15258—2009)。

(13)《液体石油产品静电安全规程》(GB 13348—2009)。

(14)《职业性接触毒物危害程度分级》(GBZ 230—2010)。

从事道路危险货物运输的单位、经营人员和管理部门，应时刻关注这些标准的最新版本，正确指导和管理道路危险货物运输活动。

(三) 行业标准

(1)《危险货物道路运输规则》(JT/T 617—2018)。

该标准为我国道路危险货物运输业强制性技术标准，主要应用者是从事道路危险货物运输的管理人员及从业人员。该标准规定了汽车运输危险货物的托运、承运、车辆和设备、运输、从业人员、劳动防护等基本要求，适用于汽车运输危险货物的安全管理。主要分为：适用范围、规范性引用文件、术语和定义、分类和分项、包装、标志和标签、托运、承运、车辆和设备、运输、从业人员、劳动保护、事故应急处理等内容。

(2)《水路、公路运输货物包装基本要求》(JT/T 385—2008)。

该标准对水路、公路运输危险货物包装做了规定，它不仅是保护产品质量不发生变化，而且是防止运输过程中发生燃烧、爆炸、毒害、腐蚀和放射性污染等事故的重要条件之一，也是安全运输的基础。

该标准分为：前言、范围、规范性引用文件、术语和定义、一般要求、包装形式及限重、技术要求、货物包装检查，共计八部分。

除上述两个行业标准外，相关标准还包括：

(3)《气瓶直立道路运输技术要求》(GB/T 30685—2014)。

(4)《道路货物运输企业等级》(JT/T 631—2017)。

(5)《汽车导静电橡胶拖地带》(JT/T 230—2021)。

(6)《固定式压力容器安全技术监察规程》(TSG 21—2016)。

(7)《移动式压力容器安全技术监察规程》(TSG R0005—2011)。

二、危险货物运输企业管理内容

道路危险货物运输是技术性、专业性很强的运输种类，对运输企业(单位)的资质、技术条件、车辆设施、安全管理、从业人员素质等均有严格的要求。由于道路危险货物运输的高危险性，企业(单位)内部必须制订健全的管理制度和科学的技术规范，建立完善的安全管理体系，确保运输生产的安全。

运输企业管理是指为实现企业目标，完成企业任务，对企业运输生产经营活动进行计划、组织、指挥、协调和控制的一系列管理工作的总称。因运输货物的特殊性，道路危险货物运输企业管理大概涉及以下一些内容。

(一) 企业法律责任

《中华人民共和国安全生产法》要求“生产经营单位的主要负责人对本单位的安全生产工作全面负责”；《中华人民共和国公司法》强调“公司以其全部资产承担债务、民事责任”；

《危险化学品安全管理条例》(国务院令 2011 年第 591 号)第九十四条规定“危险化学品单位发生危险化学品事故，其主要负责人不立即组织救援或者不立即向有关部门报告的，依照《生产安全事故报告和调查处理条例》的规定处罚。危险化学品单位发生危险化学品事故，造成他人人身伤害或者财产损失的，依法承担赔偿责任”。由此可知，企业法人对本企业的运输安全责任，企业是运输全过程安全管理的主体。由于企业管理人员、道路危险货物运输从业人员(驾驶、押运、装卸管理人员)等都是企业职工，其调度、运输、押运等行为都是职务行为、企业行为。故企业也要为其职务违法行为承担相关的法律责任。

(二) 企业职能部门

根据道路危险货物运输管理的需要，运输企业应设置以下职能部门：

1. 安全技术部门

负责从事危险货物运输作业人员的安全教育，定期或不定期进行企业内部的安全检查，负责安全防范和事故处理工作。

2. 运务调度部门

负责危险货物受理、验货、理货、调度车辆承运、交接、货损货差的商务事故处理；由有化工专业职称的技术人员负责配载、隔离、安全防护工作。

3. 统计部门

按国家标准分类统计危险货物运量报告和统计台账管理。

4. 财务部门

负责对危险货物运输专用发票的管理，执行交通运输部《货物运价规则》的分级收费规定。

5. 医疗保健部门

负责危险货物运输作业人员定期体格检查，事故现场的人员抢救，并负责急救知识培训工作。

6. 车辆清洗、消毒部门

负责危险货物运输车辆的清洗、消毒工作。

7. 劳动防护用品清洗、消毒、保管部门

负责对用完的劳动防护用品清洗、消毒、统一保管工作，按危险货物作业单发放相应的防护用品及其收回工作。

(三) 业务受理

业务受理是生产活动的开始。受理业务时，应认真填写托运单，并认真核对托运单上所填写货物的编号、品名、规格、件重、净重、总重、收发货地点、时间以及所提供的单证是否符合规定。对第一次接受承运的危险货物必须向托运人索取《化学品安全技术说明书》(CSDS)，获取危险货物安全数据清单，方可受理。对于爆炸品、剧毒品，必须有公安部门提供的准运证明，方可受理。对于未列入《危险货物品名表》(GB 12268—2012)的危险货物，托运人出具《危险货物鉴定表》后，方可受理。

(四) 生产调度

生产调度工作是通过车辆运行作业计划和调度命令，将企业内部各个生产环节(特别是车队、技术、厂场、装卸等部门的工作）做出合理安排，使其在时间、空间上平衡衔接、紧密配合，形成动作协调的整体，以保证运输生产的连续性和均衡性。其主要任务是确保合同、受托货物、调运计划和运输生产计划的完成。主要内容有：

（1）各级调度部门应严肃认真执行国家有关法规，通过运力和运量的平衡，合理安排运输生产。

（2）严格审查受理业务的托运单，逐份审查品名、编号、载质量等，根据托运单编制车辆运行作业计划。

（3）根据所运的危险货物特性、质量，选配合适的运输车辆。运输液体危险货物常压罐车的选配应依据货物与罐体材质的相容性。

（4）审查、核实计划调度签发的行车单与托运单所列项目是否一致。向单位员工介绍货物的理化特性，运输、装卸注意事项，防护措施及应急救援方法，并向他们提供所运危险货物的《道路运输危险货物安全卡》等资料。

（5）执行单车运行作业计划，随时与作业现场、车辆保持联系，了解作业与车辆运行情况。对车辆运行中出现的问题，及时分析研究，采取措施，调整出车计划，组织新的平衡，保证运输生产顺利、连续进行。对临时调配的紧急任务，应采取积极措施确保任务完成。

（6）加强现场管理和车辆运行指挥。针对现场、路线、货源等具体情况，采取不同的车辆调度方法，提高车辆运行效率，并不断研究改进调度工作。

（五）车辆技术管理

车辆技术管理要坚持预防为主和技术与经济相结合的原则，对运输车辆实行择优选配、正确使用、定期检测、强制维护、视情修理、合理改造、适时更新和报废的全过程管理。它是企业整个技术管理的基础，其目的是要充分发挥车辆的使用性能，保持车辆技术状况良好，确保行车安全，提高车辆运输效率，降低运行消耗，获得良好的经济效果。

1. 车辆技术等级评定和检测

道路运输车辆需按时参加车辆技术等级评定，危险货物运输车辆技术状况必须达一级；车辆每年必须进行一定次数的二级维护及检测；罐车的罐体每年必须到质检部门指定的检测机构检测，检测合格方可从事营运。

2. 车辆装备

车辆装备是根据一般运行条件和企业的具体情况而设置的，它分为经常性和临时性装备两种。

车辆经常性装备是指车辆出厂时，由厂方根据一般运行条件而装备的各种仪表、照明和电气设备、汽车和发动机附属装备、拖挂装备、备胎、随车工具和车厢等，以及企业根据具体情况增设的经常性装备。车辆经常性装备应符合《机动车运行安全技术条件》（GB 7258—2017）、《汽车及挂车外部照明和光信号装置的安装规定》（GB 4785—2019）、《货运牵引杆挂车通用技术条件》（GB/T 17275—2019）、《半挂车通用技术条件》（GB/T 23336—2022）等国家及部颁标准。

由于危险货物运输的特殊性，根据需要车辆必须装设一些临时性装备，如：

（1）危险货物运输车辆应安装符合《道路运输危险货物车辆标志》（GB 13392—2005）规定的车辆顶灯、标志和标牌。

（2）根据国家有关规定，车辆配置运行状态记录装置。

（3）运输易燃易爆危险货物车辆的排气管应安装隔热和熄灭火星装置，并配备导静电橡胶拖地带装置。

（4）车辆应有切断总电源和隔离电火花装置，切断总电源装置应安装在驾驶室内。

（5）在装运易燃易爆危险货物时，应使用木质底板等防护衬垫措施。

（6）装载液体危险货物的罐车，其装备条件应符合《道路运输液体危险货物罐式车辆　第1部分：金属常压罐体技术要求》（GB 18564.1—2019）和《道路运输液体危险货物罐式车辆　第2部分：非金属常压罐体技术要求》（GB 18564.2—2008）的规定。

3. 车辆的技术档案

车辆技术档案是指车辆从新车购置接收到报废整个寿命期内，车辆技术性能状况、运行使用和检测维修情况的完整记录。建立准确、完整的技术档案，可以及时、准确地掌握车辆技术性能的变化情况，以便采取有效的技术措施，使车辆更好地适应本地区的使用条件，充分发挥车辆的技术性能。对车辆技术档案中所记录的大量第一手资料整理和分析，是企业技术部门探索车辆技术性能变化规律，客观评价并比较各种车辆的适宜性，选择更为合适的新车型，以及制订并完善车辆维修制度的主要依据和方法；同时也是考察和评价基层技术管理工作的依据之一。

车辆技术档案的内容设置要力求简明扼要，主要内容突出。一般应包括以下几个方面：

1）车辆履历、装备和技术性能记录

主要包括：履历资料、装备资料，包括经常性装备和临时性装备；车辆的型号、技术速度、载质量吨位等规格和技术性能方面的资料；总成改装和变动情况方面的资料等。

2）车辆运行记录

主要记录车辆的行驶里程、油耗水平、技术故障发生的次数及部位、原因等方面的资料。

3）车辆维护、修理、检测记录

主要记录车辆维护、修理、检测的日期、间隔行驶里程和总里程，总成维修检测技术状况和修理部位及原因等资料。

4）车辆的寿命周期记录

主要记录车辆的实际寿命期限、寿命期内的磨损情况评估等方面的资料。

5）车辆肇事记录

主要记录车辆肇事的次数、报废和损坏情况、肇事原因等。

车辆技术档案的具体内容、项目和表格形式等，企业可根据管理部门制定的基本内容与格式及企业的具体情况拟定。目前，大多数汽车运输企业已使用计算机进行档案管理，在这一方面已具备了良好的管理条件。

4. 车辆运行安全

机动车辆的安全性，必须符合《机动车运行安全技术条件》（GB 7258—2017）的规定。为确保车辆的运行安全，应制订车辆维护制度，并根据制度有关规定，有计划地按周期安排维修作业，同时做好详细的记录，存入车辆技术档案备查。

1）机动车辆要做到“五不出车”

即：制动器不灵不出车；转向系统有故障不出车；喇叭不响不出车；灯光不亮不出车；安全设备、各类证件不齐全不出车。严禁车辆“带病”运行，并做好出车前、行驶中、收车后车辆三检查。

（1）出车前的检查。

① 出车前检查证照是否齐全，检查机车外观和喇叭、灯光是否齐全有效。

② 检查油、水、电是否缺漏和各种仪表及安全设施是否良好有效。

③ 车辆轮胎的气压和货车货物的牢固状况及连接部位的牢靠情况。

（2）行驶中的检查。

① 检查水温、油温、各种仪表工作情况及轮胎气压。

② 检查制动器有无拖滞发热现象，各连接部位的牢靠性。

③ 检查有无漏水、漏油、漏气和一切安全设施是否有效。

（3）收车后的检查。

① 清理全车卫生，检查油、水、电、气有无滴漏现象。

② 没有加防冻液的车辆，冬天应放出水箱、缸体的水，夏天应定期放水。

③ 检查各连接部位和货物的牢固性和车胎气压。

2）配备相应的安全设施和设备

根据车辆运载货物种类、性质不同，配备相应的安全设施和设备，并保证齐全有效。

（1）轻质燃油罐车，含加油罐车和运油罐车两种（以下简称“油罐车”）。油罐车的制造工艺、技术要求、试验、检验等，应符合国家相关标准规定。

（2）装运易燃液体、腐蚀性物质等罐车，其罐体制造厂应有质检部门批准核发的许可证，产品有合格证及有关文件资料。其罐体应能承受一定的压力，具有足够的强度，适合所装危险货物的性能，并应根据不同货物的需要配备泄压阀、防波挡板、压力表、液压计、导除静电等相应的安全装置。

（3）装运危险货物集装箱、大型气瓶或氧气瓶集装架的车辆必须设置有效的紧固装置。

（4）装运有机过氧化物的车辆，应根据危险货物的特性选用相应的控温、冷藏、防振、防爆等特殊车型，也应有隔热和熄灭火星装置以及导除静电的装置。

（5）装运其他类别的运输危险货物车辆，应根据所运危险货物的性质，采取相应的遮阳、控温、防爆、防火、防振、防水、防冻、防粉尘飞扬、防撒漏等措施。

5. 车辆在特殊条件下的使用

汽车在特殊条件下的使用，是指由于气候恶劣、道路特殊、运行条件恶化情况下的行驶。汽车在特殊条件下运行，其使用性能变坏，运行材料消耗增加，零件磨损严重，必须采取相应措施，以改善汽车的工作状况和使用性能，防止机件损坏，确保行车安全，并尽量减少原材料的消耗。

1）车辆在低温条件下的使用

（1）做好预热保温工作。出车前，事先要对发动机预热，散热器和发动机罩上加装保温套，蓄电池加装保温装置。

（2）更换油液，调整油电路系统。柴油发动机要选用适合温度要求的低凝点柴油（气温5～-5℃，应换用-10号柴油；-5～-20℃，应换用-20号柴油；-20℃以下，应换用-35号柴油）；换用低温季节制动液；选用合适防冻液；调整发动机调节器，增大发电机充电电流；适当增大蓄电池电解密度；适当增加断电器触点闭合角度；火花塞电极间隙适当调小；化油器要调整油平面高度和加速油泵行程，使混合气增浓。

（3）当通过冰雪和泥泞道路时，轮胎要配装防滑链。

2）车辆在高温条件下的使用

高温条件下使用应采取发动机隔热、轮胎防爆等技术措施：

（1）结合二级维护进行季节性维护，对汽油发动机供油系统，要采取隔热、降温等有效措施，防止气阻；要加强对冷却系统的维护，保持缸体水套、水泵、散热器、机件完好，水循环有效，及时清除水垢和沉淀物，防止发动机过热，经常添加冷却水，风扇皮带张紧度适当，一旦发动机过热不得用冷水浇泼缸体外部。

（2）调整发动机减少充电电流，蓄电池电解液密度适当降低，保持电瓶通气孔畅通。汽油机应调低化油器油面高度，减小加速泵行程。

（3）根据轮胎储备情况，组织整车换胎或将成色较好的轮胎装车使用；在行车途中注意控制轮胎温度和气压，必要时应将车辆停于阴凉处，待胎温降低后再继续行驶，严禁用放气或冷水浇泼方法来降低轮胎的气压和温度，防止轮胎的人为损坏。

3）车辆在高原、山区条件下的使用

（1）在高原地区改善发动机性能的措施。在高原地区行驶的车辆，发动机功率下降，燃料经济性变坏，改善其措施有：提高发动机压缩比；采用增压技术措施；调整油电路等。

（2）汽车在高原、山区条件下改善制动效能的措施。汽车在高原、山区行驶时，由于制动频繁，使得制动效果差，其主要措施有：加强维护，适当缩短维护周期，确保制动系统工作正常，制动可靠。

（六）运输管理

1. 定车

应该将危险货物运输车辆固定下来，不能在完成危险货物运输任务后，不经必要处理和清洗就运输其他物质，以防止危险货物泄漏、污染而造成事故。

2. 定人

要求驾驶人员固定，以使其既能熟悉和钻研所运危险货物的特性及防范措施，又能掌握所驾驶的车辆性能。

3. 定任务

要求运输单位根据货源或生产企业的生产任务核定车数，没有危险货物运输任务不予定车。

4. 定防护用品清洗点

作业人员从事危险货物运输装卸货物后，其防护用品应集中清洗、集中存放，依据危险货物品种类，使用相应的防护用品，防止中毒事故的发生。

5. 定车辆清洗消毒点

危险货物运输完毕应及时清洗、消毒。运输毒性物质、放射性物质、腐蚀性物质及具有毒害、腐蚀及放射性的易燃易爆品的运输单位，应具有清洗、消毒设施，所产生的污水处理应符合国家环保法规定。尚不具备消毒设施的单位，应到环保局指定的危险货物处理厂进行车辆、容器的清洗和消毒。

（七）从业人员管理

1. 从业人员条件

由于危险货物运输的特殊性，从事危险货物运输的作业人员，包括驾驶人员、押运人员及装卸管理人员，必须具备一定的条件方可从业。

（1）从业人员均应具备初中以上学历。

（2）驾驶人员取得相应机动车驾驶证，年龄不超过60周岁。

（3）从业人员必须熟悉有关安全生产的法律法规、标准和安全生产规章制度、安全操作规程，了解所装运危险货物的性质、危害特性、包装物(容器)的使用要求和发生意外事故时的处置措施。

（4）驾驶人员、押运人员、装卸管理人员必须经设区的市级人民政府交通主管部门考试合格，取得相应道路危险货物运输从业资格证，持证上岗。

2. 安全教育和培训

《中华人民共和国安全生产法》第二十八条规定“生产经营单位应当对从业人员进行安全生产教育和培训”；《危险化学品安全管理条例》(国务院令2011年第591号)第四十四条规定“危险化学品道路运输企业、水路运输企业的驾驶人员、船员、装卸管理人员、押运人员、申报人员、集装箱装箱现场检查员应当经交通运输主管部门考核合格，取得从业资格”。安全教育、培训是危险货物运输单位确保安全生产、取得最佳经济效益和培养劳动后备力量的重要措施，是运输单位的一项重要职责。

1）建立培训机构，制订培训计划

从业人员的培训不同于学校的教育，它是对在职职工进行的职业教育，是在生产过程中开展教育。这种教育是多学科、多层次、多种形式的、具有广泛的群众性，带有速成的性质；而受教育的对象，在文化、技能、业务和年龄方面，又存在较大的差异，其要求也不尽相同。因此，道路危险货物运输单位应建立专门的培训机构，在交通运输部颁布的《道路危险货物运输从业人员培训教学计划与教学大纲》基础上，根据本单位运输危险货物种类的特性制订更有针对性、详细的培训计划，有计划、有针对性地对职工进行培训，方可取得预期的效果。

2）培训内容

以交通运输部颁布的《道路危险货物运输从业人员从业资格考试大纲、培训教学大纲和培训教学计划》为基础，进行基础培训；并可以考虑增加以下内容：

① 公司概况、行业特点、操作规程、安全生产责任制、岗位责任制、应急预案等各种管理制度。

② 本单位危险货物运输的特性及其安全注意事项，典型事故案例分析。

③ 预防事故的一般知识以及发生事故的应急救援知识。

④ 运输、装卸作业实践。包括各类设施、设备、车辆、工具的性能、结构及使用方

法，劳动防护用品的正确使用等。

⑤ 采用的新工艺、新技术、新材料或者使用新设备的技术特性、防护措施及使用方法。

⑥ 每次运输、装卸作业之前，向从业人员告知运输生产作业存在的危险因素、防范措施和事故应急措施，以及应遵守的有关规定。

3）激励机制

为确保安全生产，强化安全管理，落实安全责任制，全面提升从业人员的素质，道路危险货物运输企业应建立有效的激励机制。对优秀员工给予一定的奖励，激发员工的进取心，使他们勇于学习和研究各项技能，提高员工责任心和安全意识。对于出现责任事故的员工要给予一定的处罚，预防类似事故的再次发生。例如可进行“驾驶人员星级评定”活动，即在企业内部实行驾驶人员星级评定制度，以驾驶经历、责任事故、遵守规章制度、技术、作风、安全责任感为标准，把驾驶人员分为五级，对应一星至五星，五星最高。将驾驶人员的星级与其驾驶作业、工资、福利、荣誉等联系起来，激励驾驶人员的工作热情，以确保企业无事故安全生产。

（八）劳动防护

劳动防护是指劳动者在生产中的安全和健康防护工作。加强劳动防护，搞好安全生产，是党和国家的一贯方针。我国宪法明确规定：“改善劳动条件，加强劳动保护。”《中华人民共和国刑法》中对干部的违章指挥、工人违章作业其后发生的重大伤亡事故，造成严重后果的，要追究其刑事责任；《中华人民共和国安全生产法》第四十五条规定：“生产经营单位必须为从业人员提供符合国家标准或者行业标准的劳动防护用品，并监督、教育从业人员按照使用规则佩戴、使用。”由此可见，劳动防护不是可有可无的，而是必须办好的大事。对于道路危险货物运输尤为重要，因为危险货物本身就具有一定的危害性，采取相应的防护措施就可避免发生中毒、灼伤、爆炸、燃烧等造成从业人员的伤害和死亡。

1. 建立安全生产责任制

企业（单位）主要负责人对本单位的安全生产全面负责，要保证国家有关劳动保护法令和制度在本单位贯彻执行；并经常督促检查劳动防护、安全工作，及时消除危害职工身体健康和不安全的隐患；建立劳动防护制度，把劳动防护责任逐级落实到部门、班组、个人身上，并建立相应的责任追究制度。

2. 不断进行安全生产教育

宣传安全生产方针，交流安全生产经验，教授劳动防护用品的使用，提高作业人员操作水平，使他们能自觉贯彻执行安全生产方针和各项劳动保护政策及法令，认真遵守企业安全生产规章制度，保证生产安全。

3. 搞好防护用品和保健食品的发放管理工作

从事道路危险货物运输的企业（单位），应为生产一线的从业人员配备必要的劳动防护用品，使其在运输过程中减少不必要的伤害，达到生产、安全两不误的目的。还要准备一些急救用品，以备在运输过程中发生不测之时自救，避免或减少伤害。劳动防护用品使用后应集中在单位内清洗，对受污染的防护用品还应进行消毒，缩小污染源，保证生产力。

4. 做好从业人员的健康检查工作

从事道路运输、装卸危险货物的企业（单位）要制订从业人员健康检查计划，对从事危险货物运输作业的驾驶人员、押运人员及装卸管理人员进行定期体检，以确保作业人员身体健康。

三、危险货物运输企业管理人员要求

作为企业(单位)的管理人员，应具备以下一些基本条件：

(1) 必须遵守中华人民共和国宪法和各项法律，认真贯彻执行党和国家的方针、政策，遵守有关货物运输法律法规，热爱本职工作，恪守职业道德。危险货物属于国家管制类货物，为确保生产、社会以及运输安全，国家、地方制定了一系列的法律、法规以及方针、政策来对其进行严格管理。道路危险货物运输管理人员应了解这些法律、法规及方针、政策，并自觉遵守，在法律、法规及方针、政策的允许下进行运输生产。

(2) 不得有犯罪记录。因为道路危险货物运输涉及社会公共安全、人民生命财产安全和环境保护，是严格管制行业，要求管理人员不得有犯罪记录。

(3) 必须具备初中以上学历。由于道路危险货物运输专业性强和高危险性，以及业务管理人员在企业中的领导、生产组织、技术支持等作用和单位的需要，所以对业务管理人员的要求也相应比较高。只有具备一定的文化基础知识，特别是物理、化学等理工科和企业管理方面的知识，才能较好地理解、掌握危险货物的基本特性、运输安全、操作技能以及生产组织等业务管理人员应具备的技能。由于危险货物涉及大量的物理、化学反应、专业术语、分子式、化学方程式等，这是学习危险货物运输必备的基础知识，在我国教学体系中，初中开设了物理、化学课程，教授了物理、化学的相关知识，所以，要求道路危险货物运输管理人员必须具备初中以上学历。

(4) 必须有从事道路货物运输业经营管理工作 3 年以上的经历，或从事经济管理工作 5 年以上的经历。道路危险货物运输管理由于其自身的特性，其组织化程度要求高，危险性大，安全要求高，管理难度大，因此，业务管理人员必须具有道路货物运输业管理经验或其他经济管理方面的经验，才能更科学地组织运输，确保安全生产。

(5) 管理人员应该掌握运输企业管理及危险货物运输安全管理等业务知识，必须了解所运的危险货物性质、危害特性、包装容器使用特性和发生意外时的应急措施。作为企业(单位)的管理人员，应掌握的业务知识：

运输企业管理：

① 交通运输基础知识，包括交通运输在国民经济中的地位与作用、运输服务的基本特征、运输供求的基本特征、道路运输的特点和功能。

② 道路运输生产组织，包括道路运输生产过程及基本术语、运输生产组织的原则和任务、运输生产计划、运输生产车辆组织、运输生产劳动组织、道路货物运输组织。

③ 车辆技术管理与使用。

④ 装卸、搬运技术与组织工作。

⑤ 仓储管理。

危险货物运输安全管理：

① 危险货物管理方面的法律、法规、规章、标准。

② 危险货物的分类、危害性及安全措施。

③ 危险货物标志(包括包装标志、车辆标志)、标签的识别及使用。

④ 危险货物品名表(即《联合国危险货物一览表》)的使用。

⑤ 危险货物包装的分类、合格标识和包装基本要求。

⑥ 危险货物的运输、装卸、存储安全操作要求。

⑦ 危险货物运输车辆、设备技术要求。

⑧ 道路危险货物运输事故的应急预案(包括程序、方案、计划、人员、机构、器材及演练)。

⑨ 典型道路危险货物运输事故分析及法律责任。

第五章　道路运输企业危险源辨识

危险源是指可能导致死亡、伤害、疾病、财产损失、工作环境破坏或其组合的根源或状态。在《职业健康安全管理体系要求及使用指南》(GB/T 45001—2020)中的定义为：可能导致伤害和健康损害(对人的生理、心理或认知状况的不利影响)的来源。危险源由三个要素构成：潜在危险性、存在条件和触发因素。本章主要针对道路危险货物运输及装卸过程中的危险源及危险有害因素进行讲解，其目的是便于从业人员更好地了解从业过程及岗位操作过程中的有害因素，从而有效地进行避免，防止灾害事故的发生。

第一节　危险源辨识的基本知识

一、危险源的相关定义

危险源是指一个系统中具有潜在能量和物质释放危险的、可造成人员伤害、在一定的触发因素作用下可转化为事故的部位、区域、场所、空间、岗位、设备及其位置。它的实质是具有潜在危险的源点或部位，是爆发事故的源头，是能量、危险物质集中的核心，是能量从那里传出来或爆发的地方。危险源存在于确定的系统中，不同的系统范围，危险源的区域也不同。例如，从全国范围来说，对于危险行业(如石油、化工、危险货物运输等)具体的一个企业(如化工厂)就是一个危险源。而从一个企业系统来说，可能是某个生产车间、储存罐区就是危险源，一个车间系统内可能某反应釜是危险源。因此，分析危险源应按系统的不同层次来进行。一般来说，危险源可能存在事故隐患，也可能不存在事故隐患，对于存在事故隐患的危险源一定要及时加以整改，否则随时都可能导致事故。

危险源的识别实际是指识别危险源的存在并确定其性质的过程。对事故隐患的控制管理总是与一定的危险源联系在一起，因为没有危险的隐患也就谈不上要去控制它；而对危险源的控制，实际就是消除其存在的事故隐患或防止其出现事故隐患。所以，在实际中有时不加区别也使用这两个概念。

危险有害因素分析是指针对生产作业过程中的危险、有害因素的产生原因进行系统分析的方法。

(1) 危险因素：是指能对人造成伤亡或对物造成突发性损害的因素。

(2) 有害因素：是指能影响人的身体健康、导致疾病，或对物造成慢性损害的因素。

这里的因素应该理解为事故、作业过程、行为和环境，因为在不同的行业主要的危险有害因素差别较大。火灾、瓦斯爆炸、中毒、触电等属于事故；设备的检修、爆破作业、运输等属于作业过程；违章操作、违章指挥等属于行为；高温、雷电、雨雪等属于自然环境。

国家安全生产监督管理总局编著的《安全评价》第3版(1999年)中将危险、有害因素产生的原因划分为两个方面：①存在危险有害本身具有的物质、能量；②危险有害物质、能量失去控制，危险有害物质、能量失去控制的主要体现：人的不安全行为(13大类)；物的不安全状态(4大类)；管理缺陷(6类)。

任何物质都具有相应的能量，物质和能量是客观存在的，只有当物质、能量在外力条件或自身变化且失去控制造成一定的危险或伤害时才可以称为危险有害物质和能量。

导致危险有害物质、能量失去控制的三个方面多数说法比较笼统，例如：有分散注意力的行为；冒进信号；作业场所狭窄；作业场所杂乱；来自相关方风险管理的缺陷等。

相对于物质和能量来说，人的不安全行为是外在条件；物的不安全状态既有可能是外部条件引起的，也有可能是其自身的变化引起的；管理的主角是我们人类自身，所以也应归结为外部条件。

外在条件很多，除了上面说的人的不安全行为之外，恶劣的自然条件也是最重要的外在条件之一，地震、台风、洪水、雷击、温度、湿度、雾、冰雹、滑坡、泥石流、火山喷发等。企业在建设初期一般都会对本地的自然条件做一定的调查和了解，但是现在社会发展的快节奏导致部分地区环境污染的加大，最终引发台风、洪水等导致事故的发生。而对于危险货物运输来说，危险货物在运输过程中实际就是一个动态的危险源，它的周边环境在不断地进行变化，自身也可能会因为周边环绕因素的改变而改变。

危险、有害因素产生的原因应该是物质、能量在外部条件或自身变化的情况下，失去控制造成伤害或事故的综合作用。

二、危险源的分类

（一）按导致事故的直接原因进行分类

《生产过程危险和有害因素分类与代码》(GB/T 13861—2022)，将生产过程中的危险和有害因素分为4大类。

1. 人的因素

（1）心理、生理性危险、有害因素。包括负荷超限，指易引起疲劳、劳损、伤害等的负荷超限；健康状况异常，指伤、病期；从事禁忌作业；心理异常；辨识功能缺陷；其他心理、生理性危险。

（2）行为性危险、有害因素。包括指挥错误；操作错误；监护失误；其他错误；其他行为性危险和有害因素。

2. 物的因素

（1）物理性危险和有害因素。包括设备、设施缺陷；防护缺陷；电危害；噪声危害；振动危害；电磁辐射；运动物危害；明火；能够造成灼伤的高温物体；能够造成冻伤的低温物体；粉尘与气溶胶；作业环境不良；信号缺陷；标志缺陷；其他物理危险有害因素。

（2）化学性危险和有害因素。包括易燃易爆性物质；自燃性物质；有毒物质；腐蚀性物质；其他化学性危险和有害因素。

（3）生物性危险和有害因素。包括致病微生物；传染病媒介物；致害动物；致害植物；

其他生物性危险和有害因素。

3. 环境因素

（1）主观接触场所环境不良。

（2）客观接触场所环境不良。

（3）突发性接触环境不良。

（4）其他作业环境不良。

4. 管理因素

（1）安全生产管理组织机构不健全。

（2）安全生产责任未落实。

（3）安全生产管理规章制度不完善。

（4）安全投入不足。

（5）安全生产管理不完善。

（6）其他管理因素缺陷。

（二）参照事故类别进行分类

参照《企业职工伤亡事故分类》（GB 6441—1986），综合考虑起因物、引起事故的诱导性原因、致害物、伤害方式等，将危险因素分为20类：①物体打击；②车辆伤害；③机械伤害；④起重伤害；⑤触电；⑥淹溺；⑦灼烫；⑧火灾；⑨高处坠落；⑩坍塌；⑪冒顶片帮；⑫透水；⑬放炮；⑭火药爆炸；⑮瓦斯爆炸；⑯锅炉爆炸；⑰容器爆炸；⑱其他爆炸；⑲中毒和窒息；⑳其他伤害。

（三）按职业健康分类

参照中华人民共和国国家卫生和计划生育委员会发布的《职业病危害因素分类目录》（国卫疾控发〔2015〕92号），将危害因素分为粉尘、化学物质、物理因素、放射性物质、生物因素、其他因素等6类。

各行各业的差别较大，主要的危险、有害因素各不相同，为了便于准确地辨识危险、有害因素，查找事故隐患，提出经济可行的安全对策措施，应制定一个统一的危险、有害因素辨识标准，根据各行业本身特点，划分危险、有害因素的类别。

下文以LEC（L即Likelihood，事故发生的可能性；E即Exposure，人员暴露于危险环境中的频繁程度；C即Consequence，一旦发生事故可能造成的后果）法为例简要分析危险源辨识的基本过程。

1. 危险源辨识的原则

（1）应考虑企业适用的法律、法规和其他要求对安全管理的有关规定。

（2）应考虑时效性，危险源辨识应具体在特定时间范围内。

（3）应考虑范围，危险源辨识在特定的范围内进行。

（4）应考虑采用的方法，采用的方法应体现科学性、系统性、综合性和适用性原则。

（5）应考虑所进行工作的性质，危险源辨识应在不同环境和不同背景下灵活进行，如发生伤害事故后应对风险级别和风险控制策划进行重新评审等。

2. 危险源辨识的主要范围

危险源辨识覆盖企业生产活动、产品或服务活动的全过程，包括：

（1）作业地质及环境条件。

（2）作业场所平面分布及危险货物运输车辆运输路线。

（3）车辆、储罐及建（构）筑物。

（4）采购服务过程。

（5）作业设备、装置（车辆）。

（6）粉尘、毒物、噪声、振动、高温、低温等有害作业场所。

（7）管理设施、事故应急抢救设施和辅助生产、生活卫生设施。

（8）劳动组织、生理、心理因素、人机工程学因素等。

3. 危险源辨识条件

（1）辨识时应充分考虑三种状态，即：

① 正常态：指作业活动、系统或设备等按照其工作任务连续长时间进行工作的状态。

② 异常态：指作业活动、系统或设备周期性或临时性进行的工作状态，如设备的开启、停止、维修等。

③ 紧急态：指发生火灾、爆炸、人员伤亡等状态或其发生的临界状态。

（2）辨识时应充分考虑三种时态，即：

① 过去：指作业活动、系统或设备等过去的安全控制状态及发生过的人身伤害事故。

② 现在：指作业活动、系统或设备等现在的安全控制状态。

③ 将来：指作业活动发生变化、系统或设备等在发生改进、报废、退役等活动时产生的安全控制状态变化。

（3）六种能量逸散类型，即：动能、势能、电能、物理能、化学能、生物能。

（4）四种事故起因，即：人的不安全行为、物的不安全状态、作业环境缺陷、管理缺陷。

4. 危险源辨识方法

1）进行危险源辨识所必需的知识和经验

关于对象系统的详细知识，诸如系统的构造、系统的性能、系统的运行条件、系统中能量、物质和信息的流动情况等。

与系统设计、运行、维护等有关的知识、经验和各种标准、规范、规程等。

关于对象系统中的危险源及其危害方面的知识。

2）危险源辨识方法可以粗略地分为对照法和系统安全分析法

（1）对照法。与有关的标准、规范、规程或经验相对照来辨识危险源。

① 安全检查表。运用已编制好的安全检查表，对组织进行系统的安全检查，可辨识出存在的危险源。

② 询问、交谈法。与危险货物运输车辆的相关人员交流，获取危险源资料。

③ 现场观察法。到危险货物储罐区、接卸区、危险货物运输车辆停靠区观察各类设施、场地，分析操作行为、安全管理状况等获取危险源资料。

④ 问卷调查。问卷调查是通过事先准备好的一系列问题，通过到现场察看和与人员交

谈的方式来获取职业健康安全危险源的信息。

⑤ 查阅相关记录。查阅组织的事故、职业病的记录，可从中发现存在的危险源。

⑥ 获取外部信息。从有关类似组织、文献资料、专家咨询等方面获取有关危险源信息加以分析研究可辨识出组织存在的危险源。

⑦ 工作任务分析。通过分析组织成员工作任务中所涉及的危害，可识别出有关的危险源。

(2) 系统安全分析法。系统安全分析是从安全角度进行的系统分析，通过揭示系统中可能导致系统故障或事故的各种因素及其相互关联来辨识系统中的危险源。

① 危险与可操作性研究。危险与可操作性研究是一种对工艺过程中的危险源实行严格审查和控制的技术，它是通过指导语句和标准格式寻找工艺偏差，以辨识系统存在的危险源，并确定控制危险源的对策。

② 事件树分析。事件树分析是一种从初始原因事件起，分析各环节事件“成功(正常)”或“失败(失效)”的发展变化过程，并预测各种可能结果的方法，即时序逻辑分析判断方法。应用这种方法对系统各环节事件进行分析，可辨识出系统的危险源。

③ 故障树(事故树)分析。故障树分析是一种根据系统可能发生的或已经发生的事故结果去寻找与事故发生有关的原因、条件和规律。通过这样一个过程分析，可辨识出系统中导致事故的有关危险源。

5. 风险评价方法

按照风险评价结果的量化程度，评价方法可分为定性风险评价法和定量风险评价。常见的风险评价方法有两种：专家现场询问观察法和作业条件危险性评价法(LEC 法)。

1) 专家现象询问观察法

由专业人员组成专家评价小组对辨识出的危险源进行风险评价，定性判断该风险发生的可能性以及一旦危害事件发生后所带来的后果，并确定该危险源的风险级别，参考评价准则如下：

(1) 曾经发生过且无良好控制措施的重大事故或事件，评为不可容许风险。

(2) 曾经发生过已制定有效控制措施的重大事故或事件评为重大风险。

(3) 违反法律法规的预计可能导致的事故结果在重伤或重伤以上的评为不可容许风险。

(4) 违反法律法规的预计可能导致的事故结果在重伤以下的评为重大风险。

(5) 相关方强烈抱怨的事故或危害事件评为重大风险。

除上述 5 项以外的事故或危害事件评为一般风险。

2) 作业条件危险性评价法(LEC 法)

对于一般风险源的评估采用本方法。

判定准则：

① 危险性指数大于 320 的，确定为一级。

② 危险性指数大于或等于 161 但小于或等于 320 的，确定为二级。

③ 危险性指数大于或等于 71 但小于或等于 160 的，确定为三级。

④ 危险性指数大于或等于 20 但小于或等于 70 的，为四级。

⑤ 危险性指数小于 20 的不列入等级。

判定方法：

作业危险性指数是下列三个因素的乘积，见式(5.1)。

$$D=L\times E\times C \tag{5.1}$$

式中：D 为危险指数；L 为发生危险事件的可能性(表5.1)；E 为作业者在危险环境下的状况(表5.2)；C 为事故的可能后果(表5.3)。

表5.1 发生危险事件的可能性(L)

可能性	分数	可能性	分数
完全预料到	10	可以设想，但极少可能	0.5
相当可能	6	极不可能	0.2
不经常，但可能	3	实际上不可能	0.1
意外，很少可能	1		

表5.2 作业者在危险环境中的状况(E)

状况	分值	状况	分值
连续处在危险环境中	10	每月一次在危险环境中工作	2
每天在有危险的环境中工作	6	每年一次在危险环境中工作	1
每周一次在危险环境中工作	3	极难出现在危险环境中工作	0.5

表5.3 事故的可能后果(C)

现象	可能后果	分值
大灾难	多人死亡	100
灾难	数人死亡	40
非常严重	一人死亡	15
严重	严重致残	7
重大	手足伤残	6
较大	受伤较重	3
引人注目	轻伤	1

危险指数评价见表5.4。

表5.4 危险指数评价(D)

D	危险程度	风险等级
>320	极度危险，不能继续作业	不可容许风险
161~320	高度危险，要立即整改	重大风险
70~160	显著危险，需要整改	重大风险
20~70	一般危险，需要注意	一般风险
≤20	稍有危险，可以接受	一般风险

3）定性或定量的风险评估方法

(1) 公司安全管理部门应组织对危险性较大的储存、运输、危险性较大的路线等进行风险评估，确定风险等级，编制风险评估报告。

（2）风险评估报告经单位批准后向公司报备。

（3）风险等级分为4级：包括一般（Ⅰ级）、较大（Ⅱ）、重大（Ⅲ）及特大（Ⅳ）风险。

6. 风险控制

1）风险控制原则

风险控制措施应首先考虑风险消除的原则，然后再考虑风险降低的措施（降低风险概率，降低伤害潜在的严重程度），将使用个体防护措施作为最后的手段。

2）重大危险源

（1）对评价出的重大危险源，各部门要分析原因，实施纠正及预防措施。

（2）依据《危险化学品重大危险源辨识》（GB 18218—2018）构成重大危险源、Ⅲ级及以上风险的活动必须严格执行相关安全生产的法律法规的要求。

（3）对于存在技术、资金问题的风险源，职能部门将分期列入当年或来年的整改方案进行整改。

（4）公司安全管理部门建立重大危险源管理台账。

3）一般危险源

（1）一般危险源由基层单位和从业人员按要求进行风险控制，从业人员执行国家法律法规标准规范和操作规程。

（2）基层单位要建立一般危险源管理台账，根据危险源的特点进行分时分级控制。

7. 危险源的控制

（1）重大危险源所在单位重点控制，公司和基层单位定期进行检查汇报。

（2）一般危险源所在部门严格控制，基层人员定期检查。

（3）检查人员应认真填写检查记录，对于检查中发现的问题和隐患，应采取防范措施并限期整改。

（4）公司安全管理部门负责按要求上报备案重大危险源工作。

（5）公司安全管理部门组织有关部门对危险源对应岗位制定监控组织措施，措施中要求明确职责、岗位人员培训、防护器具配置要求及安全控制措施。

（6）Ⅲ级及以上风险的危险货物的装卸及运输活动的风险控制应符合下列规定：

① 重大风险源的监控与防治措施、应急预案经公司安全副总工程师或安全管理部门负责人签字审批。

② 定期针对不同类型的重大危险源或危险源进行相关的培训训练、教育考核，并记录。

③ 适时组织对典型的重大风险源开展应急救援演练。

8. 危险源的编号和标志

1）危险源编号

（1）重大危险源由公司统一编号，按重大危险源进行管控。

（2）一般危险源由各基层单位参照公司编号的原则自行排列编号。

2）危险源标志

重大危险源，要设立醒目的危险源标志及相应的应急救援预案，并悬挂在明显位置，以便提示。

3）标志内容

标志牌上定好名称、编号、危害及责任者，并写清注意事项(提示)。其中：

① 名称——危害部分称谓。

② 地点——所在位置、岗位。

③ 危害——可能引起的事故危害。

④ 责任人——危险部位负责人。

⑤ 注意(提示)——注意事项或预防事故的主要措施。

9. 危险源的更新

(1) 企业每年至少应进行一次危险源的重新识别和风险评价工作。

(2) 当发生下列情况时，要及时进行危险源的重新识别与风险评价，以确保相关资料的有效性。

① 法律、法规及自身要求发生变化。

② 经营形式发生变化。

③ 设备、设施、技术发生变化。

④ 运输装卸作业现场发生变化。

⑤ 运输装卸作业方式发生变化。

企业的危险源辨识是一个持续进行的过程，需要企业在经营过程中不断地进行更新，定期进行危险源的辨识和危险有害因素的识别。

第二节 人员的不安全行为与物品的不安全因素

一、人员的不安全行为

目前我国机动车保有量巨大，驾驶人员数量超过2亿人。庞大的驾驶族群，不安全的驾驶行为导致交通事故频发，伤亡惨重。根据数万件伤亡事故的统计表明，由人的不安全行为所导致的事故占88%，由驾驶员直接责任造成的交通事故占事故总数的70%~90%。因此有效控制驾驶员不安全驾驶行为，可以有效降低事故发生的概率，最大限度地减少交通事故，达到安全行驶的目的，是进一步落实道路运输企业安全生产主体责任的重要工作，也是交通运输管理部门的监管重点。而危险货物运输不同于普通道路运输，由于车辆运载货物往往具有较大危害性，发生事故后会造成二次事故，对相关人员、货物、车辆、环境等造成较大影响。

不安全行为的现象及成因：驾驶员不安全行为主要有超速、超载、超时疲劳驾驶；弯道行驶占线、超速、不鸣笛；违章超车；越线占道行驶；逆向行驶；高速公路不按规定车道行驶、不按规定停放车辆上下旅客；酒后驾驶；行驶中接、打手机或与人交谈；行驶中抽烟、捡拾物品；穿拖鞋驾驶；视力不好、反应慢、身体状况不佳继续驾驶；安全防范意识差、驾驶过程中抱侥幸心理冒险行驶、走神、注意力不集中、观察不及时不仔细等。这些不安全行为容易引发道路交通安全事故，其结果往往是车毁人亡，损失惨重。

分析驾驶员不安全行为产生的原因：一是驾驶员的安全意识问题和心理、生理因素；二是道路运输企业监督和管理不到位。运用技术手段加强驾驶员不安全行为的监管和增强驾驶员的安全意识，能有效减少和控制驾驶员不安全行为的发生，控制事故的发生，避免和减少人员伤亡和财产损失。网络电子技术和安全人机工程的运用给道路运输企业控制驾驶员不安全行为的发生提供了有力的技术支持，为企业更好地履行安全生产主体责任提供了保证。

人的行为对交通的影响造成交通事故的原因主要由人、车、路和环境四个基本要素组成。在这四个基本要素中，人是控制交通事故的关键因素。结合我国交通实际，通过对人的行为因素的分析，阐述人的行为对道路交通安全的影响，并有针对性地提出控制道路交通事故发生、改善道路交通安全的措施。

影响道路交通安全的因素主要有人、车、路和交通环境四个方面。根据各国交通事故的统计资料分析得出，交通事故中有80%~90%是人的因素造成的，人已成为控制交通事故的关键因素。结合我国交通实际，通过对人的行为因素的全面分析，提出了有效预防和控制道路交通事故发生，改善道路交通安全的措施。

（一）人的行为因素对道路交通安全影响分析

驾驶员行为因素对道路交通安全的影响分析：在汽车行驶时，驾驶员行为是由信息感知、信息判断决策和作业反应组成的一个不断反复进行的信息处理过程，亦即感知作用于判断后影响到作业反应。造成驾驶员不安全的行为因素主要有心理原因，如思想不集中、产生错觉、个性不良、情绪不稳定等；生理原因：如疲劳、体力、视力、酒精作用、运动机能、年龄。资料表明，因疲劳产生的事故占1%~1.5%；有关事故报告表明，因疲劳瞌睡而发生的车祸，占人身伤害事故的14.9%，占死亡事故的20.6%。驾驶员技能对道路交通安全的影响：驾驶员驾驶技能的欠缺是导致我国交通事故率居高不下的主要原因之一。大量交通事故资料的统计分析表明，超速行驶、疏忽大意、措施不当、不按规定让行以及违章占道行驶是驾驶员引发交通事故的重要原因，由于这五种原因引发的交通事故占每年交通事故总数的45%以上。交通事故资料的进一步分析表明，因超速行驶所引发的交通事故，多是由于在高速的情况下不能采取相应的正确措施引起的，其深层次的原因是缺乏相应的驾驶技能。疏忽大意引发的交通事故虽有驾驶员主观方面的原因，但和驾驶技能也有关系，在疏忽大意的情况下驾驶员往往会遇到许多紧急情况需要其采取紧急措施，驾驶技能好的驾驶员在这种情况下会采取相应的措施从而避免事故的发生，但驾驶技能不好的驾驶员则不能做到这一点，从而导致了事故的发生。通过驾驶员的年龄结构分析发现，年轻驾驶员引发的交通事故较高，其根本原因也在于其驾驶技能的欠缺，在复杂多变的道路交通情况下不能采取有效措施所致。

1. 道路管理等客观原因对道路交通安全的影响

我国道路交通事故率高的另一主要原因是道路交通管理法规不健全、交通安全意识淡薄、违章行车、交通主管部门对道路交通设施的设置认识不足所致。如对超速行驶、超载、占道行驶、随意停车、闯红灯、非法并道、酒后驾车、拖拉机、助力车随意在快速路上行驶等违章操作缺乏有效的监督。在20世纪90年代至今，我国高速公路交通事故发生率是一般公路的4倍，而国外只有一般公路的1/4~1/3，其根本原因与道路的交通管理、宣传力度不够、人们对安全交通的认识不足等因素有关。对社会各层面的交通安全教育，要针对不同对象，采取不同的方式和方法，有的放矢地进行。

2. 运输驾驶员的安全教育

机动车驾驶员安全教育应包括以下主要内容：

1）安全技术知识教育

主要有车辆结构与性能知识，重点为车辆一般结构知识、车辆制动、转向性能与安全行车的关系等；正确制动车辆技能；超车、会车、通过交叉口、复杂道路条件下行车、装载、停车、防火等交通安全行驶知识；车辆日常维护、运行维护等维护知识，特别是对涉及安全机件的检查知识、交通事故的基本知识等。

2）职业道德教育

职业道德是社会道德的主要方面，它包括对职业的认识、职业感情、职业理想和职业习惯等具体内容。驾驶员职业道德表现为自觉遵守《中华人民共和国道路交通安全法》、礼貌相让、关心客货安全、爱护车辆和文明行车等方面。

3）针对性教育

即针对部分驾驶员的重点教育，主要对象包括下列两种人。

(1) 多事故或处于事故期的驾驶员。交通事故与驾驶员的驾龄有一定关系，统计数据表明，新驾驶员在驾车开始2~3年里发生事故的情况最多，所以这一时期为驾驶员的多事故期。究其原因有技术和心理两方面的因素。另有研究表明：一段时期的事故，往往集中在少数驾驶员身上，这些驾驶员就称多事故驾驶员。

(2) 违章受处分的驾驶员。驾驶员严重违章除给予适当处分外，还应及时对其进行教育，避免今后再发生类似事件。

应加强道路交通管理立法工作，要以建设具有中国道路交通及其管理特点的道路交通法规体系为目标，加快立法，并以《中华人民共和国道路交通安全法》为基础和依据，抓紧制定与之相配套的法规和结合地区特点的实施细则。

3. 加强交通安全管理与车辆控制

(1) 科学设置道路标志、标线，保持其功能适时有效，为道路交通使用者提供清晰明确和有效的道路交通信息。

(2) 运用现代监控设施，强化交叉口交通流的组织和疏导，可有效地减少平面交叉口的交通事故。

(3) 将某些因路面窄未能通车的街道组织单向交通，可减少交叉口上的冲突，减少车与车、车与人的冲突及事故发生的潜在危险。

(4) 改善路况，清除障碍物，保证视距畅通，对瓶颈峰腰地段予以拓宽。

(5) 设置诱导性标志或各种视线诱导物，使道路去向明显，以便驾驶员能预知前方路况，采取正确适当的应对措施。

完善交通安全设施性别差异等；技能原因，如操作有困难、技能不熟练等主观原因以及管理原因，如规章制度不健全、操作规程不落实等；设施环境原因，如路面状况、道路设施、气候条件不佳等；社会原因，如生活条件、家庭情况、人际关系不佳等客观原因。

驾驶员心理与生理因素对道路交通安全的影响：驾驶员心理特征主要指驾驶员本身的心理素质以及在特定行车环境中的心理活动，既有主观上的性格、气质、意志等因素，也包括受外界人为或特定环境影响下的情绪反应等。就性格而言，若驾驶员具有较强的安全行车意识，以及在行车中遇到意外情况时，小心谨慎，处理问题坚决果断等，将有利于提高道路的交通安全性。驾驶员的情绪对其行为有着直接的影响，愉快、舒畅的心情有助于集中精力、提高反应速度和驾驶潜能。而意志是一个人性格的体现，好的驾驶员应具备遵守交通规划、提高行车安全的自觉性，同时又要有好的自制能力和韧性。驾驶员的性格、情绪、意志等对道路交通安全的影响不是孤立的，彼此间具有一定的联系。在实际工作中，应避免出现盲目心理、侥幸心理、逞强心理、逆反心理、保险心理、急躁心理、骄傲心理等不良的心理活动。驾驶员的生理素质是适应各种艰苦环境和复杂交通状况的基础。生理素质主要包括听觉、视觉、反应能力、身高、年龄等。实际研究表明，交通事故的发生与驾驶员的年龄、生理状况之间有着直接的关系，其中疲劳驾驶对交通安全的危害最大。

（二）提高道路交通安全的措施

人的行为因素对道路交通安全有着重大影响。由于以往对人的行为因素，特别是交通心理方面的研究较少，对心理因素导致的道路交通事故估计不足，从上到下，由外及内，有关领导、交警、驾驶员以及教育、宣传等各个方面对该项工作没有引起足够重视。因此应加强驾驶员职业道德和安全教育，提高驾驶员心理素质，树立其对人民生命财产高度负责的思想。

人的危险有害因素分析表见表5.5。

表5.5　人的危险有害因素分析表

岗位	危险有害因素	导致后果	预防措施
驾驶员	酒后驾车	车辆受损、人员伤害	(1)驾驶员应严格遵守公司交通安全管理制度 (2)出车前对驾驶员进行检查，严禁酒后出车 (3)加强对驾驶员的安全培训
	带病驾车	车辆受损、人员伤害	(1)督促驾驶员坚持执行出车前、行车中、收车后的“三检”制度 (2)认真检查车辆和各部件 (3)保持车辆技术状况良好
	驾车吃饭、抽烟、玩手机、接打电话等注意力分散	车辆受损、人员伤害	(1)驾驶员要杜绝不良行为 (2)做到驾车时不吸烟、饮食和接听、拨打手机，查看信息
	掉头时忽视后面的车辆和行人	车辆受损、人员伤害	(1)掉头时，应开启左转向灯，选择适当时机和开阔地点，注意观察前后来车和障碍物 (2)不得在铁道路口、交叉路口、弯路、陡坡、隧道等地段掉头
	强行超车、危险超车	车辆受损、人员伤害	(1)超车时应开左转向灯并鸣号，夜间要用近远光灯示意，待前车让道后在超越 (2)在超车过程中与被超越车横向间距小，有挤撞的可能时要慎用紧急制动，防止侧滑发生碰撞
	会车时忽略视线盲区	车辆受损、人员伤害	(1)坚持“礼让三先”靠右行驶的原则 (2)会车时注意对方来车外，应随时做好停车准备，防止来车后视线盲区有行人或自行车突然跑出

续表

岗位	危险有害因素	导致后果	预防措施
驾驶员	倒车未注意看后视镜，及视觉盲区	车辆受损、人员伤害	倒车时应发出倒车信号，观察周围环境，必要时下车察看
	乱停放车辆	车辆受损、人员伤害	(1)车辆停放时，必须按指定地点停放 (2)上下坡停车离人，应垫好三角木，挂入前进或倒挡 (3)在夜间或风雨、雪、雾天，车辆发生故障及交通事故临时停车时，必须开示宽灯和尾灯及在来车方向按规定距离支三脚架
	车速过快或超速	车辆受损、人员伤害	(1)严禁超速行驶 (2)严格按照地方法律法规的要求速度行驶 (3)加强教育培训
	有突发性疾病	车辆受损、人员伤害	(1)每年定期进行员工体检 (2)督促驾驶员坚持执行出车前、行车中、收车后的“三检”制度
	长时间驾车、身体疲劳	车辆受损、人员伤害	(1)坚持劳逸结合，驾车外出时要注意休息，保证足够的睡眠 (2)驾驶员连续驾驶时间不得超过4h，每天累计驾驶时间不得超过8h，要进行严格监控
	睡眠不足，身体不适	车辆受损、人员伤害	(1)坚持劳逸结合，驾车外出时要注意休息，保证足够的睡眠 (2)驾驶员连续驾驶时间不得超过4h，每天累计驾驶时间不得超过8h，要进行严格监控
	闯红灯或抢灯	车辆受损、人员伤害	(1)不许争道抢行，支路车让干路车先行 (2)加强教育培训，严格遵守交通规则，安全驾驶 (3)不得闯红灯，抢灯
	情绪不佳/不稳定	车辆受损、人员伤害	(1)驾驶员应正确认识不良情绪对驾驶的影响，及时转变情绪 (2)出车前对驾驶员情绪引导，不可携带不良情绪出车 (3)加强对驾驶员的安全培训
	过度疲劳	车辆受损、人员伤害	(1)坚持劳逸结合，驾车外出时要注意休息，保证身体健康 (2)驾驶员连续驾驶时间不得超过4h，每天累计驾驶时间不得超过8h，要进行严格监控 (3)加强体育锻炼
	加油过程误操作，静电起火	火灾爆炸，人车受损	(1)自己加油作业前，必须穿戴作业防护用品 (2)人体静电释放，车辆静电接地
	麻痹心理	车辆受损、人员伤害	(1)开展安全教育，培养良好的心理素质 (2)要求驾驶员正确看待自己的业务技术水平，不高估自己的技能，低估客观困难，克服盲目乐观，胆大心粗的缺点
	急躁心理	车辆受损、人员伤害	(1)在任务重、时间紧或完成任务快到家、约会等情况下，易产生急躁情绪，不顾行车环境，违章蛮干 (2)押运人员要及时提醒与制止

续表

岗位	危险有害因素	导致后果	预防措施
驾驶员	逆反心理	车辆受损、人员伤害	教育驾驶员按章行车，正确对待批评，不要因对领导或交警的批评、处罚，对乘车人不满产生逆反心理故意违章肇事
	逞强心理	车辆受损、人员伤害	克服自以为技术精、行车经验多、从未发生过事故的麻痹思想，提高对安全行车的警惕
	自信心理	车辆受损、人员伤害	(1)开展安全教育，培养良好的心理素质 (2)要求驾驶员正确看待自己的业务技术水平，不高估自己的技能，低估客观困难，克服盲目乐观，胆大心粗的缺点
押运员	活动过大，干扰驾驶员	车辆受损、人员伤害	(1)针对押运人员加强教育培训，严禁干扰驾驶人员正常作业 (2)建立岗位操作规范或制度，尽量良好引导
	抽烟等异常举动引起驾驶舱内异常状况	车辆受损、人员伤害	(1)驾驶舱内严禁烟火等规范制度 (2)建立驾驶舱内遵守制度规范
	分散驾驶员注意力或误导驾驶员	车辆受损人员伤害	(1)加强押运员的培训教育，提高职业素养 (2)严禁闲谈无关话题
	驾驶员误操作未及时提醒	车辆受损、人员伤害	(1)提高押运员的风险防范意识，建立安全第一的意识 (2)加强对驾驶基本操作的培训，熟悉驾驶操作
	危险环境未及时提醒	车辆受损、人员伤害	(1)提高押运员的风险防范意识，建立安全第一的意识 (2)加强对驾驶基本操作的培训，熟悉驾驶操作
装卸员	未佩戴安全防护措施，导致中毒或伤害	人员伤害	(1)加强职业健康安全培训教育 (2)加强员工对危险货物的熟悉程度，并建立安全意识
	操作不当，导致货物泄漏	车辆受损、人员伤害	(1)加强安全操作规程的培训 (2)建立安全操作制度，严格遵守
	未进行静电连接，静电起火	火灾爆炸，人车受损	(1)加强车辆作业前的检查，做好准备工作 (2)加强安全教育、技术措施的普及
	货物固定不牢，无牢固措施，货物倾倒泄漏	车辆受损、人员伤害	(1)加强安全培训教育，严格遵守各项规章制度 (2)驾车前严格进行车辆检查，防止安全隐患的存在 (3)对货物进行固定，严禁货物可移动
	货物密封不符合要求，导致货物泄漏	车辆受损、人员伤害	(1)加强安全培训教育，严格遵守各项规章制度 (2)驾车前严格进行车辆检查，防止安全隐患的存在 (3)对货物进行固定，确定货物封口严密
	操作不当、导致货物标志标识脱落	车辆受损、人员伤害	(1)加强安全培训教育，严格遵守各项规章制度 (2)发车前对货物进行安全检查，严禁标志不全的货物发车

续表

岗位	危险有害因素	导致后果	预防措施
车辆例检员	工作马虎大意，车辆及货物隐藏故障未检测出	车辆受损、人员伤害	(1)加强安全培训教育，严格遵守各项规章制度 (2)严格执行安全检查制度
	消防器材配备不足	车辆受损、人员伤害	(1)加强安全培训教育，严格遵守各项规章制度 (2)加强消防器材的配备，定期检查补充
	驾驶人员身体或心理异常，未阻止	车辆受损、人员伤害	(1)加强安全培训教育，严格遵守各项规章制度 (2)车辆及人员异常状况严禁外出
	车辆检维修过程，误操作	车辆受损、人员伤害	(1)加强安全培训教育，严格遵守各项规章制度 (2)按照操作规程进行操作
装卸管理员	未对员工进行岗前教育	车辆受损、人员伤害	(1)加强安全培训教育，严格遵守各项规章制度 (2)严格进行岗前教育，并记录在案
	未对装卸人员操作进行管理	车辆受损、人员伤害	(1)加强安全培训教育，严格遵守各项规章制度 (2)集中学习安全操作规程
	未清理作业场地或对作业区域进行限制	车辆受损、人员伤害	(1)加强安全培训教育，严格遵守各项规章制度 (2)对操作区域场所进行清理，严格控制无关人员进入
车辆引导员	对车辆进行错误引导，车辆停放不适当	车辆受损、人员伤害	(1)加强安全培训教育，严格遵守各项规章制度 (2)对引导员进行考核考试，考试不合格者严禁上岗作业
	指示信号或手令错误，误导驾驶员	车辆受损、人员伤害	(1)加强安全培训教育，严格遵守各项规章制度 (2)采取明确的指令信号，加强对指令信号的学习
	引导无序，与其他车辆发生碰撞	车辆受损、人员伤害	(1)加强安全培训教育，严格遵守各项规章制度 (2)建立有序的引导作业流程及车辆顺序表，进行有序引导
GPS监控员	未能根据监控显示，针对驾驶员错误行为进行实时提醒	车辆受损、人员伤害	(1)加强安全培训教育，严格遵守各项规章制度 (2)及时针对驾驶员错误操作进行警告
	态度不端正，未真实有效地对监控进行查看	车辆受损、人员伤害	(1)加强安全培训教育，严格遵守各项规章制度 (2)按时对监控进行查看
	监控损坏或镜头画面不全，未及时修正	车辆受损、人员伤害	(1)加强安全培训教育，严格遵守各项规章制度 (2)及时修正更换监控
	未针对实时状况上报或做出正确反应，导致事故扩大	车辆受损、人员伤害	(1)加强安全培训教育，严格遵守各项规章制度 (2)及时上报相关管理人员
车队队长	驾驶员技术业务不熟练	车辆受损、人员伤害	(1)加强安全培训教育，严格遵守各项规章制度 (2)对驾驶员定期进行实际操作学习，实际考核不合格者不予通过
	驾驶员思想麻痹大意	车辆受损、人员伤害	(1)加强安全培训教育，严格遵守各项规章制度 (2)加强安全意识教育，纠正不良心态
	车辆未按照规定路线行驶	车辆受损、人员伤害	(1)加强安全培训教育，严格遵守各项规章制度 (2)严格按照规定线路行驶，不得擅自更改线路，违规者进行处理

二、物品的不安全因素

道路运输过程中，车辆、行李物品及货物也是不安全因素，主要表现在车辆本身特点引发的行车不安全因素，车辆结构、技术状况的不安全状态及车内物品、车载货物存在的三个方面的危险内容。

（一）车辆本身特点的不安全因素

道路运输车辆本身结构、行驶特点等与其他机动车存在很大差异，如果驾驶员不了解这些差异，不注意这些差异性和特殊性给运输安全带来的风险，交通事故便很有可能发生。具体见表5.6。

表5.6 危险源–车辆本身的行车不安全状态

分类	危险源	具体表现
结构存在风险	车体庞大(车身长宽高数值较大)，运载质量、体积较大	(1)转弯、倒车、停车、超车等占用多车道 (2)重心高，体积大易侧翻 (3)遇软路肩、危桥，易压垮道路设施及路桥本身
	车辆存在视觉盲区	驾驶员看不到盲区行人、车辆
行驶特点存在危险	与其他车辆之间存在减速差	高速公路小客车、大货车及大客车的设计车速与限制车速不同，存在绝对速度差，迫使其他车辆频繁变化车道，超车，加大风险
	内外轮差大	转弯时碰撞、刮擦内侧行人或其他车辆
	加速性能差	加速慢，被其他车辆追尾
	惯性大、制动距离长	前方有紧急情况，减速不及时

（二）车辆技术状况的不安全状态

车辆技术状况的不安全状态主要包括车辆技术状况不良和安全装置失效，具体见表5.7和表5.8。

表5.7 危险源——车辆技术状况不良

分类	危险源	具体表现
技术状况	制动劣化或失效	不能即时制动或车辆失控
	转向不良或失效	不能按意图转向
	照明、信号装置不良	(1)前照灯损坏，照明受影响，夜间行驶无法观察路况 (2)转向灯不亮，专项意图无法控制
	侧向稳定性差	车辆在横向车道行驶，或进行超车转弯等操作时易发生侧滑或侧翻
	车辆悬架、减振系统缺陷	车辆经过坑洼路面，颠簸颤动严重，造成人员不适，货物移动、脱落或碰撞
	车速表故障	驾驶员不能准确控制行车速度
	轮胎磨损严重、有裂纹或扎入杂物	(1)车辆在行驶过程中车辆附着力不够，制动距离延长 (2)易发生爆胎

续表

分类	危险源	具体表现
技术状况	发动机故障	(1)车辆无法正常起动 (2)车辆抛锚、应急停车影响其他车辆通行 (3)车辆中途停火，无法正常操控
	车辆的电路接头裸露在外	出现接头打铁现象，产生大量的打铁火花，打铁火花与油罐车表面的油气接触，便会引起燃烧，进而造成火灾和油罐爆炸事故。在装卸油过程中更容易发生爆炸事故
	危货运输槽车顶部无阻火器、呼吸阀、排气火花熄灭器等装置	火星进出引起火灾爆炸事故
	危货运输槽车储槽内无金属分隔	储槽内应有若干金属板分隔，使罐体具有足够的刚度，并能减少车辆行驶时液体不致剧烈晃动、摩擦而产生静电
	危货储罐车卸油管尾端低于卸油阀门口	罐内油品未卸净，卸油阀门未关紧，易造成油品泄漏，污染环境或发生交通事故；卸油管内残留的油品，逐渐地滴落在道路上和停车场，造成污染或发生事故
	货厢运输车辆内无离子感烟火灾探测器	货厢内部应具有良好的感烟雾报警性能。当有烟雾发生时，应在3min内感烟火灾探测器报警，驾驶室内置报警装置，报警声音强度100dB以上
	爆破器材运输车辆缺少抗爆容器	抗爆容器宜装在后舱内。隔离墙的厚度不应小于80mm。墙的夹层内应装入能吸收爆炸冲击波能量且不燃(或阻燃)的材料；安装抗爆容器时，泄爆孔的位置应避免与汽车底盘的重要零部件相对峙。在发生事故时缓冲爆炸能量

表5.8 危险源——车辆的安全装置失效

分类	危险源	具体表现
主动安全装置失效	视镜损坏	视镜损坏，相关人员观察道路状况受到影响
	刮水器失效	刮水器无法正常使用，影响视线
	喇叭失效	其他车辆人员或交通参与人员接收不到交通信号
	遮阳板、遮阳余部破损或缺失	(1)阳光直射，影响驾驶员观察道路 (2)照射危货物品，曝晒或过度照射温度过高导致火灾爆炸 (3)遮雨布破损或缺失使危货物品淋雨导致发生反应 (4)危货运输车辆在行车途中发生故障，或者在实行夏时制，所规定的时间内不能卸油时，车辆应停放在阴凉处或遮阴篷里
	防抱死制动系统(ABS)等安全装置失效	车轮抱死、车辆侧滑
	排气管、消声器漏气或无防火罩	排气管和消声器漏气，排气系统有破损或裂缝，出现漏气后，有可能出现缸体内积炭火星外排的问题，在装卸油区内就有可能发生火灾或爆炸事故。也有可能因罐漏油发生火灾事故。排气管应加防火(星)罩，并宜设在车头位置(易燃液体装卸操作一般在车尾部及侧部)，防止因火星进出导致火灾爆炸事故

续表

分类	危险源	具体表现
主动安全装置失效	灯光损坏或效果不全	正常行驶时无法向其他车辆给出正常信号或反馈信号，导致事故
	运输瓶装物品的车辆通风装置和固定装置不全	未安装通风装置和固定装置，通气不畅或气体堆积，引起火灾爆炸；货物不固定，引起振动或偏移，引发事故
	无紧急切断装置或紧急切断装置故障	事故状态或紧急情况下无法进行切断，导致事故发生或扩大
被动安全装置失效	安全气囊损坏	车辆发生碰撞等事故时，气囊不能正常弹开，驾驶员所受危险性增加
	安全带损坏	车辆发生碰撞等事故时，无法束缚驾驶员和副驾位置人员，遭受严重的伤害
	保险杠损坏	发生碰撞事故，无法吸收缓和外界冲击力，防护驾驶人员
	座椅安全头枕损坏或掉落	紧急制动或车辆发生事故时，驾驶人员头部无保护，容易受伤
	风窗玻璃损坏	影响驾驶员视野，容易发生交通事故
	灭火器、警告标志等缺失	紧急情况下无法自救
	防静电链条或导静电橡胶拖地带装置缺失或未接地	易产生静电地区，静电无法释放容易引起火灾，发生爆炸
	反光条破损或丢失	车辆罐体两侧和尾部都贴有反光条，夜间行驶提醒尾随车辆本车的宽度、高度、所运物品，避免超车、尾随时，判断失误而发生事故

第三节　道路、区域的危险性与天气、灾害的不安全因素

一、道路、区域的危险性

危险货物运输过程中，除运输车辆本身性能、驾驶人员的心理生理状态有关原因外，还与运输车辆通过道路有很大关系，在不同的道路路段由于其自身特点，存在不同的危险性。道路的不安全因素主要包括典型道路的不安全因素、特殊路段的不安全因素及路面通行条件不良。

(一) 从事长途危险货物运输

典型道路的不安全因素见表 5.9。

表 5.9　危险源——典型道路的不安全因素

分类	危险源	具体表现
山区道路	连续上下坡	车辆连续下坡转弯，频繁制动，易导致制动失效；车辆上长坡，使发动机温度过高，或换挡不当，引起发动机熄灭或溜车
	路窄弯急	山体遮挡，无法全面观察来车情况；行车速度控制不合适，车辆驶出路外；超车、会车危险性大等
	安全防护设施不完善	道路安全防护设施不完善，车辆易冲出道路
	山体滑坡	阻挡道路或直接造成事故
	云雾缭绕	秋冬季节或高海拔山路有云雾，视线受阻，无法看清路况
高速道路	相对封闭、控制出入、单向行驶、无平面交叉、路况好、车速高、车流量大	速度高，制动停车距离长，易发生连环撞车事故；车辆在高速公路上长时间高速行驶，驾驶员极易疲劳，车辆性能易发生变化；长时间在高速公路上驾驶，驾驶员对速度的感知能力下降，易超车行驶；车辆重心较高、速度快，遇突发情况下易侧滑、侧翻；长时间单向直线行驶引发眩晕

（二）特殊路段的不安全因素

交叉路口、隧道、桥梁、城乡接合部及临时修建道路等特殊路段的外观、构造及特征与一般路段有很大差异，车辆经过时容易出现事故，驾驶员必须提高警惕。特殊路段的危险源辨识见表 5.10。

表 5.10　危险源——特殊路段的不安全因素

分类	危险源	具体表现
临时修建道路	建设等级较低、压实度低，沉降不足、平整度差	车辆易倾翻、沉陷
	周边地形复杂及交通情况混乱	畜力车、人力车、低速汽车、摩托车等频繁出现，带来风险
交叉路口	车辆地形复杂及交通情况混乱	驾驶员忽视盲区，易碰撞、刮擦交叉路口其他车辆、行人等
隧道	长隧道内光照不足，能见度低	驾驶员未开启前照灯、车辆抛锚易引发碰撞事故
	隧道较窄、限制高度	驾驶员强行超车，易引发撞车事故；车辆货物过高易碰撞出入口
	隧道口结冰	车辆易失控，发生侧滑
	隧道出入口明暗变化	驾驶员短暂失明，无法观察道路信息
	出口横风	影响驾驶员的控制
立交桥、环岛	方向多、出口多、车流量大	易迷失方向、选择错误道路；错过出入口；过于紧张，导致事故
桥涵	路宽限制	车流量大或路面情况不良（如湿滑、结冰等），车辆易驶出桥面，坠落桥下等
	限制轴重	重载大型车辆载重超过限制，使桥梁垮塌
	横风影响	较大横风影响车辆的正常行驶轨迹

续表

分类	危险源	具体表现
路旁有高大建筑、树木的道路	驾驶员视线被遮挡	驾驶员容易忽略路口拐入的车辆、闯入的行车或骑车人，易发生碰撞事故
	交通信号灯、标志等被遮挡	驾驶员未注意到被遮挡的信号灯，误闯红灯；驾驶员未注意到被遮挡的标志，发生危险
城乡接合部路段	各种交通工具汇聚，人车混杂	三轮车、畜力车、骑车人、行人多，驾驶员无力全面观察，易发生碰撞、刮擦事故
	交通安全设施不完善	交通信号、标志标线缺乏或损毁，通行无指示，易发生碰撞等事故
	临时市场占道经营	买卖双方不注意来往车辆
	交通参与者安全意识差	交通参与者不懂或不遵守交通规则，给安全行车带来威胁

(三) 路面通行条件不良

在施工路面、障碍路面、涉水路面及冰雪路面等道路上行驶，危险性较高，驾驶员要格外注意安全，见表 5. 11。

表 5. 11　危险源——路面通行条件不良

分类	危险源	表现形式
施工道路	道路中断或变窄	行车道减少，车辆急减速；通行车辆多，通行速度突然变慢，车辆不及时减速易发生追尾事故
	路面有砂石	车辆制动距离延长或弯道易侧滑
	无施工标志或未设置	距离施工地点很近时才发现道路施工，应急处置不当引发事故
路障	道路上有掉落或卸载的货物	来不及躲闪或紧急制动躲闪造成事故
	故障车未及时转移或交通事故车辆占据道路	未发现路障，躲避不及发生事故；或躲避时与其他车辆碰撞
	农作物占道晾晒	车辆滑动，制动性能降低，发生事故
冰雪路面	路面摩擦系数低、平整度差	车辆易发生侧滑
	对阳光的反射率极高	大雪后，雪地反射日光，刺激眼睛，导致雪盲症，影响观察
涉水路面(漫水桥、过河路、道路积水)	水过深	未查清水情即涉水行驶，易使车辆熄火、电气设备受潮
	水下有泥沙	车辆打滑或陷于水中
	水中有尖锐物	车胎被尖锐物扎破
	水流速度过快	车辆行驶轨迹发生偏移或被冲走
凹凸路面	路面凹凸不平	车辆颠簸，使驾驶员和押运员不适，或货物泄漏、洒落；车辆长时间在凹凸不平路面行驶，性能易下降
	路面有较大凸起、深坑等	由于道路失修或局部地壳活动使地面出现深坑或凸起，躲避不及，引发事故

特殊路段、危险区域主要是指易发生各类突发事故对运输车辆及人员造成危害的区域，这些区域可能是环岛、高架桥、山区道路、高原区域，也可能是其他易发生事故的区域，这一类区域已发生的事故与本区域特点相关。

山区道路特点是地势险恶，有时靠近悬崖山体，或者道路坡度大、弯道多、半径小，有些坡道和弯道重叠，道路的视距往往不足。车辆在长时间下坡行驶，由于频繁使用行车制动，会使制动蹄磨损严重和制动鼓过热，影响制动效能。使用行车制动也容易发生制动侧滑，在靠山傍崖的山区侧滑又会增加危险性。在上坡过程中，由于动力不足或驾驶员判断失误或协调不慎容易发生行进向后溜车或起步向后溜车现象。因此在坡道上行驶应保持足够的安全行车间距。山区道路的转弯半径一般较小，车辆在转弯时，若车辆控制不当，将产生较大的离心力，易发生横向翻车或撞山坠崖等恶性事故。山区道路的坡道和弯道重叠处较多，为控制车速而采取双脚制动容易使转向失灵，在离心力的作用下又会发生侧滑而导致事故，因此在转弯处尽量少的使用行车制动，应采用辅助制动(发动机排气制动、电力或液力下坡缓行器等)。

高原地区的道路除了具有严寒和山区道路的特点外，还有一个特点就是海拔高、气压低。这不仅使车辆的燃油经济性能和动力性能下降，而且对车辆的制动性能也有较大的影响。具有气压制动装置的车辆在高原地区使用时，由于海拔高，空气密度小，空气压缩机的进气量减少，供气压力不足，使制动性能减弱，不能保证安全制动。因此，在行车过程中必须经常注意气压表的指示，若气压较低，应停车空转发动机增大储气筒压力，保证制动效能。海拔较高处，水的沸点降低，车辆在长上坡时发动机在较大负荷下工作，常常出现冷却液沸腾和发动机过热现象。由于气压低，发动机过热，汽油极易蒸发，使油路中形成气阻，从而中断燃油的供给。下坡时又会发生过冷现象而损坏散热器。大气压力降低，轮胎气压相对增大，容易损坏轮胎。

二、天气、灾害的不安全因素

夜间、大雾、暴雨等特殊天气及其他类型的自然灾害等，改变了车辆的正常行车环境，危险性极高，易引发事故。危险货物运输驾驶员要充分了解这些危险源的特点及风险，在行车过程中更好的躲避有害因素，达到安全无事故的状态。

（一）夜间的不安全因素

夜间行车会使驾驶员的道路观察能力下降，极大地增加了事故发生的可能性，驾驶员必须认识到夜间驾驶环境的特殊性，提高警惕，防止危险发生，见表5.12。

表5.12　危险源——夜间

分类	危险源	表现形式
夜间	行驶环境黑暗	路灯损坏，视线受影响；视野范围变小、视距变短；会车时，其他车辆开远光灯，产生炫目；夜间行驶容易疲劳等

夜间行车驾驶员只能看清前照灯所照射的前方空间，而对周围环境的视觉认识性很差，往往看不清两侧的情况而发生交通事故。由于前照灯和太阳光的照射方式不同，驾驶员往往不能及时分辨道路的凹凸线形、弯道、交叉口和路面缺陷等道路状况，而导致交通事故

的发生。因此，夜间行车驾驶员必须集中精力，仔细观察道路状况。夜间会车时，由于对面来车前照灯的照射，容易使驾驶员有炫目感，视力下降很多，有时不能发现右侧的行人或障碍物，不能正确判断对面来车的左边缘位置，导致事故的发生。为保证夜间行驶车辆的安全，车辆前照灯采用自动变光装置控制。

（二）特殊天气的不安全因素

特殊天气主要包括雨雪天气、大雾天气和高温天气等，特殊天气常常给安全行车带来巨大的威胁。导致在特殊天气里道路运输车辆的事故发生率较平常天气有明显增加，驾驶人应充分了解特殊天气的特点及特殊天气行车时存在的风险。具体见表 5.13。

表 5.13　危险源——特殊天气

分类	危险源	表现形式
雨天	光线昏暗，能见度低	视线受影响，无法观察道路状况
	常伴有雷电、大风	雷电劈倒或大风刮倒路边树木，或击到货运输车辆，形成事故
	路面湿滑、泥泞	降雨导致道路塌陷或变得松软，车辆容易陷入；车辆发生侧滑；车辆制动距离变长
雨天	气温低于 0℃	车辆制动距离变长；车辆侧滑
	水网地区路面积水反光	驶来车辆的远近误判断，高速驶入发生侧滑
雪天	视线不良	驾驶员视线受影响，观察道路受阻
	路面被积雪覆盖或有融雪	车辆起动时，车轮打滑，起动困难；行驶过程发生侧滑；车辆在道路上行驶难以分辨道路线、道路边缘
大雾天气	能见度低	观察道路困难，易发生追尾事故；长时间大雾中行驶易疲劳
高温天气	温度过高	驾驶员疲惫、困倦、脾气暴躁；轮胎压力高，易发生爆胎；车辆电器元件、货车货物自燃；冷却液温度过高，损坏发动机；制动易失效

我国北方冬季气温较低，道路常被冰雪覆盖，车辆的制动性能变差。气温对车辆其他使用功能也有影响，不利于行车安全。

冰雪路面的附着系数很低，车辆在冰雪道路的制动距离将大大延长，往往是一般干燥沥青路面的 3~4 倍，使制动非安全区扩大，容易发生事故。因此，在冰雪路面上行车，应该在车轮上安装防滑链来控制制动距离的延长。在冰雪路面也会有制动侧滑现象的发生，车辆在发生侧滑后，往往导致交通事故，因此，在冰雪路面上行车，制动装置的技术状况一定要完好，制动时应尽量使前、后轮都同时制动，减轻或防止制动侧滑。

夏季温度过高，容易使轮胎气压增大，使轮胎软化，行驶中容易爆胎。由于长时间照晒或运输车辆防晒功能不良导致危险货物发生物理或化学变化，导致事故发生。因此，在夏季一定要注意防止运输货物的照晒，采取高温时间段不出车，运输车辆配备防晒设施。

雨天雾天路面潮湿，会使制动距离延长，紧急制动时特别容易产生侧滑，不利于行车安全，因此尽量避免紧急制动，必要时采用发动机制动。雨天雾天对驾驶员的视线影响严重，尤其是大雾天，能见度很低，驾驶员看不清道路状况和周围的环境，容易发生事故，对于复杂的道路条件，危险性更大，因此在进行车辆检查时，车前方的防雾灯、前照灯及后尾灯要保持良好的技术状况。雨天道路上其他交通参与者的安全行为与无雨天气不同。

行人和骑自行车的人员往往是低头猛跑或猛骑自行车而不注意观察道路往来车辆。或者由于雨帽或雨伞遮挡了耳朵或视线，再加上雨声的干扰，使他们感觉不到汽车的到来。因此，雨天行车的驾驶员一定要多加注意行人和骑自行车者的交通行为。

（三）自然灾害的不安全因素

我国各区域地质不同，因此地域形成各地不同的自然灾害。道路运输驾驶员应了解自然灾害的特点和可能对道路运输造成的不良影响，正确对待自然灾害。具体见表 5.14。

表 5.14　危险源——自然灾害

分类	危险源	表现形式
沙尘暴	风力大	被大风吹起的物体易击中车辆；使车辆偏离行驶轨迹
	能见度低	飞扬的沙尘阻挡驾驶员视线
	路面有沙土	路面布满沙土，使车辆发生侧滑
台风	风力能量巨大，伴有暴雨	路边树木、广告牌等被刮倒，易砸中汽车或阻碍交通；使汽车偏离行驶轨迹或侧翻
地震	能量大，破坏性大	车辆在行驶过程中突发地震，路面出现裂缝，车辆易掉入裂缝；被倒塌的建筑物砸中，发生撞车等事故
泥石流、山体滑坡	爆发突然，来势凶猛，破坏力大	车辆躲避不及被泥石流掩埋；泥石流、山体滑坡使交通瘫痪
雹灾	来势凶猛，发生快，强度大，伴有狂风骤雨	冰雹、降雨、大风影响视线，地面湿滑，车辆易发生撞车等事故

第四节　重大危险源的监督管理与申报登记

一、重大危险源的监督管理

（一）实施重大危险源监督管理的目标和任务

1. 实施重大危险源监督管理的目标

重大危险源的监督管理是一项系统工程，需要合理设计、统筹规划。第一，要开展重大危险源的普查登记；第二，开展重大危险源的检测评估；第三，对重大危险源实施监控防范；第四，对有缺陷和存在事故隐患的危险源实施治理；第五，通过对重大危险源的监控管理，既要促使企业强化内部管理，落实措施，自主保安，又要针对各地实际，有的放矢，便于政府统一领导，科学决策，依法实施监控和安全生产行政执法，以实现重大危险源监督管理工作的科学化、制度化和规范化。

2. 实施重大危险源监督管理的任务

实施重大危险源监督管理的主要任务有以下几项：

（1）开展重大危险源普查登记，摸清底数，掌握重大危险源的数量、状况和分布情况，建立重大危险源数据库和定期报告制度。

（2）开展重大危险源安全评估，对重要的设备、设施以及生产过程中的工艺参数、危险物质进行定期检测，建立重大危险源评估监控的日常管理体系。

（3）建立国家、省（区、市）、市（地）、县（市）四级重大危险源监控信息管理网络系统，实现对重大危险源的动态监控、有效监控。

（4）对存在缺陷和事故隐患的重大危险源进行治理整顿，督促生产经营单位加大投入，采取有效措施，消除事故隐患，确保安全生产。

（5）建立和完善有关重大危险源监控和存在事故隐患的危险源治理的法规和政策，探索建立长效机制。

3. 重大危险源申报登记的范围

重大危险源申报登记的范围主要包括：储罐区（储罐）、库区（库）、生产场所、压力管道、锅炉、压力容器、煤矿（井工开采）、金属非金属地下矿山、尾矿库。

（二）实施重大危险源监督管理的工作要求和职责

1. 实施重大危险源监督管理的工作要求

（1）各级安全监管部门要进一步提高对重大危险源监督管理工作重要性的认识，自觉从实践“三个代表”和执政为民的高度，加强对重大危险源普查、评估、监控、治理工作的组织领导和监督检查，切实防范重特大事故，保障人民群众生命财产安全和社会经济的全面、协调、可持续发展；要把强化重大危险源监督管理工作作为安全生产监督检查和考核的一项重要内容布置好，落实好。

（2）各级安全监管部门应当成立重大危险源监督管理工作指导小组和技术指导小组，统一领导、协调和指导辖区内重大危险源的监督管理工作。

（3）各级安全监管部门应当进一步加大监督检查和行政执法的力度，督促辖区内存在重大危险源的生产经营单位认真落实国家有关重大危险源监督管理的规定和要求，全面开展重大危险源普查登记和监控管理工作。检查中发现生产经营单位对重大危险源未登记建档，或者未进行评估、监控及未制定应急预案的，要依据《中华人民共和国安全生产法》第一百零一条的规定严肃查处。对因重大危险源管理监控不到位、整改不及时而导致重、特大事故的，要依法严肃追究主产经营单位主要负责人和相关人员的责任。

（4）各级安全监管部门监督检查中发现重大危险源存在事故隐患的，应当责令生产经营单位立即整改或限期完成整改。

（5）各级安全监管部门要加强重大危险源申报登记的宣传和培训工作，指导生产经营单位做好重大危险源的申报登记和管理工作。

（6）为规范重大危险源的监督管理，各地区应统一按照国家安全生产监督管理局组织开发的重大危险源信息管理系统软件，建立本地区重大危险源数据库，并根据重大危险源的分布和危险等级，有针对性地做好日常监督工作，采取措施，切实防范重、特大事故的发生，确保安全生产形势的稳定好转。

2. 安全生产监督管理部门的职责

安全生产监督管理部门对重大危险源的监督管理有以下职责：

(1) 县级以上人民政府安全生产监督管理部门应当对生产经营单位的重大危险源加强安全监督管理工作。

(2) 各级人民政府安全生产监督管理部门对本地区的重大危险源应做好备案工作。

一级重大危险源必须逐级上报至省、自治区、直辖市人民政府安全生产监督管理部门和国家安全生产监督管理局备案。

二级重大危险源必须逐级上报至由市(地、州)人民政府安全生产监督管理部门和省、自治区、直辖市人民政府安全生产监督管理部门备案。

三级重大危险源必须逐级上报至市(地、州)人民政府安全生产监督管理部门备案。

四级重大危险源由县级人民政府安全生产监督管理部门备案。

(3) 县级以上人民政府安全生产监督管理部门应当建立重大危险源信息管理系统，对重大危险源各类信息实施动态管理。

(4) 县级以上人民政府安全生产监督管理部门应当定期对重大危险源进行专项监督检查。

(5) 县级以上人民政府安全生产监督管理部门在监督检查中发现重大危险源存在事故隐患，应当责令生产经营单位立即整改；在整改前或者整改中无法保证安全的，应当责令生产经营单位从危险区域内撤出作业人员，暂时停产、停业或者停止使用；难以立即整改的，要限期完成整改，并采取切实有效的防范、监控措施。

3. 生产经营单位的职责

生产经营单位对重大危险源的管理监控有以下职责：

(1) 存在重大危险源的生产经营单位应当加强重大危险源的安全管理与监控，生产经营单位的主要负责人对本单位的重大危险源安全管理与监控工作全面负责。

(2) 生产经营单位应当按照《中华人民共和国安全生产法》《危险化学品重大危险源辨识》(GB 18218—2018)和申报登记范围的要求对本单位的重大危险源进行登记建档，并填写《重大危险源申报表》报当地安全监管部门。

对新设立或者新构成的重大危险源，生产经营单位应及时报告当地人民政府安全生产监督管理部门备案；对已不构成重大危险源的，生产经营单位应及时上报核销。

(3) 生产经营单位每两年至少应当对本单位的重大危险源进行一次安全评估，并出具安全评估报告。

二级以上或者当地人民政府安全生产监督管理部门特殊要求的重大危险源，生产经营单位应当委托有国家认可资质条件的中介机构进行安全评估。安全评估报告应包括重大危险源的基本情况，危险、有害因素辨识与分析，可能发生的事故类型、严重程度，重大危险源等级，安全对策措施，应急救援措施和评估结论等。安全评估报告应报当地安全监管部门备案。

(4) 重大危险源的生产过程以及材料、工艺、设备、防护措施和环境等因素发生重大变化，或者国家有关法规、标准发生变化时，生产经营单位应当对重大危险源重新进行安全评估，并将有关情况上报当地安全监管部门。

(5) 生产经营单位的决策机构及其主要负责人，或者个人经营的投资人应当保证重大危险源安全管理与监控所必需的资金投入。

(6) 生产经营单位必须建立健全重大危险源安全管理规章制度，制定重大危险源安全管理与监控的实施方案。

(7) 生产经营单位应当对从业人员进行安全教育和技术培训，使其掌握本岗位的安全操作技能和在紧急情况下应当采取的应急措施。

(8) 生产经营单位应当将重大危险源可能发生事故的应急措施信息告知相关单位和人员。

(9) 生产经营单位应当在重大危险源现场设置明显的安全警示标志，并加强重大危险源的监控和有关设备、设施的安全管理。

(10) 生产经营单位应当对重大危险源中的工艺参数、危险物质进行定期的检测，对重要的设备、设施进行经常性的检测、检验，并做好检测、检验记录。

(11) 生产经营单位应当对重大危险源的安全状况进行定期检查，并建立重大危险源安全管理档案。

(12) 对存在事故隐患的重大危险源，生产经营单位必须立即整改，采取切实可行的安全措施，防止事故的发生，并及时报告当地人民政府安全生产监督管理部门。

(13) 生产经营单位应当对重大危险源制定相应的现场应急救援预案，落实应急救援预案的各项措施，每年进行一次事故应急救援演练。重大危险源应急救援预案必须报送当地人民政府安全生产监督管理部门备案。

(三) 重大危险源的范围、安全评估与分级

1. 关于重大危险源的范围

目前辨识重大危险源的主要依据是《危险化学品重大危险源辨识》(GB 18218—2018)。标准中对各种危险物品的临界量做了明确规定。

2. 关于重大危险源的安全评估

《中华人民共和国安全生产法》第四十条要求对重大危险源定期进行评估。《危险化学品安全管理条例》(国务院令 2011 年第 591 号) 第二十二条规定：“生产、储存危险化学品的企业，应当委托具备国家规定的资质条件的机构，对本企业的安全生产条件每 3 年进行一次安全评价，提出安全评价报告。安全评价报告的内容应当包括对安全生产条件存在的问题进行整改的方案。”因此重大危险源安全评估工作每 3 年至少进行一次。

为保证评估结果客观、公正，二级以上和当地人民政府安全生产监督管理部门认为有重大危险的重大危险源安全评估工作由国家认可的有资质条件的中介机构承担。

安全评估报告应包括以下内容：

(1) 安全评估的主要依据。

(2) 重大危险源基本情况。

(3) 危险、有害因素辨识与分析。

(4) 可能发生的事故类型、严重程度。

(5) 重大危险源等级。

(6) 安全对策措施。

(7) 应急救援措施。

（8）评估结论与建议。

安全评估报告应当数据准确，内容完整，对策措施具体可行，结论客观公正。

3. 关于重大危险源的分级

根据安全工程学原理，重大危险源的分级应考虑其固有风险的大小，鉴于重大危险源的客观存在性，进行分级时主要考虑重大危险源可能发生的最严重事故后果及危害程度。

4. 关于事故应急救援预案

事故应急救援预案是重大危险源管理的重要内容，有效的事故应急救援预案可以消除或者限制事故的扩大，减小事故对人和财产的影响。事故应急救援预案可分为现场和场外事故应急救援预案两部分，它们之间应协调一致。现场事故应急救援预案由生产经营单位负责，而场外事故应急救援预案由地方人民政府组织制定和实施。

现场应急救援预案主要内容的确立主要参考我国化学危险品事故应急救援预案制定的有关规定，并借鉴国外关于制定厂内应急计划的建议。现场应急救援预案应包括以下内容；

（1）应急救援机构及职责。

（2）危险辨识与评价。

（3）应急设备与设施。

（4）应急能力评价与资源。

（5）报警、通信联络方式。

（6）事故应急程序与行动方案。

（7）保护措施与程序。

（8）事故后的恢复与程序。

（9）培训与演练。

二、重大危险源的申报登记

重大危险源监控管理的第一步就是辨识和确认重大危险源，只有摸清重大危险源的数量、分布及其状况，才有可能有的放矢地实施重大危险源的管理和控制。

（一）申报登记工作的目标、任务和范围

1. 申报登记工作的目标

重大危险源申报登记制度是重大危险源监控制度建立的基础，是安全生产工作中的一项基础性工作。通过重大危险源申报登记，可掌握重大危险源的数量、分布及其状况，为政府及有关部门的管理和决策及时提供准确的信息。对重大危险源的监督管理工作，国家安全生产监督管理总局在申报、登记、建档的基础上，制定出台《危险化学品重大危险源监督管理暂行规定》（国家安全生产监督管理总局令 2011 年第 40 号），依据该规定对重大危险源实施定期检测、评估、监控，实现重大危险源监控管理的科学化和制度化。

2. 申报登记工作的任务

（1）掌握重大危险源的数量、分布及其状况，建立重大危险源申报、登记、评价、分级监管体系。

（2）建立国家、省（区、市）、市（地）、区（县）四级重大危险源监控信息管理网络系统。

3. 重大危险源的申报范围

根据《危险化学品重大危险源辨识》(GB 18218—2018)，危险化学品重大危险源分为生产单位危险化学品重大危险源和储存单位危险化学品重大危险源两种。一般来说，储存单位重大危险源包括储罐区重大危险源和库区重大危险源。因此，重大危险源包括三种类型：①储罐区(储罐)；②库区(库)；③生产场所。进一步扩大重大危险源的类别，可考虑以下重大危险源：①压力管道；②锅炉；③压力容器；④煤矿(井工开采)；⑤金属非金属地下矿山；⑥尾矿库。

4. 重大危险源的具体申报范围

重大危险源的具体申报范围如下：

1) 储罐区(储罐)

储罐区(储罐)重大危险源是指表5.15中所列类别的危险物品，其中毒性物质分级见表5.16，且储存量达到或超过其临界量的储罐区或单个储罐。

表5.15　储罐区(储罐)临界量

类别	物质特性	临界量	典型物质举例
易燃液体	闪点<28℃	20t	汽油、丙烯、石脑油等
	28℃≤闪点<60℃	100t	煤油、松节油、丁醚等
可燃气体	爆炸下限<10%	10t	乙炔、氢、液化石油气等
	爆炸下限≥10%	20t	氯气等
毒性物质	剧毒品	1kg	氰化钠(溶液)、碳酰氯等
	有毒品	100kg	三氟化砷、丙烯醛等
	有害品	20t	苯酚、苯肼等

表5.16　毒性物质分级

分级	经口半数致死量 LD_{50}/(mg/kg)	经皮接触24半数致死量 LD_{50}/(mg/kg)	吸入1h半数致死浓度 LC_{50}/(mg/L)
剧毒品	$LD_{50}\leqslant 5$	$LD_{50}\leqslant 40$	$LC_{50}\leqslant 0.5$
有毒品	$5<LD_{50}\leqslant 50$	$40<LD_{50}\leqslant 200$	$0.5<LC_{50}\leqslant 2$
有害品	(固体) $50<LD_{50}\leqslant 500$ (液体) $50<LD_{50}\leqslant 2000$	$200<LD_{50}\leqslant 1000$	$2<LC_{50}\leqslant 10$

2) 库区(库)

库区(库)重大危险源是指储存表5.17中所列类别的危险物品，且储存量达到或超过其临界量的库区或单个库房。

表5.17　库区(库)临界量

类别	物质特性	临界量	典型物质举例
民用爆破器材	起爆器材	1t	雷管、导爆管等
	工业炸药	30t	铵梯炸药、乳化炸药等
	爆炸危险原材料	250t	硝酸铵等

续表

类别	物质特性	临界量	典型物质举例
烟火剂、烟花爆竹		5t	黑火药、烟火药、爆竹、烟花等
易燃液体	闪点<28℃	20t	汽油、丙烯、石脑油等
	28℃≤闪点<60℃	100t	煤油、松节油、丁醚等
可燃气体	爆炸下限<10%	10t	乙炔、氢、液化石油气等
	爆炸下限≥10%	20t	氨气等
毒性物质	剧毒品	1kg	氰化钾、乙撑亚胺、碳酰氯等
	有毒品	100kg	三氟化砷、丙烯醛等
	有害品	20t	苯酚、苯肼等

注：起爆器材的药量，应按其产品中各类装填药的总量计算。

3）生产场所

生产场所重大危险源是指生产、使用表5.18中所列类别的危险物质量达到或超过临界量的设施或场所。

表5.18　生产场所临界量

类别	物质特性	临界量	典型物质举例
民用爆破器材	起爆器材	0.1t	雷管、导爆管等
	工业炸药	5t	铵梯炸药、乳化炸药等
	爆炸危险原材料	25t	硝酸铵等
烟火剂、烟花爆竹		0.5t	黑火药、烟火药、爆竹、烟花等
易燃液体	闪点<28℃	2t	汽油、丙烯、石脑油等
	28℃≤闪点<60℃	10t	煤油、松节油、丁醚等
可燃气体	爆炸下限<10%	1t	乙炔、氢、液化石油气等
	爆炸下限≥10%	2t	氨气等
毒性物质	剧毒品	100g	氰化钾、乙撑亚胺、碳酰氯等
	有毒品	10kg	三氟化砷、丙烯醛等
	有害品	2t	苯酚、苯肼等

注：起爆器材的药量，应按其产品中各类装填药的总量计算。

4）压力管道

符合下列条件之一的压力管道需申报。

（1）长输管道：

① 输送有毒、可燃、易爆气体，且设计压力>1.6MPa的管道。

② 输送有毒、可燃、易爆液体介质，输送距离≥200km且管道公称直径≥300mm的管道。

③ 公用管道。中压和高压燃气管道，且公称直径≥200mm。

④ 工业管道：

输送《职业性接触毒物危害程度分级》（GBZ 230—2010）中毒性程度为极度、高度危害气体、液化气体介质，且公称直径≥100mm 的管道。

输送《职业性接触物危害程度分级》(GBZ 230—2010)中极度、高度危害液体介质、《石油化工企业设计防火标准(2018 年版)》(GB 50160—2008)及《建筑设计防火规范(2018 年版)》(GB 50016—2014)中规定的火灾危险性为甲、乙类可燃气体，或甲类可燃液体介质，且公称直径≥100mm，设计压力≥4MPa 的管道。

输送其他可燃、有毒流体介质，且公称直径≥100mm，设计压力≥4MPa，设计温度≥400℃的管道。

5）锅炉

符合下列条件之一的锅炉需申报：

（1）蒸汽锅炉额定蒸汽压力>2.5MPa，且额定蒸发量≥10t/h。

（2）热水锅炉额定出水温度≥120℃，且额定功率≥14MW。

6）压力容器

属下列条件之一的压力容器需申报：

（1）介质毒性程度为极度、高度或中度危害的三类压力容器。

（2）易燃介质，最高工作压力≥0.1MPa，且 pV(压力×体积)≥100MPa·m^3的压力容器(群)。

（二）申报登记工作的组织与实施

为做好重大危险源申报登记工作，各地区各级安全生产监督管理部门应成立相应的组织机构。

中华人民共和国应急管理部成立工作领导小组，负责组织、协调申报登记以及后期的监控工作。领导小组下设执行小组和技术小组，负责实施具体工作和解决有关技术问题。

各地区应成立相应的重大危险源申报登记工作领导小组，统一领导和协调行政辖区内重大危险源的申报登记工作。领导小组可下设重大危险源登记办公室，具体实施重大危险源的申报登记工作。

申报登记工作分准备、实施和总结三个阶段进行，各阶段的具体工作如下。

1. 准备阶段

（1）各地区设立申报登记工作组织机构。

（2）根据申报登记工作的目标和任务，各地区编制工作计划和具体实施方案，印制申报表。

（3）培训有关人员，做好申报登记工作所需的人员、技术、物资及其他准备工作。

2. 实施阶段

各地区登记办公室组织实施重大危险源的申报登记工作，督促、指导生产经营单位按照统一表格及内容逐项填报重大危险源。

根据申报登记的数据，进行数据处理分析，录入计算机系统，建立重大危险源数据库。

3. 总结阶段

分析总结重大危险源情况，编制各类分析图表，编写重大危险源申报登记工作报告和重大危险源分析报告。

4. 重大危险源表填写注意事项

重大危险源申报的目的是掌握重大危险源的状况及其分布，为重大危险源评价、分级、监控和管理提供基础数据。重大危险源申报表格分为三类：第一类为生产经营单位基本情况表，第二类为各类重大危险源基本特征表，第三类为重大危险源周边环境基本情况表。

填表时，应根据生产经营单位的实际情况填写生产经营单位基本情况表以及所有符合申报范围的重大危险源基本特征表。生产经营单位存在哪一类别的重大危险源填报相应的重大危险源基本特征表，每个重大危险源填表一份。储罐区(储罐)、库区(库)、生产场所及其他可能给周围环境造成严重后果的重大危险源应填写重大危险源周边环境基本情况表。

第六章 道路运输企业安全生产监管与隐患排查治理

第一节 构建道路运输企业安全生产标准化体系

一、道路运输企业安全生产标准化体系理论基础及影响因素分析

(一) 标准化体系概念

道路运输企业安全生产标准化就是通过建立道路运输企业安全生产责任制，制定道路运输安全生产管理制度和操作规程，排查治理隐患和监控重大危险源，建立道路运输预防机制，规范生产行为，使各道路运输生产环节符合有关安全生产法律法规和标准规范的要求，人、车、物、环处于良好的生产状态，并持续改进，不断加强道路运输企业安全生产规范化建设。

道路运输企业安全生产标准化在我国发展模式是：因地制宜，结合实际国情及道路运输项目情况，借鉴国外优秀成熟的道路运输管理理念，按照“安全第一、预防为主、综合治理”的策略，运用“编制、执行、督查、完善”动态调整方式，结合我国各个省份的相关道路运输行业标准及相关法律规范，制定满足运输安全需求及运输效率的安全管理制度及流程。

安全运输的最根本是把安全管理措施落到实处，在实际运输过程中高标准落实，及时排查、消除不安全因素和危险源，营造一个安全、和谐的运输环境。同时，在运输过程中根据现场指标反馈情况，对相关的方案和措施进行完善，最大限度地保障安全运输，减少交通运输事故的发生。对于提高运输企业的运输效率，降低运输企业成本、增加收益、提高运输企业的核心竞争力具有重要意义。

(二) 标准化体系特点

道路运输企业安全生产标准化体系特点主要有四个，分别是针对性，动态性，效用性与兼容性。四个特点的具体分析如下：

1. 针对性

安全生产保障体系有着极强的针对性。其一，安全生产保障体系有一个具有针对性强的安全目标，运输企业会依据这个安全目标来决定各项工作的优先顺序，只有这样才能保证企业在经济效益和管理上的力度；其二，企业的各个机构部门需要依据安全保障体系来设置岗位职责，并以组织结构图和书面文件的形式呈现，出现问题时，根据实际情况由相关部门进行处理；其三，安全生产策划活动是针对制定的安全目标和现有的相关运输设备资源进行的，并从运输项目的危险方面和不利因素两个方面考虑，从而具有针对性地对人

员以及安保机制进行安排，以保障安全生产的有序进行。

2. 动态性

动态性是安全生产保障体系过程的又一明显特点，其通过输入与输出的转变，实现资源和活动的相互转化。安全生产保障体系的过程分为直接过程和间接过程。纵观整个运输过程，运输中的某个程序或某项子项目，如装卸、车辆调度、行驶运输等属于直接过程；对直接过程起促进作用的活动，如制定安全目标、建立安全运输保障体系、隐患排查、施工人员的教育和训练等属于间接过程。安全生产保障体系的过程，就是在整个运输项目进行前，以其书面规定作为输入，指导安全运输保障资源的合理使用和活动的有序开展，从而确保运输项目安全顺利地完成。

此外，安全生产保障体系具有持续改进的 PDCA(Plan-Do-Check-Action)机制，其意义是依据安全目标要求，采用合理的措施实现整个运输项目的安全进行，同时对环境进行改进。因而，及时对检查评估结果进行反馈，依据内部条件和外部环境的变化情况，及时应对，不断完善安全生产保障体系，形成自我约束机制、实现自我动态调整。

3. 效用性

道路运输企业安全生产标准化的效用性在安全生产保障体系中得以呈现。程序的含义是完成某项运输生产活动采用的方法途径。一般情况下，安全生产保障体系以书面文件的形式体现其程序，主要包涵：活动的目的和范畴；规定活动何时、何地、何人及活动内容；材料、车辆设备的使用；执行文件、规章制度要求；活动的控制情况和记录等。活动过程就是通过这样程序的书面文件来指导实现，简化运输程序，使得整个运输过程更加标准和规范化，确保项目的运输过程得以安全、有序地进行。

4. 兼容性

为了达到提高运输效率，充分发挥人力、物力等资源的价值，运输安全生产保障体系必须具备兼容性，从而更好地实现不同种类运输物品间的联系和资源共享。

(三) 标准化体系建立的理论基础

1. 基于风险的监管

RBS(Risk Based Supervision)——基于风险的监管，它是一种科学、系统、实用、有效的安全管理技术和方法体系。相对于传统的基于事故、事件，基于能量、规模，基于危险、危害，基于规范、标准的安全管理，RBS 方法以风险管理理论作为基本理论，结合风险定量、定性分级，要求以风险分级水平，实施科学的分级、分类监管。因此，监管对策和措施与监管对象的风险分级相匹配(匹配管理原理)是 RBS 的本质特征。

应用 RBS 的优势在于：具有全面性——进行全面的风险辨识；体现预防性——强调系统潜在的风险因素；落实动态性——重视实时的动态现实风险；实现定量性——进行风险定量或半定量评价分析；应用分级性——基于风险评价分级的分类监管。RBS 的应用对提高安全监管的效能和安全保障水平发挥高效的作用。

RBS 监管原理及方法体系如图 6.1 所示。

安全生产标准化的建立过程中引入了“预防为主”的概念，实行风险预控，注重事前防范，采用综合手段进行风险管理。从辨别道路运输企业危险源入手，以风险控制为核心，进而达到控制风险和预防事故的目的。

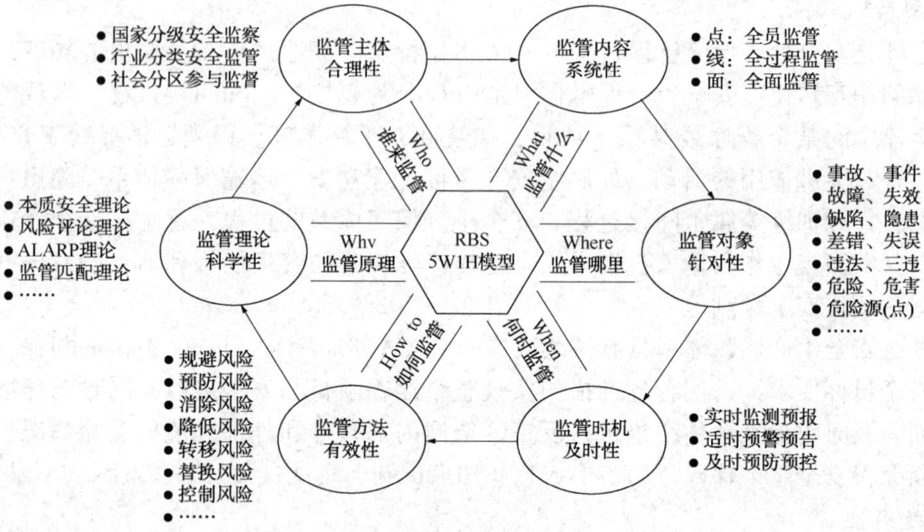

图 6.1　RBS 监管原理及方法体系

2. 系统管理理论

系统管理理论是运用系统论、信息论、控制论原理，把管理视为一个系统，以实现管理优化的理论。这种管理理论是 20 世纪 70 年代的产物，西方称之为最新管理理论。最初表现为“两因素论”，即企业是由人、物两因素组成的系统。创始人卡斯特和卢森威认为人是管理系统的主体。后来发展为“三因素论”，即管理系统由人、物、环境三因素构成，要进行全面系统分析，建立开放的管理系统。系统管理理论的核心是用系统方法分析管理系统。系统管理理论的组织模式示意图如图 6.2 所示。

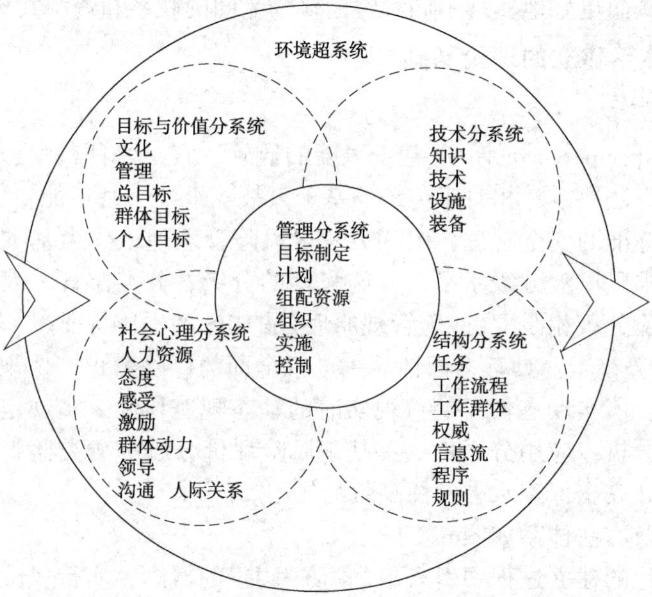

图 6.2　系统管理理论的组织模式示意图

在道路运输企业安全生产标准化体系的建设中，整个体系的建立过程贯穿了系统管理理论的思想。表现为，首先根据需要研究各个考核内容的具体内容，之后再根据各个考核内容具体划分为一个个考核指标，最后由这些考核指标组成一个完整的考核系统。

3. PDCA 循环管理理论

PDCA 循环分四个阶段：策划(Plan)、实施(Do)、检查(Check)、改进(Action)。策划(P)阶段主要任务是制定实施方案；实施(D)阶段主要任务是落实实施方案；检查(C)阶段主要任务是核查实施方案的落实情况；改进(A)阶段的主要任务是对于检查阶段检查出来的问题和不足，进一步落实到下一次的实施方案中，从而形成一个回路。

PDCA 循环具有如下特征：

(1) 科学性，循环采用数理统计方法分析处理工作过程中的问题，符合管理过程的运转规律。

(2) 系统性，循环过程环环紧扣，各项工作密切结合，形成系统。

(3) 彻底性，每次循环过程终结都是以问题的全部或部分解决为目的。悬而未决的问题和新问题会转入新一次循环系统。循环不止，不断提高。

PDCA 理论的核心思想：

(1) 全员参与：由安全管理人员发挥带头作用，全体员工参与安全管理形式，通过活动、奖励、监督、考核的形式发挥全员安全生产的积极性。

(2) 全过程安全管理：在一个新的运输生产项目设计之初就要开始做事故预防工作，这是系统安全的基本原则，并且要将这一原则贯穿于整个系统始终。落实隐患识别、评价、控制排查工作于生产经营活动的全过程之中。

(3) 全方位安全管理：安全隐患存在于任何有生产劳动的地方，所以安全管理问题需要根据具体环境考虑。不仅专业安全管理部门要做好本职工作，其他各部门也要有安全管理意识，做到齐抓共管、不留隐患。

在道路运输企业的安全生产标准化体系中，建立过程同时引入了 PDCA 循环的戴明管理理论，体系内容的研究基于了动态管理模式，标准化体系的建设和实施，实现了针对企业安全生产的全员参与、过程控制和持续改进的目的。

(四) 标准化体系基本要求

运输企业安全运输生产标准化融合了合理的指标管理模式和管理系统。该标准化要求运输企业管理者通过综合考虑运输过程中涉及安全的不稳定因素，完善防御体系，形成科学的安全运输负责制、高效运作模式，各项运输任务都要严格按照要求，不断完善相关的体制机制，防范运输风险，使各个运输项目都在安全状态下进行。

运输企业安全生产标准化体系建设内容包括四大基本要求：

1. 明确目标，整合企业资源

要想搞好运输企业安全标准化体系建立工作，要务必执行以下几点：第一，确定安全运输的目标以及安全运营管理理念。第二，整合企业资本，以最小的成本以及最大的效率执行安全生产工作。第三，转变传统的安全生产管理理念，且把企业安全生产上升到战略层面。

一个企业不管是想发展壮大还是想能长久生存，都必须树立安全管理目标，任何会对社会造成不良影响的运输事故都可能会影响企业的命运，故应该把运输安全标准化作为企业发展的最终目标。本质上，安全管理目标也是运输企业长久生存的最高法则。

安全运输标准化系统的完善，以强调“安全第一、预防为主、综合治理”的指向，并把“以人为本”作为安全运输标准化的主旨，将安全标准进行科学化、规范化和体系化作为研究重点，对整个运输项目过程中的不安全因素进行排查，通过因素评估消除不安全因素。把不安全因素控制和防范事故的出现作为其思路，切实表现了安全与收益、效率、企业形象相互间的结合，同时和运输企业其他方面的管理有效融合，利用编制和下发、评估与完善、区别与提升等方法，使组织战略逐步得以定位和实现。该体系把相互协调作为运输企业工作的原则，通过整合各个负责部门的功能和定位，制定针对运输企业的安全管理指向和指标。

2. 动态循环，推行全程沟通

1）动态循环

许多个体构成安全生产标准化系统，而这些个体又划分为许多种小的个体，安全生产标准化系统是根据系统原理和不断改良的要求，采用管理学中的一个常用模式 PDCA 循环进行不断变化管理，即计划、施行、检验、处理，正因为有这个不断改良循环变化管理的理念，使安全生产标准化体系富有不断的动力。

PDCA 动态循环是质量管理的基本办法，可以使我们处理问题的办法和工作程序富有条理性和系统性，使其变得更加生动和具有科学性。安全生产标准化中各个子元素即小的个体也都有其 PDCA 动态循环，环环相扣，形成一一重叠的模式。大环套小环，大环作为小环的母体，小环是大环的子体。各个小的个体都围绕着上一个大个体的要求顺着同一方向运动，通过循环模式把企业安全生产管理的各个工作合理的结合，起到相互协同，相互促进的作用。

2）全程沟通

安全生产标准化的科学性表现形式为：通过形成一个有效的沟通环境，使得沟通可以贯穿于整个安全生产标准化系统之中，形成一个循环系统，使得问题能够有序地解答。该机制传递信息及时有效，能够有效落实法律法规，信息的上传下达和管理的合理运用，在实际的运输生产过程中，大大降低了运输过程中的事故风险率。

安全生产标准化中沟通的有效利用，增强了员工的积极性，员工们能积极热情地参与管理，发表自己的看法和意见。

3）科学评价，发挥员工潜能

安全生产标准化评价体系的建立能够帮助人们及时发现问题，并能帮助人们合理解决，能够帮助人们从传统模式的管理方法中抽身出来，在传统模式的基础上改进管理办法，使危险因素得以控制，这样运输企业驾驶员的安全得以保障，驾驶员的工作情绪得以带动，使得生产活动更加有序地进行，驾驶员的潜能更好地得到开发。

4）全员参与，全面提升安全生产目标

企业安全生产标准化的构建，不是依靠哪个员工或者哪个领导就能实现，而是需要各个部门的全员参与，从普通员工到领导阶层，通过整个企业的不断学习，来树立安全标准意识，提高全体人员安全素质，使安全绩效得到改善。

只有企业上下全员同心协力，不断完善各个安全生产环节，不断优化标准制定方案，才能把安全生产标准化工作做好，从而全面提升安全生产目标。

（五）安全生产影响因素

在第五章“道路运输企业危险源辨识”的基础上，通过对道路运输安全生产相关文献资料的研究总结，总结归纳出道路运输安全生产的影响因素（图6.3）。

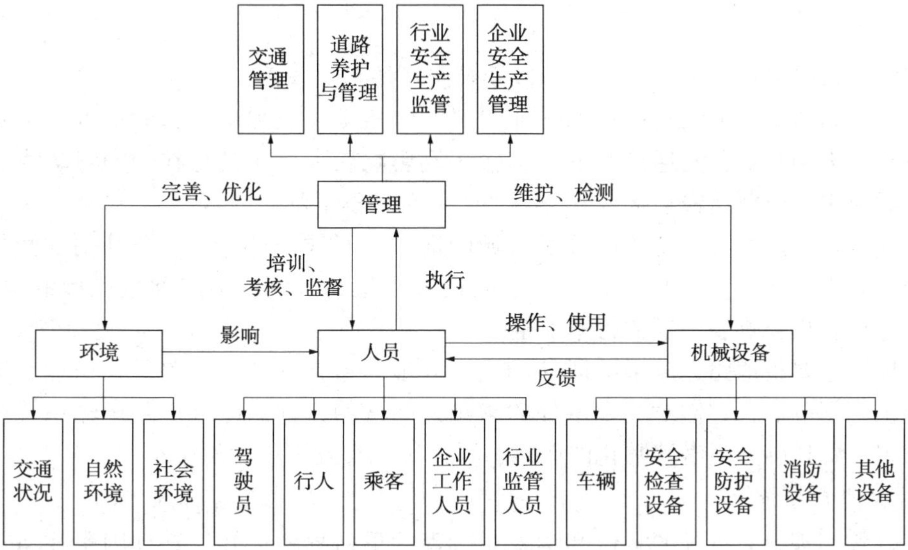

图6.3　道路运输系统要素构成图

1. 人员因素分析

在道路运输系统中人员因素是最为关键的一个部分，道路运输系统中的许多工作都离不开人员的操作，尤其是驾驶员，驾驶员的行为对突发事件的发生有着直接的影响，道路运输的许多事故是由驾驶员的过失引起的。在许多学者的研究中都指出，由人员原因造成的交通事故所在比重极高，能达到90%以上。道路运输系统中的人员除了地位十分重要的驾驶员外，还有乘客、行人、企业工作人员及行业监管人员等。人员的缺陷和不足有极大的相似之处，大致可以分为违章行为、专业性不足和生理心理原因三个方面。

违章行为主要是指各岗位人员不按照岗位要求或自身定位进行有关操作，如驾驶员的疲劳驾驶、超载超限、未按规定上下客等行为，行人不遵守交通规则，乘客不遵守安检、乘车规则，企业工作人员未按相关规定执行秩序维护、安全检查等工作，行业监管人员未按照规定落实监督检查工作。

专业性不足是指人员对其岗位知识了解不够充分，技能掌握不到位，导致突发事件应对能力不足，或容易出现操作失误。

生理心理缺陷则是人员的性格、情绪、安全感、责任感等方面；生理心理缺陷对人员的行为有着巨大的影响，是人员因素中不可忽视的部分。

2. 设施设备因素分析

设施设备包括车辆、安全检查设备、安全防护设备、消防设备、其他五类，其中车辆是道路运输客货物运输的载运工具，是五类设备中最为关键，也是最容易引发运输突发事件的，是设施设备的主体。

在基于车辆损害的突发事件中，大多数事故的直接原因是车辆的转向系统、制动系统、行驶系统、电气系统的损坏、失效导致的车辆性能的不足，而车辆关键部件的损坏会对车辆的性能产生重大影响，从而导致运输事故发生。其他 4 类设备往往起着安全保障或者安全生产检查的作用，若出现数量不足、无法正常工作、没有定期更换等问题，则会导致安全检查工作无法开展，出现火灾等情形也无法立即应对，增加了事故隐患。

3. 环境因素分析

环境因素包括交通环境、自然环境以及社会环境三个方面。

交通环境指道路运输活动所处的交通状况，包括交通流和交通管制情况，道路运输车辆绝大多数为大型车辆，交通流状况对运输车辆影响较大，尤其是在交通量较大、车流秩序差的交通流里，道路运输车辆容易与其他小型车辆发生刮擦、碰撞。

自然环境包括道路条件及道路经过区域的地质、气候条件等。道路几何线型、路面平整度、安全防护设施、交通标志标线、照明设施等道路条件，道路通过区域的地质条件、气候条件等，直接影响着车辆的行车安全。

社会环境主要指道路运输系统所处的人文环境，包括社会、道路运输行业、道路运输企业安全生产氛围等，它们对突发事件的影响是间接的，它们会对道路运输系统中的人员的安全意识、责任感产生潜移默化的影响，进而影响突发事件的发生。

4. 管理因素分析

由事故致因理论对管理的定位和学者对管理的重视程度可知，管理因素在所有因素中处于核心地位，也是宏观层面主观能动的因素，往往能不同程度地影响其他三方面因素。管理因素具体见表 6.1。

表 6.1　道路运输企业安全生产影响管理因素分析表

要素	影响因素	具体表现
管理	交通管理	交通法律法规制定、实施等法制管理 信号控制、车速检测、路况监控等交通信息管理 道路运输车辆超载超限、超速，驾驶员疲劳驾驶、未按规定地点停车上下客等违法行为的查处 交通法规政策，交通意识与交通安全的宣传教育
	道路养护与管理	保持道路状态完好的养护与管理工作
	行业安全生产管理	管理决策部门对管理执行部门的监督 行业法规制度体系 安全知识、安全意识宣传等行业安全生产文化建设 管理执行部门对道路运输企业管理
	企业安全生产管理	企业安全管理规章制度 企业驾驶员、安检人员等的日常管理与岗位培训 车辆控制、定位等信息系统建设 企业安全经费

二、道路运输企业安全生产标准化体系构建

（一）标准化体系指标确定依据

企业安全标准化是依据有关的法律文献和相关规范，综合消除生产活动中的危险因素，提出相应的对策为生产活动提供依据。而道路运输标准化因为它涵盖运输业务广，需要考虑的问题多，更加要求从全局的角度看待问题，其体系的建立必须依据国家制定的法律规范，结合实际，尽可能全的涉及生产活动中的各个方面。

道路运输企业安全标准化系统各项指标得分的基本原则有以下几个方面：

1. 科学性

运输企业安全标准化管理系统各项参数的确定必须立于科学的理论基础之上，主要包括以下几个内容：

（1）参数的选择有确定的目标，与之有关的参数要和运输项目的总体计划保持统一，并且参数的选择要能够体现出安全保障的内涵。

（2）参数的选择要把握内容的总体性，同时要保证参数回执快速准确，含义丰富，正确拟合。

（3）各个参数在系统中既要保持独立性，又要存在相互联系，不能冲突，存在数据交换。

（4）在一个系统中避免应用区分不明显的参数，各个参数要保证独立。

2. 系统性

道路运输安全标准化所涉及的方面比较广泛，其体系建设包括安全管理各个方面的具体情形。故标准化的建立必须把握系统性的原则，需做到以下几点：第一，系统内不同参数应该有先后顺序，建立明显的分层，层与层之间要保持联系和独立，并且具有单一的对应关系，同时上层参数对下层参数具有引导性；第二，运输企业安全标准化系统不同参数之间必须保证相互关联，保持一定的信息沟通；第三，掌握该系统，需要具有全局观念。最后，参数系统内容中既要有事故指标的回执，又要包含现场具体情况的参数，保证参数系统可以反馈事发前、事发中、事发后，所有情况都能体现，在总结以往经验的基础上统筹把握企业的长远发展方向。

3. 可操作性

可操作性是安全标准化能够有效实施的前提，在选取相关材料和数据时，要根据其适用范围进行选择，切忌选取生僻，不易获取，难度大，难以比较的数据。道路运输安全标准化体系建设的各个评价指标要优先选取可操作性高的，把主次顺序区分开来，循序渐进，以最大能力涵盖安全生产过程中出现或潜在的安全问题。

4. 定量分析与定性分析相结合

定量分析是通过对数据进行整合统计，通过统计表或柱状图等的数学模型进行系统的观察分析，以观察相互作用和发展趋势；定性分析是利用观察者的经验，通过对比相关资料，根据研究对象的性质特点来预测其今后发展趋势的一种方法。

在运输安全标准化构建的体系中，对于可测量，可计算的数据进行评价时采用定量分析的方法，而对于一些难以测量的数据，可结合实际情况，综合各方面因素，选择定性分析的手段。

5. 目的性

安全标准化体系的构建需要树立明确的目的。以安全为目标，结合道路安全运输中的方方面面，着力打造一个以安全为目的，各项指标都能达到安全水平的一个安全体系。

6. 时效性

时效性在安全标准化构建系统中起着重要意义，信息是否上传下达，是否与时俱进，都离不开时效性。安全标准化体系的构建必须依据社会价值观的走向，结合实际，根据具体问题具体分析，及时有效地提出相应对策，以便快速及时地解决问题。

7. 全面参与

全面参与是安全生产标准化的重要原则。生产经营活动中，不管是哪个环节，哪个流程都需要企业员工的参与，全面参与能够保障安全生产标准化体系的实施，对其能够更好地施行及改进起到积极的作用。

（二）标准化体系指标确定过程

指标体系的构建过程可分为两个阶段，即指标初选过程及指标的完善过程。

1. 指标初选过程

综合法是指对已存在的一些指标群按照一定的标准进行聚类，使之体系化的一种构造指标体系的方法。如在一些拟定的指标体系基础之上，做进一步的归类整理，使之条理化后形成一套指标体系；分析法是指将度量对象和度量目标划分成若干份，并逐步细化，直到每一部分都可以用具体指标来描述和实现。

2. 指标完善过程

初选后的指标体系未必是满意的，还必须对初选的指标体系进行完善化处理。测试每一个指标的数据能否获得，那些无法或很难获得准确资料的指标，或者即使能够取得但是费用很高的指标，都是不可采用的。同时，测试每个指标的计算方法、计算范围及计算内容的正确性，并对指标体系中指标的重要性、必要性和完善性进行分析。

重要性是指根据各评价指标的重要程度，保留重要程度，剔除对评价结果无关紧要的指标。一般利用德尔菲法对初选拟定的指标体系进行匿名评议。

必要性是指构成统计指标体系的所有指标从全局考虑都应是必不可少的，不能存在冗余现象。如果指标体系中存在高度相关的指标，会影响评价结果的客观性，必须对指标进行相关性分析。一般选用极大不相关原理来进行分析。

完备性是指评价指标是否能够全面地反映和测量道路运输企业安全生产的重要特征和发展状况。一般通过定性分析予以判断。

总之，道路运输安全生产标准化评价指标体系要体现道路运输企业安全生产评价的内涵，包含道路运输安全生产影响因素的各个方面：企业内部综合安全生产管理水平、运输相关人员管理水平、运输设备管理水平、安全运输环境管理水平等。

(三) 标准化体系构建流程

道路运输业安全生产标准化体系的构建需要考虑各方面的因素，必须依据国家的法律法规，认真学习各项法律法规及规章制度，深入运输过程现场，并针对道路运输企业所在地区的道路运输行业现状，认真组织调研，积极收集各方面的数据资料，借鉴标准化制定方面专业人士的经验方法，认真研究，制定合理的评价指标，并不断完善优化，以使体系更充分全面。

交通运输企业安全生产标准化体系建设流程一般包括策划准备及制定目标、全员培训、现状梳理与对标检查、问题整改、评价打分五个阶段。道路运输企业安全标准化指标体系构建流程图如图 6.4 所示。

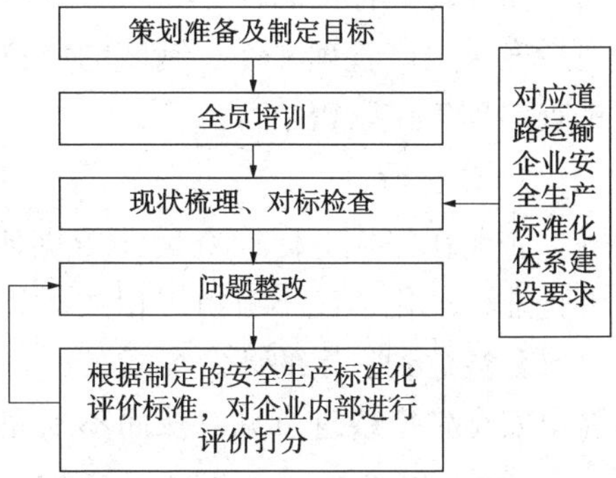

图 6.4　道路运输企业安全标准化体系构建流程图

1. 策划准备及制定目标

策划准备及制定目标。策划准备阶段首先要成立领导小组，由企业主要负责人担任领导小组组长，所有相关的职能部门的主要负责人作为成员，确保安全生产标准化建设组织保障；成立执行小组，由各部门负责人、工作人员共同组成，企业安全管理部门作为主责部门，具体负责安全生产标准化建设工作。制定安全生产标准化建设目标，并根据目标来制定推进方案，分解落实达标建设责任，确保各部门在安全生产标准化建设过程中任务分工明确，顺利完成各阶段工作目标。

2. 全员培训

安全生产标准化建设需要全员参与。教育培训首先要解决企业领导层对安全生产标准化建设工作重要性的认识，加强其对安全生产标准化工作的理解，从而使企业领导层重视该项工作，加大推动力度，监督检查执行进度；其次要解决执行部门、人员操作的问题，培训评定标准的具体条款要求是什么，本部门、本岗位、相关人员应该做哪些工作，如何将安全生产标准化建设和企业日常安全管理工作相结合。同时，要加大安全生产标准化工作的宣传力度，充分利用挂横幅、黑板报、宣传栏等多种形式，广泛宣传开展安全生产标准化达标创建活动的意义、标准、流程，营造良好的创建氛围，做到全员知悉，全员参与，解决安全生产标准化建设的思想认识和关键问题。

3. 现状梳理、对标检查

企业根据安全生产标准化体系建设的具体要求，对企业各职能部门及下属各企业安全管理情况、现场设备设施状况进行现状摸底，摸清各企业存在的问题、隐患；对于发现的问题、隐患，定责任部门、定措施、定时间、定资金，及时进行整改并验证整改效果。企业要根据自身经营规模、行业地位、现状情况及对标摸底结果等因素确定达标目标。企业对照安全管理部门所制定的标准评分要求，对排查摸底发现的问题按照制定的整改方案及时进行整改，包括安全生产管理文件、制度的修订以及现场安全隐患的整改等。隐患整改要与企业隐患排查治理工作紧密结合。

4. 问题整改

企业对照标准的评分要求，对排查摸底发现的问题按照制定的整改方案及时进行整改，包括安全生产管理文件、制度的修订以及现场安全隐患的整改等。隐患整改要与企业隐患排查治理工作紧密结合。

5. 评价打分

企业在完成对标检查后，依据研究制定的道路运输企业安全生产标准化的评价标准，由企业标准化创建小组组织相关部门人员，自上而下地开展企业内部的安全生产现状评价，评价分数达到设定的评定要求的，形成自评报告，并根据报告内发现的问题对企业进一步提出安全生产改进意见，从而不断完善企业内部安全生产标准化体系。

（四）标准化体系内部系统划分

道路运输企业安全标准化涵盖范围广，需考虑的影响因素很多，在体系构建过程中，评价指标体系的选择不仅要考虑到前文中提到的企业安全生产管理、人员、基础设施设备及工作环境等因素的影响，还要考虑到我国相关法律法规的规定与要求，以及当地的区域特色，如气候特色，运输业务特色等。道路运输安全事故的出现并非单一的必然或偶然问题，它是管理、人员、物质、环境等多种原因相互影响的结果。

接下来，在分析道路运输企业安全运输情况的基础上，结合运输企业安全影响因素以及运输标准化的相关依据，确定出体系内部综合安全运输管理体系、生产企业人员管理体系、生产设备管理办法以及安全运输环境管理体系四大类系统划分，并针对每一大类进一步地细化。

1. 内部综合安全生产管理体系

1）安全目标

设定安全目标主要包括以下几个方面的内容：明确运输企业将客货进行安全运输的执行方案、原则和高于管理层下发的安全运输要求；明确完成安全生产方案与原则的方法；拟定和落实运输企业安全运输的中长期计划和跨年度运输方案；利用中长期计划，明确每年规划和年度运输方案，同时做到保质保量落实；将安全运输目标量化，明确阶段性的安全运输控制目标；明确安全运输指标考察与激励惩罚措施；规定时间内对每年安全运输指标落实结果进行评价，同时落实相应激励惩罚措施。

2）安全责任体系

运输企业一把手、企业管理层、全体工作人员安全责任清晰，明确并执行安全运输责任制，运输企业各个层面都要签订安全生产责任书，并切实执行。运输企业一把手是安全运输的首要责任人，根据安全运输规范规定的任务，对安全运输承担起相应的控制责任，并切实落实安全运输的义务。

3）法规和安全管理制度

《企业法人营业执照》《安全生产许可证》《资质证书》等具有法律效力的文件，运输过程应满足相应法律法规的要求。

4）安全投入

根据相关要求如数抽取运输安全保障资金，安全资金要按照要求使用，确保运输安全保障资本的使用取得效果。

5）科技创新与信息化

制定并落实卫星定位装置安装使用规定；为所属车辆安装符合行业标准的道路运输车辆卫星定位系统车载终端，并对车辆进行动态监控，及时提醒、预警。配设其他的安全监管信息系统；建立动态监控工作台账，组织开展安全生产科技攻关或课题研究。

6）危险源辨识与风险控制

组织道路运输企业危险货源或运输企业现场危险源的辨识和排查工作；辨识重大危险源，制定切实可行的排除方法，根据要求向上级部门报备。按要求对运输车辆和运输企业场地排查危险及有害因素。

7）隐患排查与治理

明确隐患排查运输计划，确定排查的目标、项目，择优选取排查措施；每月最少组织一次安全生产自查，提前找到安全运输管理不足，排除不安全生产因素。检查及处理情况应当记录在案。

2. 运输相关人员管理体系

运输相关人员管理体系建设由五个部分组成，分别为：组织管理机构和人员、制定队伍建设制度、形成作业管理机制、事故报告调查处理、完善绩效评价与持续改进五项内容。

3. 运输设备管理体系

具有能够完成运输任务的运输车辆设备，同时满足有关规范参数的要求；按相关要求足额配备安全防护、环境保护、消防、救生器械；根据有关规范要求对器械按时校验，检查证书合法有效；根据相关规范安装运输设备安全警告牌。

4. 安全运输环境管理体系

1）职业健康

组建职业健康管理机构，并安排专(兼)职管理人员；根据相关要求对职工进行全员体检；危险系数较高行业要求办理工伤保险；对运输作业工人进行职业健康教育。让运输作业工人认识到现场存在的安全隐患和对人身安全的危害、规范驾驶和应急救援方法，减少伤害；为运输作业工人提供满足相关规定的驾驶场地，安排与职业健康保护相协调的设备。

2）安全文化

建设安全文化廊、安全角、黑板报、宣传栏等运输作业人员文化阵地，每月最少更新两次；公开安全运输举报联系方式。对接到的安全运输举报和投诉意见进行及时解决；开展安全承诺活动；编制安全知识手册，并发放到全体职工手中；组织开展安全生产月活动、安全生产竞赛活动，比如对安全生产方案的讨论或是总结的活动。

3）应急救援

编制完善的突发事件应急预案，并编写详细的应急处理方法；组织建设应急救援队伍，并进行人员日常训练；同时根据相关要求采购完整的道路运输应急材料。

整体的标准化体系内部系统划分图如图 6. 5 所示。

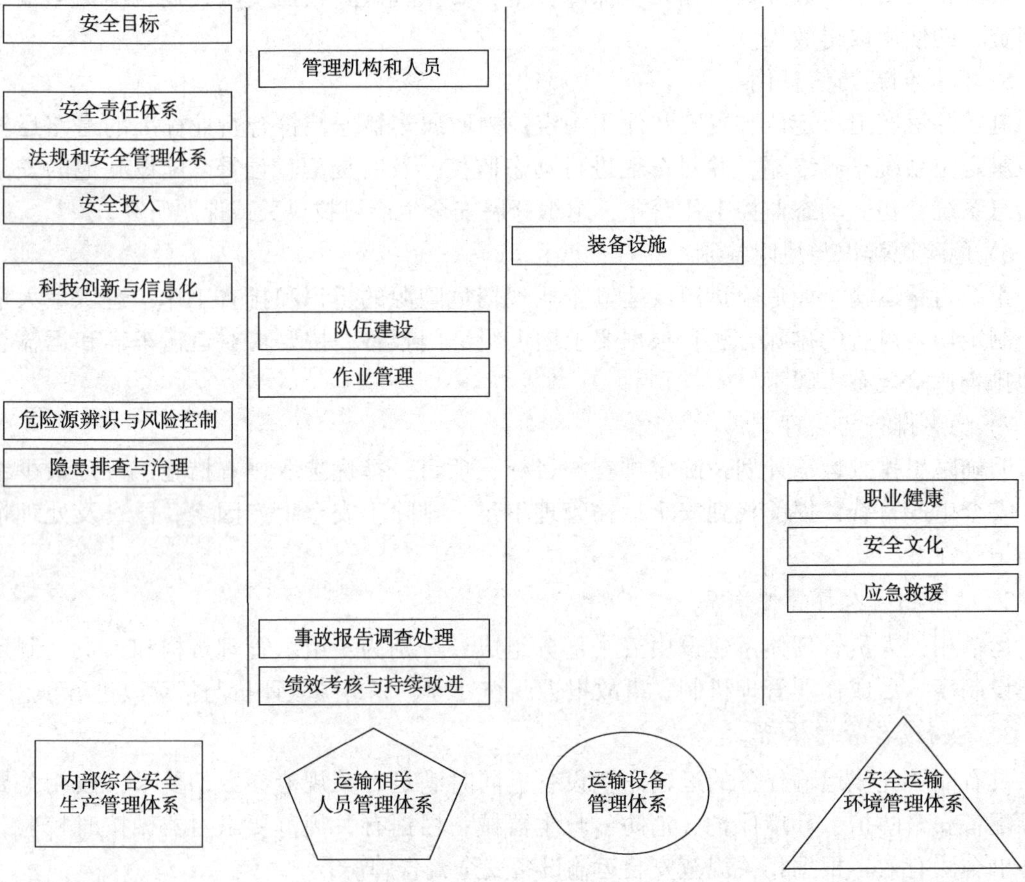

图 6. 5　标准化体系内部系统划分图

三、道路运输企业安全生产标准化评价标准

(一) 安全生产标准化评价注意事项

道路运输企业安全生产标准化评价注意事项如下：

(1) 需要制定道路运输企业安全标准化评价制度对道路运输企业进行定期考核，根据企业执行安全生产条例的具体情况进行打分、评比、定级，监督道路运输企业在实际项目中对安全标准化的执行情况。

(2) 细化各项道路运输企业安全标准化评价标准，将各项指标具体扣分内容进行量化，用总分减去各项扣分之和得到道路运输企业最终总得分。

(3) 明确企业安全标准化评价对象，对于为构建安全标准化管理体系或者在一年内发生过重大安全生产事故的道路运输企业，并不在本书提到的道路运输企业安全生产标准化评价对象内。

(4) 根据评分结果对道路运输企业进行评级，并对道路运输企业的缺陷和不足提出整改意见和建议。

(二) 安全生产标准化评价方法的选择

1. 现场评估法

现场评估法属于定性与定量相结合的评价方法，是企业安全标准化评价体系方法中最高效的手段。评审机构借助于与运输单位负责人的谈话、对运输项目资料的检查及运输场地实地考察等方法进行评估。

与运输单位负责人谈话是为了了解运输单位领导层对运输项目进度的掌控情况，考察运输进度与项目计划进度相符程度，各部门是否分工明确等。运输单位负责人通常是单位的一把手、项目经理、副经理和运输车辆驾驶员以及运输设备操作员。

对项目资料的检查一般是检查运输项目采用的标准及规范、项目进度书、安全运输指导文件、执行流程、事故记录表和日常运输安检记录表等，核对项目资料完整程度，有无遗漏或者潜在危险，如果检查需要，运输单位需要提供资料的复印件。

企业单位场地实地考察是为了调查运输单位采取的安全措施是否完备、作业人员有无经过专业的安全驾驶培训、安全应急处理办法是否合理，以及是否按照项目计划安全执行等。

2. 问卷调查法

问卷调查法使用的对象一般是有时间规定的评审机构。因为评审时间有规定，同时评审要求收集足够的相关资料，评审机构一般会向运输单位下发安全运输保障系统的调查表。要求运输单位的一把手和项目经理、副经理等填写表格，并在规定的时间内完成。

3. 领导谈话法

运输单位的管理层一般是运输单位前进的掌舵人，安全生产保障体系业绩的建立依赖于管理层对其在意程度和实施状况。因此，评估机构事先要制定一个管理层谈话名单，根据运输项目的具体情况，逐一进行当面交流，从而了解项目的具体情况。

4. 价值工程评价法

价值工程评价法是在 1947 年美国工程师 LD. MileS 首先提出的，之后其被推广到全国各行各业中。进入 20 世纪 60 年代以后，该方法迅速在欧亚大陆推广，并取得了很好的效果，在当时就被推崇为一种优良的管理手段，我国也逐渐采用这一方法。但是该方法并不是完美的，其具有某些局限性，价值工程评价中的“价值”一词指的是生成成果效益与投入资本的比例，也就导致了这种评价方法无法综合分析各种因素的作用的缺陷。

5. 层次分析法(AHP)

层次分析法(Analytic Hierarchy Process，简称 AHP)，最早是在 70 年代初由美国运筹学家创立的。该方法的特点是简单、实用，层次分析法主要被应用在影响因素众多、脉络不清且无法进行定量分析的情况下。而在现实情况下，生活中比较常见的是关系错综复杂的因素，由这些因素构成的系统往往缺乏定量表示，而利用层次分析法可以有效处理各种类似的问题。所以，层次分析法(AHP)在众多行业广泛推广。但是，层次分析法也存在其弊端，就是其只能在制定好的策略中选择最优的，而不能制定新的策略。

6. 模糊评价法

模糊评价法，是一种利用模糊数学和模糊统计学原理对系统展开分析的方法。该方法将系统中的所有因素进行通盘考虑，可以合理评估系统的优缺点。模糊数学最早出现在60年代，该理论是由美国科学家扎德教授提出的，模糊数学最初是为普遍存在于实际生活中的模糊经济现象而创立的，这是一种用来评估经济现象的模型，在实际的运用过程中经过了不断地改进。该方法适用于存在多个影响因子的目标，其特点是利用原理中的模糊性，综合考虑各种影响因素，有效评估系统体系的优劣。但是方法也有其劣势，一是计算复杂，对指标权重矢量的确定主观性较强。二是当指标集较大时会出现超模糊现象，分辨率很差，无法区分哪个指标的隶属度更高，甚至会造成评判失败。

综上所述，评价方法多种多样，选择何种评价方法进行评价，一般要综合考虑现实问题的特点。每种评价方法都有其适用性，层次分析法可以定性地评价体系，但是无法对体系的优劣进行量化；模糊评价法存在操作难度大、数据收集与处理复杂等缺点；而问卷调查法虽然原理简单，但是要求投入较高的成本；领导谈话法是静态的，容易与实际脱离；而价值工程评价法则会受到诸多因素的影响。现场评估法既可以定性地评价系统，又可以对体系的优劣进行量化打分，属于定性与定量相结合的评价方法，操作较为简单高效，投入成本较低，同时能够与实际紧密联系，具有较大意义的实际价值。

第二节　加强道路运输安全生产监管

一、道路运输安全生产监管措施

（一）完善道路运输安全生产法律法规

在我国，关于道路运输行业安全生产管理的现行法律法规主要有两部，一部为《中华人民共和国道路运输管理条例》，另一部为《中华人民共和国安全生产法》，以上法律文件的结合使用从立法方面为执法人员的执法提供了依据。上述法律法规虽然从处理措施、职责范围、处罚方式等方面做了全面规定，但长期的实施中依旧有一些不足，容易给不法分子提供违法契机，需要在执行过程中加以规范。

1. 细化法规

在我国，道路运输管理工作以《中华人民共和国道路运输管理条例》为基础，各地区可结合自身的实际进行监管标准的制定。通过研究发现，该条例存在着一定的模糊性，其中的模糊之处需详细叙述，从而使其清晰度得到提升，加强执法过程规范性和法条标准性。

在该条例的第二十一条当中针对企业设立所需的安全生产制度做出了如下描述：①有与其经营业务相适应并经检测合格的车辆；②有符合本条例第二十二条规定条件的驾驶人员；③有健全的安全生产管理制度。此处表述为“健全的”，难以在全国范围内实现统一操作。

2. 提高违法成本

从《中华人民共和国道路运输管理条例》中能够得知，道路运输企业的违法成本是偏低的，而该行业属于高收益行业，需采取更严厉的措施来进行管理，通过违法成本的提升，来督促道路运输企业做好安全生产工作。

《中华人民共和国道路运输管理条例》原第六十三条规定：道路运输经营者，若是缺乏道路运输经营许可，将会被责令停止经营；若有违法所得，将对这部分所得予以没收，并按照违法所得的2倍至10倍进行罚款；若无违法所得，或违法所得不足2万元，则罚款3万~10万元；构成犯罪的，将依法追究刑事责任。这种处罚措施不仅不具有统一标准，且弹性较大，易造成执法结果的不统一。

2023年8月，国务院令第764号《国务院关于修改和废止部分行政法规的决定》修订将《中华人民共和国道路运输条例》第六十三条修改为：

"违反本条例的规定，有下列情形之一的，由县级以上地方人民政府交通运输主管部门责令停止经营，并处罚款；构成犯罪的，依法追究刑事责任：

① 未取得道路运输经营许可，擅自从事道路普通货物运输经营，违法所得超过1万元的，没收违法所得，处违法所得1倍以上5倍以下的罚款；没有违法所得或者违法所得不足1万元的，处3000元以上1万元以下的罚款，情节严重的，处1万元以上5万元以下的罚款；

② 未取得道路运输经营许可，擅自从事道路客运经营，违法所得超过2万元的，没收违法所得，处违法所得2倍以上10倍以下的罚款；没有违法所得或者违法所得不足2万元的，处1万元以上10万元以下的罚款；

③ 未取得道路运输经营许可，擅自从事道路危险货物运输经营，违法所得超过2万元的，没收违法所得，处违法所得2倍以上10倍以下的罚款；没有违法所得或者违法所得不足2万元的，处3万元以上10万元以下的罚款。"

新修订虽然细化了处罚标准和处罚措施，但是道路运输企业的违法成本并没有提升。

（二）完善道路运输安全生产监管机制

由于目前道路运输管理条例中规定各省、地区根据本地区实际情况制定具体适用条例作为当地交通运输安全监管的标准，各地区在执法过程中可能存在由于执法人员可自行掌握执法尺度的标准，容易造成执法标准不统一的情况，需要对法律法规进行细化并加强安全执法，通过对法律法规及条例的细化，制定专项执法方案，集中执法力量，推进与公安交警执法联动，严厉查处各类交通运输市场违规违法行为，持续保持对"两客一危"（是指从事旅游的包车、三类以上班线客车和运输危险化学品、烟花爆竹、民用爆炸物品的道路专用车辆）道路运输市场和货物运输超限超载执法高压态势，采取罚、清、退、关、停、并等有力措施，依法强化市场企业、车船及从业人员退出机制，组织研究行业贯彻落实《中华人民共和国安全生产法》实施细则，淘汰、限制800km以上长途班线旅客运输，逐步收缩长途班线市场。

此外，还需加强建章立制和监督指导，强化对行业新业态规范管理，引导新业态健康稳定发展。主动收集问题线索，对12328服务监督电话投诉举报、群众来信来访、主流媒体、自媒体和网民观点，建立并动态更新本地区交通执法领域问题线索库，对问题线索分析研判，深挖根源，找准症结，针对查摆问题线索，及时制定具体整改工作方案，明确整改措施、整改时限、责任分工。

邀请安全专家参与活动，如督查检查、隐患排查、事故检查等，其中的重点企业，需专家每年展开安全生产督查检查。加强企业安全生产管理人员以及主要负责人的安全教育培训，针对安全职责履职情况、资质情况、安全经费提取与使用情况展开专项督查检查。

适时组织开展全省范围专项整治，聚焦重点区域、重点领域和重点群体，对群众反映强烈、易引发负面舆情的问题进行挂牌督办，对问题较多的地区和单位进行重点查访。对查纠整改不见效的地方和单位进行靶向督导，及时开展回头看，确保整改到位。

（三）提升道路运输安全生产信息化水平

加快建立交通运输安全生产综合管理信息平台，运用信息化智能化手段，实现安全生产实时动态监管。结合风险管理理论，耗费最小的成本给予安全方面最充分的保障，大型营运车辆需尽量完成驾驶行为视频监控系统的安装，以便能够及时纠正驾驶员的一些不安全行为，如行车间距太短、疲劳驾驶等，从而达到有效预防生产安全事故的目的。与此同时，还需积极探索企业安全生产诚信体系，落实安全责任保险推行试点工作。

建设交通运输行业安全文化宣教平台，运用互联网、微信公众号等新媒介传播安全知识。针对企业安全管理人员与主要负责人试行全面的培训考核，确保上岗人员均具备相应的资格证书，在整个行业内营造一种安全文化氛围，打造安全文化品牌，提高企业的安全文化软实力，创建一批行业安全文化示范企业，组织安全文化作品创作活动，建设企业安全文化长廊，营造企业关心安全的文化氛围。

（四）强化道路运输企业安全生产自主性

在安全生产工作中，安全生产意识是最重要的，只有让安全生产意识融入企业法人、管理者的脑海中，让从业者对安全生产工作的重要性能够有切实的认识，在安全生产管理方面，企业才会积极行动起来，主动作为，达到有效预防安全生产事故的目的。同时，也有助行政机关开展管理工作，让监管具有更高质量。要对企业的安全生产意识加以培养，让安全生产工作能够有更好的成效，需要运用教育培训的手段。对企业的管理者，教育的主体应该是政府部门，政府部门可采取的方式是多样的。

（1）召开培训大会。以定期或是不定期的方式，对企业管理者进行培训，邀请相关专业人士进行宣讲培训，在法律、政策方面，向企业管理者灌输最新的知识。同时，打造沟通的平台，让企业管理者能够更多地与专业人士互动，从而对道路运输经营加深认识。

（2）加强普法宣传。在财政资金宽裕的情况下，监管部门可通过发放宣传手册、制作宣传横幅的方式，对相关法律进行更大力度的宣传。同时，在企业内部，定期指派专人进行普法宣传，让企业员工不断强化法律意识。

（3）诫勉谈话。针对其中成绩出色者，监管部门可适当地给予一定表扬，鼓励此类企业继续努力。针对其中的问题企业，则要对企业负责人进行约谈，掌握企业的具体情况，给予督促或建议。

（4）组织检查教育。监管部门需借助突击检查、常规检查等方式全面排查企业有可能存在的安全隐患，根据排查情况做出相应的处理，并督促整改。

（五）提高道路运输安全生产管理人员素质

在人员准入方面，要严格把关。对道路运输监管部门的工作人员，均需遵循"逢进必考"的原则，以公开招考的程序进行招聘，杜绝"萝卜招聘"，从源头上发力，让政府监管部门的工作人员能够具有更强的沟通能力、更高的学历水平，在队伍建设上为行业监管打下有力基础。

建立人员培训制度。对人员学习培训制度加以优化、完善，能够做到有效的应急管理，建立道路运输安全生产监管高素质水平的人才队伍。首先，在思想政治方面要加大建设力度，确保在思想、行动方面，队伍能够与党中央高度一致；其次，在业务方面要强化培训，让队伍在安全生产监管方面具有更高的业务素养，并与行业管理特征相结合，培养出更多全能手与多面手；第三，加强法律培训，以法律法规为坚持，实施有力的行业监管；第四，加强廉政建设，在思想层面上，筑牢防腐拒变的意识，抵制各类诱惑；最后，加强体能训练，在道路运输监管中，需要面对各类复杂环境，因而良好的身体素质是管理人员需要具备的，如此才能够满足监管需要。

二、危险货物道路运输安全监管

相比较一般的道路运输，危险品运输发生事故的可能性更大，发生事故也会造成更大的危害，因此，要特别重视加强对危险货物道路运输的安全监管，这对民众生命财产安全的保障有着重要意义。

（一）我国危险货物道路运输安全监管基本情况

1. 安全监管主体

我国在《危险货物道路运输安全管理办法》中明确“危险货物道路运输由各级交通运输部门主管，工信部门、公安部门、生态环境部门、应急管理部门、市场监督管理部门按各自职责，对危险货物道路运输活动进行监管”。

1）交通运输部门

各级交通运输部门承担了大部分交通运输行业的行政职能，包括但不限于行业法律法规政策的起草、制定，公路水路固定资产的建设、维护，交通运输安全监管等工作。按照职能划分，交通运输部门又下设直属单位，分管道路运输、公路建养、质量监督等工作。其中道路运输管理部门承担了大部分危险货物道路运输安全监管工作，对危险货物道路运输经营许可，道路运输行业经营活动，运输车辆及从业人员进行全方位的监管。

2）其他监管部门

危险货物的运输过程涉及多个领域，除交通运输部门之外，其他相关单位同样承担一定程度的安全监管职能：市场监督管理部门要对运输企业的经营许可进行管理，按照规定设置企业经营范围；公安交管部门要对危险货物运输车辆的牌照许可进行管理，对车辆的通行秩序进行监管；应急管理部门要对运输企业的安全管理制度、安全生产操作进行日常监管；生态环境部门要根据危险货物的性质，督促企业规范货物处置流程，避免对环境造成危害；工信部门要对危险货物运输中的信息化辅助手段进行监管，如对运输车辆速度、承重的监测。

2. 安全监管客体

1）运输企业

危险货物道路运输企业是开展道路运输业务的主体，也是直接实施安全管理的主体。行政管理部门大多数日常的安全监管工作都是作用于道路运输企业，通过法律法规、安全检查、教育惩处等方式督促企业落实安全主体责任，采取有效管理措施，从而防范安全事故的发生。

一般来说，对运输企业的监管包括两方面内容：一是企业经营资质。危险货物道路运输企业，需要具备一定的资质方能进入运输市场。先由市场监督管理部门，对企业经营范围、注册申请进行核查，通过后才是具备合法的经营主体；再由交通运输管理部门，对企业的运输车辆、停车场地、从业人员、安全生产管理制度等必备条件进行审查，审查通过后才具备合法的道路运输资质。二是企业安全制度。企业的安全制度包括多个方面，如安全生产责任制度、安全生产监督检查制度、安全生产教育培训制度、应急救援预案制度、动态监控管理制度等。

2）从业人员

对危险货物运输从业人员的监管包括三项内容：一是从业人员和安全管理人员数量、质量均需符合要求，驾驶员和押运员需具备车辆驾驶证及从业资格证，安全管理人员则需通过交通运输部门组织的两类关键人员安全考核；二是日常需对从业人员的教育培训情况、应急演练情况进行检查，确保落实；三是在运输作业过程中，需对驾驶员的行驶状态以及经营车辆的安全状况进行动态监管。

3. 安全监管方式

1）制定相关法律法规、技术标准、政策文件等规范性文件

行政管理部门通过制定规范性文件对危险货物道路运输的各个环节进行制度化、标准化的监管。

一是制定法律法规、部门规章等法律文件，利用法律形式对参与主体各自职责、义务进行明确，并进行强制性监管见表 6.2。

表 6.2　危险货物道路运输相关法律文件

等级	名称	发布部门
法律	《中华人民共和国安全生产法》	全国人大常委会
	《中华人民共和国行政许可法》	全国人大常委会
	《中华人民共和国行政处罚法》	全国人大常委会
	《中华人民共和国行政诉讼法》	全国人大常委会
	《中华人民共和国环境保护法》	全国人大常委会
	《中华人民共和国道路交通安全法》	全国人大常委会
法规	《中华人民共和国道路运输条例》	国务院
	《生产安全事故应急条例》	国务院
	《危险化学品安全管理条例》	国务院
	《放射性物品道路运输安全管理条例》	国务院
部门规章	《危险货物道路运输管理规定》	交通运输部
	《道路运输从业人员管理规定》	交通运输部
	《危险货物道路运输安全管理办法》	交通运输部
	《道路货物运输及站场管理规定》	交通运输部
	《道路运输车辆技术管理规定》	交通运输部
	《易制爆危险化学品治安管理办法》	公安部
	《安全生产责任保险实施办法》	国家安全监管总局
	《危险化学品经营许可证管理办法》	国家安全市场监督管理总局
	《机动车维修管理规定》	交通运输部

二是通过制定国家标准、行业标准对车辆、罐体的设施设备的质量进行量化要求见表 6.3。

表 6.3　危险货物道路运输相关标准

名　　称	标准编号
《危险货物分类和品名编号》	(GB 6944—2012)
《危险货物包装标志》	(GB 190—2009)
《危险货物运输包装通用技术条件》	(GB 12463—2009)
《机动车运行安全技术条件》	(GB 7258—2017)
《放射性物品安全运输规程》	(GB 11806—2019)
《机动车安全技术检验项目和方法》	(GB 38900—2020)
《汽车、挂车及汽车列车外廓尺寸、轴荷及质量限值》	(GB 1589—2016)
《道路运输液体危险货物罐式车辆　第 1 部分：金属常压罐体技术要求》	(GB 18564.1—2019)
《道路运输液体危险货物罐式车辆　第 2 部分：非金属常压罐体技术要求》	(GB 18564.2—2008)
《道路运输危险货物车辆标志》	(GB 13392—2005)
《危险货物道路运输规则》	(JT/T 617—2018)
《道路运输车辆卫星定位系统车载终端技术要求》	(JT/T 794—2019)
《道路运输车辆卫星定位系统　平台技术要求》	(GB/T 35658—2017)

三是根据危险货物道路运输的实际情况，灵活制定相关政策文件，指导某时间节点的安全监管工作重点见表 6.4。

表 6.4　危险货物道路运输政策文件(国家层面)

名　　称	发布部门
《危险化学品安全综合治理方案》	国务院办公厅
《关于加强危险货物道路运输安全监管系统建设工作的通知》	交通运输部
《关于印发危险货物道路运输安全监管系统省级工程建设指南的通知》	交通运输部
《关于全面加强危险化学品安全生产工作的意见》	国务院办公厅
《关于加强危险货物道路运输运单管理工作的通知》	交通运输部
《关于全面加强危险化学品运输安全生产工作的意见》	交通运输部
《关于开展危险化学品道路运输安全集中整治工作的通知》	交通运输部
《危险化学品道路运输挂靠运营整治工作重点》	交通运输部
《关于印发常压液体危险货物罐车治理工作方案的通知》	交通运输部、工业和信息化部、公安部、市场监督管理总局
《关于印发〈道路运输驾驶员应急驾驶操作指南(试行)〉的通知】	交通运输部办公厅

2）通过内部监管确保法规政策落实

（1）开展安全生产检查

危险货物道路运输是一项动态的活动，企业所具备的资质条件同样不是固定不变的。在严格进行许可审批的同时，对已获得道路运输经营许可的企业进行安全生产检查，也是实施安全监管的重要手段。安全检查的目的在于确保职责落实、减少安全隐患、防范事故发生。

一方面，本级行政管理部门对运输企业及其从业人员进行安全检查。危险货物道路运输企业同样是按照属地管理原则，由企业所在地县级以上道路运输管理部门进行监管。本级管理部门一般从以下三个方式进行安全检查：一是通过实地检查对企业许可审批时上报的材料进行再确认，确保企业场地、车辆、从业人员具备的相应资质条件；二是对企业安全生产制度的落实情况进行检查，排查企业存在的制度漏洞、安全隐患，从而防范安全生产事故的发生；三是通过路检路查，对道路上正在经营的危险货物运输车辆进行检查，防止无证经营、挂靠经营等违法违规行为的产生。通过以上三个方式，本级行政管理部门不仅可以对辖区内危险道路货物运输企业的安全生产情况进行检查，也能够对在本地经营的外籍车辆进行安全检查，对无证经营的非法营运车辆进行处罚。

另一方面，上级行政管理部门可对下级行政管理部门及其所辖企业进行安全抽查。在安全监管层面，我国也依照行政管理部门等级的划分采取了上级监督考核的层级管理模式。在安全生产检查中，上级管理部门除了需要对道路运输企业进行经营资质、安全制度等常态化工作进行检查外，还需要对下级行政管理部门的安全监管职责落实情况进行考核。

（2）进行信息化技术监管

在危险货物道路运输程序中，道路运输过程是最为重要的一环。除企业安全制度、车辆人员资质等必备条件外，道路状况、天气条件、驾驶员状态变化等诸多偶然因素同样制约着行驶的安全状况。基于此，我国行政管理部门利用信息化技术，对道路运输动态运输过程加以监管。

一方面，由交通、公安等部门利用动态监控对运输活动进行监管。2013 年，交通运输部制定颁布《道路运输车辆动态监督管理办法》，明确危险货物道路运输车辆必须装备卫星定位系统，接入统一信息平台，由道路运输管理机构、公安交管部门、安全监管部门实施联合监管。《道路运输车辆动态监督管理办法》中对动态监控的设备安装、使用管理、监督检查等方面进行了明确规定，各地按照工作实际，制定地方性监管政策，统一实施安全监管。一般来说动态监控管理包括以下内容：一是要求企业落实主体责任，安排专人对本企业危险货物运输车辆进行实时监管，及时纠正运输过程中的违规行为，消除安全隐患；二是由各级道路运输部门为主体，委托第三方信息技术公司对辖区内危险货物运输车辆运行数据进行监测统计，定期对车辆入网情况、载重情况、行驶速度及驾驶员状况进行统计通报；三是各部门针对运输车辆在监测统计和不定时抽查中可能存在的违法违规行为，根据危害程度和行为频次对当事驾驶员及所在企业实施相应的处罚，从而减少违规行为的发生。

另一方面，由交通主管部门对危险货物道路运输过程进行电子运单监管。2020 年，交通运输部开始推行危险货物道路运输电子运单，实施电子运单管理。一方面通过电子运单对全国各地危险货物道路运输所涉及的企业、车辆、从业人员、收发人员以及危险货物的基本信息进行统计；另一方面依托信息交互技术，将危险货物运输单据电子化，通过电子运单系统不仅能对正常运输过程予以把握，也能及时收到异常运单的反馈并进行调查处理，从而提升行政管理部门的安全监管能力。

（3）进行从业人员培训演练

相比于安全生产检查及信息化技术两种硬性监管手段，对人员的教育培训稍显柔性，但仍是十分重要的监管方式。

一是对危险货物道路运输从业人员进行安全知识教育培训。行政管理部门通过自上而下、从单位到企业的教育培训，帮助提升管理人员监管能力及从业人员的基本安全常识。一方面，关于危险货物道路运输监管的法律、法规、政策、标准始终处在变化调整中，通过对行政管理部门工作人员、企业从业人员的教育宣传，从而帮助管理人员及时掌握政策要求，如全国各地各生产企业对2021年新修订《中华人民共和国安全生产法》的学习。另一方面，驾驶员资格培训、从业人员继续教育、企业从业人员培训制度等教育培训手段是我国从事危险货物运输经营的必备前提，从而保证本行业的从业人员素质符合基本安全要求。

二是开展并组织企业开展安全事故应急演练。一方面，行政管理部门会根据行业特点组织本部门或联合多个部门开展安全事故应急演练活动；另一方面，行政管理部门也将企业安全应急演练的情况纳入考核内容，组织企业开展应急演练。通过这种方式实际模拟道路运输事故发生时可能会出现的情况，并对事故相关人员进行培训，从而提升从业人员面对道路运输事故时的心理素质及处置能力。

（4）通过外部监督推进监管主体责任落实

直接对危险货物道路运输实施安全监管的六个行政管理部门直接履行监管主体责任，但其责任落实的具体情况及效果仍应由外部其他部门进行监督，目前我国现有的外部监督方式主要包括媒体监督、群众监督两种方式。

一方面，媒体部门仍然担任着外部监督的重要角色，能够通过对危险货物道路运输问题的聚焦以及相关安全事故的追踪跟进，对道路运输安全监管情况起到监督作用，从而促使行政管理部门监管主体责任进一步落实。另一方面，网络的普及以及我国监督机制的完善，使得人民群众能够直接参与到危险货物道路运输安全监管过程中，如在日常道路运输活动中发现疑似违规运输车辆可直接通过投诉建议渠道及时反映到行政管理部门，同时也能对行政管理部门的安全监管工作进行监督。

总而言之，我国的危险货物道路运输安全监管主要通过制定法律法规、标准文件、行业政策等规范性文件确定监管标准，通过行政管理部门的内部监管及群众媒体的外部监督确保各项规范性文件得以落实，从而保证危险货物道路运输的安全监管。

第三节　建立道路危险货物运输管理信息系统

一、必要性分析

1. 行业管理部门的需要

主要表现在需要实现运输安全管理、加强行业管理及规范经营者行为、行业发展及提高行业竞争力、交通运输智能化建设、提升事故响应速度及效能等目标。

2. 社会公众及托运人的需要

主要表现为道路交通参与者对危险货物运输提高安全系数，避免发生事故受到波及的需要，托运人及时跟踪托运货物状况的需要。

3. 道路危险货物运输企业的需要

主要表现为加强运输全过程的安全生产监管以提高运行效率、确保运输安全、降低运营成本，提升应对突发事件处理及响应效能，提高企业管理水平及服务质量。

4. 货物运输量统计的需要

主要表现为能够实时获取道路危险货物运输过程中货物运输量的统计结果，便于及时掌握各地区各道路上危险货物运输的分布状况，事故发生后，可以及时有效地评估灾难程度，做好救援措施。

5. 业务需要

危险品运输系统将运输任务报送到运输管理局的GPS(Global Positioning System，全球定位系统)监控调度中心，使中心能准确掌握市内执行运输任务的危运车的人员状况、装载情况与动向，使检查人员能通过系统调阅运载信息，提高稽查效率。

二、技术基础

(一) 通信方式

1. 通信方式简介

GSM(Global System for Mobile Communications，全球移动通信系统)作为国际标准化的数字蜂窝电话系统，不仅提供了高质量和高保密性的话音业务，而且还提供了短信息业务(Short Message Service，简称SMS)，以下简称“GSM/SMS”。

SMS是一种类似于传呼机的业务功能，但与传呼业务相比，它有了很大的改进。GSM短信息服务GPS(简称“双G系统”)是一套采用GSM短信息业务传输车船反劫、防盗联网报警信息及GPS定位监控信息的先进系统。

GSM/SMS包括点对点短信息业务[SMS-PP(Point to Point)]和小区广播短信息业务[SMS-CB(Cell-Broadcast)]，其中SMS-PP在技术上已成熟并已投入国内使用；而SMS-CB在世界上尚处于实验室阶段，还没有商用化的例子。

短消息业务是GSM系统中唯一不需要端到端通信的业务，它通过GSM系统的信令信道[SDCCH(Stand-Alone Dedicated Control Channel，独立专用控制信道)-用户正常时或SACCH(Slow Assoicated Control Channel，慢速辅助控制信道)-用户忙时]来传送短消息。由于具备这个特点，即使移动台已经处于通话状态，还能同时发送或接收消息。GSM系统把每条消息都作为一个单独的事件对待，即短消息的发送和接收是独立的，两者之间不一定存在因果关系，消息的传送都通过短消息中心中转。

从GSM网的角度来看，短消息的发送和接收总是在移动台和短信息中心之间进行，而从用户的角度来看，不管是发出或接收短消息，其目的地总是某个用户。短消息通信一次最多只能传递一条消息。对于点对点短消息，每条消息最长为160个ASCII码(American-StandardCode-for-Information-Interchange，美国标准信息交换码)，或最长70个汉字编码。对于小区广播短消息，每条消息最长为92个ASCII码或最长40个汉字编码。

GPRS(General Packet Radio Service)是GSM Phase2+阶段引入的一种基于分组的数据业务，它能够实现从空中接口到外部网络之间的分组数据传输，GPRS可以接入基于TCP/IP(Transmission Control Protocol/Internet Protocol，传输控制协议/网际协议)的外部网络和X.25网络。

GPRS 是基于 Global System for Mobile(GSM)，并且能完成现有的一些服务，例如：蜂窝电话电路交换(Circuit-Switched)连接和短消息服务(SMS)。GPRS 向用户提供比 GSM 数据业务更为丰富的数据业务(还包括补充业务和短消息业务)。

GPRS 在 GSM 原有网络的基础上叠加了一层网络组成 GSM/GPRS 网络，GPRS 在 GSM 网络的基础上增加了 SGSN(Service GPRS Supporting Node，服务通用分组无线业务支持节点)、GGSN(Gateway GPRS Supporting Node，网关通用支持节点)、PCU(Packet Control Unit，面板控制单元)、计费网关(可选)、边缘网关(可选)等实体，同时通过 GPRS 骨干网实现各实体之间的连接。

目前各地 GPRS 设备已经完成建设，可以提供数据服务。CDMA(Code Division Multiple Access，码分多址技术)是基于扩频通信中的一种多址方式。CDMA 技术则具有组网简单、灵活、抗干扰能力强、系统容量潜力大、成本低等一系列优点。它同样实现了 GPRS 所实现的全部功能，而且无线网络带宽要大得多，在数据传输速度方面更快。目前各地 CDMA1X 设备已经基本完成建设，可以提供数据服务。

GSM/SMS/GPRS/CDMA1X 通信方式优点：一是利用 GSM 系统的基站及交换设施，无须申请专用频率及建设基站，从而节约基站投资及减少基站设备维护量；二能很好地实现国内的良好覆盖，且设备运行维护有很好的保障；可实现移动台的全国联网漫游。缺点：一是 GSM 调度功能相对较弱；二是由于短信按条收费，故如果用于车船长时间监控，费用较高。

2. GSM 网和 GPRS 网 \ CDMA1X 传输 GPS 之比较

1）网络特点

GSM 网是目前移动通信中覆盖范围最广的通信系统，其技术已十分成熟。GSM 移动数据业务主要分为电路型数据业务和分组型数据业务。

GPRS 是 GSM 提供的分组交换和分组传输方式的新型承载业务，可以应用于 PLMN (Public Land Mobile Network，公共陆地移动网络)内部或 GPRS 网与外部互联分组数据网(IP，X. 25)之间的分组数据传送，GPRS 能提供到现有数据业务的无缝连接。GPRS 网主要为移动数据用户提供突发性数据业务，能快速建立连接，无建链时延。GPRS 特别适用于频繁传送小数据量的应用和非频繁传送大量数据，其最高传输速率可达 170kbps。

目前 GSM 的网络覆盖已经十分完善(中国移动)，但是 GPRS 网络是在 GSM 网络的基础上叠加一些设备实现的，因此其覆盖地域小于 GSM 网络。一般来说，在城市中的覆盖状况较好，而在乡村和高速公路上的覆盖较差。但其网络覆盖状况因各地运营商的建设投资有所不同。

2）传输速度

由于 GPRS 的数据传输采用分组数据传输，具有“永远在线”的优点。因此，采用 GPRS 的数据传输能够满足实施监控中的实时性要求。在现实应用中，我们可以实现监控周期为 1s 的连续实时监控。

采用 GSM 的短消息(SMS)进行数据传输时，由于短消息的传输延时较大，实测一般达到 10s 左右，有些时候甚至达到几分钟乃至几十分钟，这对于需要进行实时监控的应用影响很大。特别是在报警、求助等紧急状况时，如果短消息发生阻塞或者延迟，后果不堪设想。一般来说，采用短消息进行实时监控，其监控周期在 10s 以上。

3）通信费用

采用GRPS的数据传输对于GPS这种短数据来说远远比采用GSM/SMS的方式便宜。1M的GPRS数据传输包月制只需20元，而这数据流量大约相当于7400条短信，按短信的收费(每条数据0.10元)则需要高达740元。

GSM/GPS终端按每10s发送一个位置信息计算，则每辆车每个月的通信费用为：30天×24h×3600s/10s×0.1元/条=25920.0元；按每10min发送一个位置信息计算，则每辆车每个月的通信费用为：30天×24h×3600s/600s×0.1元/条=432.0元。GK-110G(GPRS)GPS终端按每10s发送一个位置信息计算，则每辆车每个月的数据量为：30天×24h×3600s/10s×200字节/条=50625kBytes，按照移动的GPRS收费标准为200元；按每10min发送一个位置信息计算，则每辆车每个月的通信费用为：30天×24h×3600s/600s×200字节/条=843.75kBytes，按照移动的GPRS收费标准为20元。传输费用见表6.5。

表6.5 传输费用表

网络	每10min发送一个位置信息	每10s发送一个位置信息
GPRS	20元	200元
GSM	432.0元	25920.0元

另外我们在能实现GPRS网络的GPS终端基础上开发出了相同型号支持CMDA1X网络的GPS终端，该类基于CDMA1X网络作为无线数据传输的好处是速度较移动更加快速，最高速率可达230kbps，而且联通公司的CDMA1X的网络收费更加便宜，但缺点是由于CDMA1X目前的网络覆盖性不如移动网络的覆盖性好。

3. 通信方式的选择

道路危险货物运输安全管理系统在通信方式上有常规对讲通信方式、模拟集群通信方式、数字集群通信方式、第三代移动通信方式、双向寻呼方式等可供选择。

根据分析比较，考虑了频点申请、新业务的开发、系统容量的扩大、数话兼容、总造价等方面的因素。从系统的需求出发，既要把道路危险货物运输安全管理系统工程建设成质量第一(即设备故障率低或基本无故障)，技术第一，又要做到费用适宜。在道路危险货物运输安全管理系统的建设中，建议采用GSM/SMS/GPRS/CDMA1X系统的通信方式。

(二) GPS

1. GPS组成

全球定位系统(GPS)是最初由美国军方在70年代初在“子午仪卫星导航定位”技术上开发的高科技产品。它原本由美国国防部负责研发且专门应用于军事为目的，在任何时间、任何地点提供全球范围内所服务对象的三维立体坐标、三维速度和时间信息服务。而后发展成为具有全球性、全能性(陆地、海洋、航空与航天)、全天候性优势的导航定位、定时、测速系统。GPS系统主要包括有三大组成部分，即空间卫星部分、地面控制部分和用户设备部分。

1）空间卫星部分

24颗GPS卫星，分布在互成60°的6个椭圆形轨道面上，轨道的倾角为55°，每个轨道平面上布设4颗卫星。卫星轨道的长轴为26609km，偏心率为0.01，卫星运行高度为

20200km，运行周期为12h。此轨道参数能保证卫星信号覆盖地面面积的38%，地球上任何一点任何时刻均能够同时观测到至少4颗GPS卫星。卫星上装有精密的原子钟，而且各卫星的原子钟和地面站的原子钟相互同步，建立了导航卫星系统的精密时系。GPS卫星的作用是向广大用户连续不断地发送导航信号，并用导航电文报告自己的现时位置以及其他在轨卫星的概略位置；接收地面主控站通过注入站发送到卫星的调度命令——如适时地改正运行偏差，或者启用备用时钟等命令；在飞越注入站上空时，接收由地面注入站用S波段发送到卫星的导航电文和其他相关信息，通过GPS信号形成电路发送给广大用户。地面注入站向卫星发送的导航信息包括卫星星历、时钟校正参数、大气校正参数等。

2）地面控制部分

地面监控部分包括：1个主控站，3个注入站，5个监测站。监测站是一种无人值守的数据采集中心，其任务是对每颗卫星进行连续不断地观测，并在主控站的控制下定时将观测数据送往主控站。5个监测站所提供的观测数据形成了GPS卫星实时发布的广播星历。主控站的任务是提供GPS的时间基准，控制地面部分和卫星的正常工作，包括处理由各监测站送来的数据，编制各卫星星历，计算各卫星的钟差和电离层校正参数，并将这些导航信息送给注入站；控制卫星运行轨道、启用备用卫星。注入站的主要职能是当卫星通过其视野时，将导航信息注入卫星，同时还负责监视卫星的导航信息是否正确。

3）用户设备

用户设备部分包括天线、接收机、微处理机、控制显示设备等，有时统称为GPS接收机。GPS接收机接收GPS卫星发送的导航电文，包括卫星状态、卫星星历、卫星时钟偏差校正参数以及时间等内容。

2. GPS的应用

随着冷战的结束，美国政府放宽了对GPS使用上的限制。GPS凭借其强大的功能，适中的价格及方便快捷的操作性，已日益迅速而广泛地走向民用，并且正在进入一个高速增长的时期。目前在美国，军品和民品的GPS销售量之比为1∶20。这恐怕是连当时美国军方的一些科学家、工程师和策划者们都没有预想到的。正是因为全球卫星定位系统具有广阔的市场前景，加上政治上保证独立性的需要，欧洲也提出并正在实施GALILEO计划（Galileo Satellite Navigation System，伽利略定位系统，又称为欧洲伽利略计划），中国也应邀加入了该计划。该系统的实施将使用户具有选择权并极大地提高了全球卫星定位的城市可用性。目前，为进一步提高实时动态定位的精度，卫星定位网络RTK（Real Time Kinematic，实时动态定位）技术得到了迅速发展，如广东省国土资源厅已在2005年构建完毕广东省GPS定位网，使GPS的应用在更大的领域内得到了进一步发展。

1）GPS在汽车导航及交通管理方面的应用

在欧洲和美国正在形成巨大的市场，主要采用中央导航式，即使用地面监控中心进行导航等多方面服务，如在防盗、追捕罪犯和治安巡逻都派上用场。它在汽车上应用的基本特点是：全天候、全球性精确测定汽车的三维位置，且测量快捷，只需几秒钟就可准确定位；它的隐蔽性强、不产生无线电干扰，在测量定位时，只接收卫星信号而不发射任何信号。它可给汽车提供出行路线规划和进行导航、车辆跟踪、对车辆实行调度指挥和紧急援助、在车上进行信息查询等。

2）车用卫星导航系统在我国的应用和发展

GPS 虽在我国的汽车导航和交通工程中属于起步阶段，但近年来发展较快，现拥有近百家的专业生产商推出了汽车用 GPS 产品，我国高速公路通车里程已居世界第三位，我国汽车保有量近 2000 万辆，使用 GPS 市场是十分巨大的。

首先，技术上已逐步具备发展车用 GPS 的基本条件，国产产品的功能、质量和价格有较好的开发前景：当前我国 GPS 的车载装置的定价一般仅为 4 千~5 千元，而且我国的生产能力迅速提高，只及进口同类产品价格的 1/4~1/3。已积累了相当多的可借鉴的应用经验，如邮运车、金融运钞、警车指挥、防汛跟踪、公交调度等，有的 GPS 已运行了数年。现在 GPS 建站十分快捷，有的只需 2~3 天就可完成，基地控制已拓展到直径达 1500~2000km 的范围。借用了 GSM 通信网络技术，既保证了系统容量扩充，又节省了大笔建设专用通信平台的费用，大大降低了系统成本和使用费，使广大消费者用得起，也用得放心。

其次，我国车用 GPS 的近期目标和远期目标。近期目标应是汽车的防盗、监控、跟踪、调度和指挥，即集中在与汽车当前所处位置有关的信息服务项目；远期目标则是汽车导航、电子地图实施，以及诸如车辆行驶前方交通信息、交通管制及停车场动态信息等实时地展示项目等。

我国自主开发“北斗导航系统”成功。2000 年 10 月和 12 月，我国连续发射两颗导航卫星，建立起区域性的第三代北斗卫星导航系统，它全天候全天时地提供导航信息，为公路交通、铁路运输、海上作业等领域提供区域性的导航服务。双星定位系统是一种主动式的闭环定位导航系统，其设计思想的基本点是将一切技术难点都转移到地面中心站解决，因而它的星体设备和车载设备比 GPS 的简单，并兼有定位和通信功能。双星定位系统主要用于民用、交通运输及车辆，定位精度可达 10m，这和 GPS 的军用码定位精度相当。由于其技术难点都在地面中心站解决，所以这种功能多，终端便宜且中心站有运行控制功能和主权地位，具有可进行统计收费的优势，车辆使用成本更低，很适于车辆运行的特点，有十分巨大的开发应用前景。不过双星定位系统属主动应答式定位系统，隐蔽性差，这一点不如采用被动式定位方式的 GPS。

（三）GIS

地理信息系统（Geographic Information System，简称 GIS）是计算机系统，有采集、处理、传输、存储、管理、查询检索、分析、表达和应用地理信息的功能，已经是比较成熟、可靠的。特别是近年来与主流工业标准的结合，使其在开放性、稳定性、安全性等方面得到了不断加强，主要表现在：

数据管理已经抛弃原来的文件型方式，改为采用主流的符合工业标准的关系型数据库（如 Oracle，Structured Query Language Server 简称 SQLServer 等）管理空间数据和相关的数据属性，使得数据可以在更大范围内共享；在此基础上，提供并发、高效和安全的海量空间数据引擎和丰富的客户端产品。

根据模型的定义和框架生成，可采用工业标准的 CASE（Computer Aided Software Engineering，计算机辅助软件工程）工具完成，方便、快捷、准确并易于维护。

系统基于组建对象模型（Component Object Model，简称 COM）进行构造，不同厂商的系统之间可以在共同遵守工业标准的前提下，方便而无缝地互连、互嵌和扩展。

全面支持工业标准的开发环境，如：VB（Visual Basic）、DELPHI、VC++（Microsoft Visual C++）等，为系统的定制和开发提供了自由的选择空间和有充分保障的人力资源。

各大GIS厂商都推出了自己的网络发布工具，如ESRI公司（Environmental Systems ResearchInstitute，Inc，美国环境系统研究所公司）的ArcIMS（Arc Internet Map Server，互联网数据发布系统）、MAPINFO公司的mapXtreame等，通过这些发布工具，可以将电子地图发布到Web（即网络）上，形成三层体系结构。

国内已经有多家开发商和研究机构成功开发出了自主版权的GIS系统，而且其中有一部分GIS系统是为GPS监控定向开发的。GPS和GIS是智能交通领域不可或缺的平台技术，GIS地理信息系统是基础数据库，GPS车辆卫星定位系统主要用于导航和定位等工作，是一种实时的车辆运动轨迹跟踪系统，GIS和GPS是监控系统的一种信息互补方式。

完整的GIS主要由计算机硬件系统、计算机软件系统、地理空间数据和系统管理操作人员四个部分组成。其核心是计算机系统，空间数据反映GIS地理内容，而管理人员和用户则决定系统的工作方法和信息表达方式。计算机硬件是计算机系统中的实际物理装置的总称，包括四个基本组件：计算机主机、数据输入设备、数据储存设备、数据输出设备。计算机软件是指GIS运行所必需的各种程序，通常包括以下几个部分：计算机系统软件、地理信息系统软件和其他支持软件、应用分析程序。地理空间数据是指以地球表面空间位置为参照的自然、社会和人文景观数据，可以是图形、图像、文字、表格和数字等，由系统的建立者通过数字化仪、扫描仪、键盘、磁带机或其他通信系统输入GIS，是系统程序作用的对象，是GIS所表达的现实世界经过模型抽象的实质性内容。系统开发、管理使用人员是GIS中的重要构成因素，GIS不同于一幅地图，而是一个动态的地理模型，地理信息系统从其设计、建立、运行到维护的整个生命周期，处处都离不开人的作用。仅有系统软件、硬件和数据还构不成完整的地理信息系统，还需要人系统地组织、管理、维护和数据更新、系统扩充完善、应用程序开发，并灵活采用地理分析模型提取多种信息，为研究和决策服务。

通过GIS及加载在GIS上的地理信息，使交通信息具有定位特性，通过安装在车辆中的电子地图系统提供位置与环境信息，了解车辆周围较大范围内的地理与交通信息。GIS应用于交通运输，交通信息可充分与地理信息相融合，通过把交通信息叠加在交通地理网络上，使交通信息具有空间属性，然后进行空间网络分析，为出行者提供出行计划决策服务。这种决策支持可分为出行前静态决策支持，行驶中动态决策支持。出行者在出行之前，可通过交通GIS提供静态决策支持。为出行者提出出行目的、目的地以及支出预算，GIS可提出符合指定要求的出行方式、出行路径和出行时刻，制订最佳的出行方案。在出行途中，GIS需要在出现交通事故时，为出行者提供停车服务、路边服务。GIS通过动态的交通信息分析，提供在目前条件下最佳的运行路线、停车的动态决策支持服务。道路危险货物运输管理信息系统主要利用GIS中内容丰富的电子地图的定位显示功能、空间检索功能、地理信息查询功能等，来实现对在途货物和车辆的定位显示和跟踪监控。

（四）条形码技术

条形码是由一组黑白相间、粗细不同的条状符号组成，条码隐含着数字信息、字母信息、标志信息和符号信息，主要用以表示商品的名称、产地、价格、种类等，是全世界通用的商品代码的表示方法。条形码中黑色对光线的反射率低，而白色对光线的反射率高，再加上条与空的宽度不同，就能使扫描光线产生不同的反射接收效果。在光电转换设备上转换成不同的电脉冲，形成可以传输的电子信息。由于光的运动速度极快，所以，可以准确无误地对运动中的条码予以识别。

条形码是迄今为止最经济实用的一种自动识别技术，主要具有以下几方面的优点：输入速度快，条形码输入的速度是键盘输入的5倍以上，并且能够实现即时数据输入；可靠性高，条形码技术出错率低于百万分之一；采集信息量大，利用传统的一维条码一次可采集几十位字符的信息，二维条码可以携带数千个字符的信息，并有一定的自动纠错能力；灵活实用，条形码标签易于制作，识别设备操作容易，不需要特殊培训。

根据危险货物运输监控系统的功能要求及危险货物运单信息填写的需要，条形码包含的危险货物信息：危险货物的品名编号、生产厂家、规格、质量、分类发货及到货地点以及到货日期等。危险货物运输车辆的检测装置扫描条形码实时把货物信息传送到监控中心，如果货物信息有误，可触发相应的报警。

三、道路危险货物运输安全监管信息系统设计

（一）系统总体设计思想

结合管理实际，为实现上述需要，从道路运输信息化建设的角度，提出基于GPS、GPRS和GIS技术建立起来的道路危险货物运输安全监管信息系统，具体是采用GSM通信技术的GPRS/CDMA 1X/SMS业务、GPS全球卫星定位技术、GIS技术、计算机网络和数据库等技术，建立一个危运安全监管平台，政府部门(交通、公安、安监等)、危运企业等专控中心可接入监管平台对危运车辆实施监控，托运人可通过互联网对运输所托运货物的车辆的行踪进行查询，货源点充装企业通过互联网接入监管平台对车辆进行查询核对并记录充装情况，路面稽查人员通过手持读卡器与平台无线连接以支持对运输车辆电子证照及充装情况的路面稽查。系统是由监管平台、无线通信平台(GPRS数据中心)、全球卫星定位系统(GPS)、车载设备、充装及稽查设备五部分组成的综合性平台。

（二）设计功能描述

1. 危运安全监管信息平台

将所有道路危险货物运输车辆的装卸(危险货物)及路面运行，危险化学品的生产、经营、储存、使用企业的充装行为置于整个系统监控之中，同时将整个危险货物运输流程中不同政府部门所监管的不同环节有机衔接起来，实现对危险货物运输整个流程的全程监控，减少监管环节衔接部位由于信息不对称所形成的管理真空，将部门之间的信息共享，形成监管的合力。

危运安全监管信息平台可以通过多种方式接收智能行车记录仪所记录的各类行驶状态数据，并通过该平台的软件分析系统为用户提供以下基本功能。

1）位置报告与查询

一是位置立即回报：车辆接到调度指令后，立即回报其即时实际位置信息。

二是实时跟踪：车辆根据调度指令设定的回报时间间隔和跟踪时间长度，不断发回其

实际位置信息，并在电子地图上动态显示行驶轨迹。通过该功能，可以为企业、货主等提供车辆到达或需等待时间的提示服务。为企业进行节点运输与物流服务提供快速响应与优质服务，同时可使企业对突发事件进行及时响应。

三是轨迹回放：对于没有安装通信模块的行车记录仪，或者虽然有安装但回报的信息量不够的时候，可以在事后将行车记录仪的数据导入该平台，通过平台的分析软件在电子地图上模拟回放其历史行车轨迹，达到事后监督与管理的目的。

2）报警功能

一是主动报警：在发生交通事故、遭遇劫车等突发事件时，驾驶员可以通过智能行车记录仪，向平台监控中心发出紧急报警信号，为行车安全增加一道保障。

二是自动报警：超速、防盗等自动报警功能。

三是经济行驶速度提示：可设置经济时速，并对超经济时速进行报警提示。

3）通信功能

一是无线电话：与手机的通话方式类似。

二是文字交换：驾驶员可通过智能行车记录仪接收或发送文字信息。为方便用户起见，系统将根据运输行业的特点备有常用语句表，可供用户直接选用而不必输入汉字。

通过该平台的双向信息交换，可以很轻松地实现交通信息广播与收集，以及车辆调度功能。

4）交通安全与运政管理功能

该平台可以为运输行业主管部门提供以下运政管理功能：

一是危运车辆超越核定运行路线或者违规停放管理。可通过电子地图直观地显示超越运行线路或违规停放车辆的位置并报警，为运管人员及企业调度人员进行管理提供高效的手段。

二是驾驶员资格及超连续行车时间等安全素质管理。

三是运营车辆安全事故分布及事故多发地段分析等。

四是交通安全事故应急处理与其他紧急事件(如故障、盗抢等)的应急响应。

5）运输企业内部信息化管理

一是驾驶员管理。传统的“驾驶员管理信息系统”是一种单纯基于数据库的 MIS 系统(Management Information System，管理信息系统)，着重于对驾驶员资料的静态管理。而该平台提供的“驾驶员管理信息系统”，不但能实现传统 MIS 系统的全部功能，更加可以对驾驶员信息进行动态管理，并且不需要由操作员事后录入，完全可以实现自动记录、实时监督，并可根据行车记录仪的数据生成多种与驾驶员相关的图形分析。

二是运输调度。将该平台的分析功能与传统的运输调度系统结合，可以更加科学合理地进行车辆调度。根据业务性质的不同，又可以将运输调度系统分为“客运企业车辆调度系统”与“物流配送车辆调度系统”两个版本。

三是车辆技术管理。行车记录仪记录了车辆行驶过程中的大量状态信息，其中部分信息是与车辆技术相关的，可以作为车辆技术分析的原始数据。另一方面，将车辆的回场检与 IC 卡(Integrated Circuit Card，集成电路卡)管理相结合，并作为车辆调度与排班的依据。

2. 卫星定位系统(GPS)、数字移动通信系统(GPRS)、地理信息系统(GIS)

这些系统主要是依托社会现有网络，构成通信与定位相结合的指挥调度监控管理网，对运输车进行实时跟踪、调度、监控。

3. 货源点充装信息管理系统

货源点(装货点)对每个运输企业的任务单进行按单装载，在任务单上进行确认；或者根据实际的装载情况进行登记(登记的信息同时会记录到GPS监控中心)。

目前货源点资料没有数据来源，需要提供录入界面给安监局工作人员进行基本资料的录入。货源点资料包括：名称、地址、法人、负责人、联系电话、经营范围、企业类型等。

4. 路面稽查设备

运输管理局工作人员通过无线网络将查询条件送回GPS后台系统，查询到车辆的实际载运信息或其他要验证的资料，再通过无线网络下发资料，稽查人员根据资料进行比对。

5. 危运企业监控终端、政府部门监管终端、托运人查询终端

危运企业调度人员每一次出车运输产生任务单，每一任务单对应唯一的运输车辆，根据车型可带一节挂车，每单对应唯一的司机，以及若干押运员；需要向GPS监控中心报送本次运输任务的车辆信息、人员信息、货物信息以及起点与终点信息，包括在多个终点的计划卸货数量。

(三) 设计原则

1. 经济高效性

技术方案设计充分考虑市场经济原则，既有利于入网车辆的安全管理，又有利于降低系统投资成本，特别是运营成本，能够充分考虑系统的市场化经营模式。

2. 系统的开放性

系统设计遵循开放性原则，能够支持多种硬件设备和网络系统，并支持二次开发。特别是支持数据分组通信，有利于开发增值业务。

3. 系统计算机网络可适应将来广域网的扩展

车辆通信终端智能化多接口结构，适应GPS、报警、税控、IC卡、视频、拍照、广告发布、无线电视播放、载重测量、车辆侧翻、车厢内温度测量、工程车辆运营状况分析以及车门开关控制、行驶记录仪的行使记录报表分析等业务发展需要。

4. 系统的继承性

最大限度利用原有部分设备，充分利用已有资源，完成中心处理控制器相关功能。

5. 系统的可扩展性

对系统终期容量及网络发展设想进行方案设计，实现平滑扩容。降低系统维护升级的复杂程度，提高系统更新、维护、升级的效率。

6. 系统安全性

在互联网络中，防止非法用户享受服务，防止计算机病毒的入侵，总体方案中提出了对车辆智能调度系统的闭环检测及网管方案，实现对整个网络的实时监控。软件设计及数据调度中采用纠错冗余技术，保证系统安全及准确性。

7. 系统经济性

在技术方案中，在性价比最好的情况下尽量做到最低成本。在考虑终端设备价格同时，还考虑了通信系统运营费用。

8. 系统高可靠稳定性

为保证系统能良好运作，在满足各项功能的同时，GPS 设备、总控制中心软硬件等必须有很高的稳定性以及数据的安全性和可靠性，充分考虑了当地 GSM/GPRS 通信条件对系统的支持状况。

(四) 平台的优势

从危运安全监管信息系统平台的技术特点及体系结构来看，该平台不但在技术上是可行的，而且它与通常的 GPS 监控系统相比，具有以下明显的优势：

充分利用公网和公用平台的优势，用户(企业、货主或行业主管部门)只需一台 PC 机即可实施对车辆的监控调度，无须搭建自己的网络平台，节省了用户对硬件的投资费用和软件开发费用。

由于系统采用 B/S 结构(Browser/Server，浏览器/服务器模式)，整个平台共用一套电子地图，节省了用户对地图的投资费用以及维护地图数据的昂贵成本。

由于平台具有较大规模，在与移动、联通等无线通信公网运营商洽谈时具有一定优势，可以争取将通信费用降到最低，因此，在使用成本上具有明显优势。

使用数据压缩技术处理位置信息，节省了用户日常的通信费用。采用存储/发送技术，有效地避开无线通信网的盲区，保证了车辆位置轨迹的连续性和精确性。

运输主管部门与运输企业可以同时实现对营运车辆的监控，增强了主管部门与企业的协同性。

通过 GPS 终端与行车记录仪，以及 IC 卡读卡器的集成，该平台完全可以实现电子车卡系统功能。

当整个平台需要进一步发展到具备导航功能时，由于需要采集大量的地理信息数据，几乎不是某个运输企业能够独立承担的，这时将更加凸现公用平台的优越性。

公网和公用平台有利于向更广的范围推广或合作，甚至于在此基础上可建设成覆盖全国的智能运输服务公网平台。

系统留有大量接口，以便增强系统功能和进一步开发新功能。

四、系统主要构成

采用三级体系结构，即总控制中心、各区分中心/各集团用户监控中心以及各 GPS 用户。如图 6.6 为系统体系结构图。总控制中心是整个系统的总中心，实现对所有车船的管理、控制，数据存储、备份等；各地市用户分中心同总中心采用光缆连接，用于发展当地客户，对简单的任务进行处理，如监控、报警和调度、转警、里程统计、事故疑点分析等；各集团用户控制中心管理本集团用户车船。

监控总中心通过光缆与短消息中心连接，各区公共分中心通过光缆与总中心连接，用户服务呼叫中心与公用电话网通过 E1 数字中继线连接。

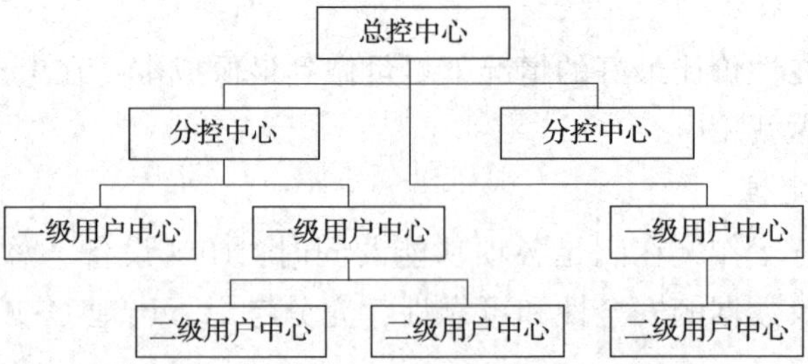

图 6.6 系统体系结构

通过用户分组方式实现车辆的分区域管理和分单位管理。每个区车辆建立一个分组，每组在本地设立一远程控制终端。总控制中心可以对所有车辆进行管理和控制，各组远程控制终端只能对本组车辆进行控制。通过设置缺省(缺省是一种计算机术语，指在无决策者干预情况下，对于决策或应用软件、计算机程序的系统参数的自动选择)报警监控终端属性，报警时，可以报告到总控制中心和所属远程控制终端。总控制中心可以对所有车辆进行调度，各车辆可以将信息主动发送到总控制中心。

为保证系统的长远发展，应做如下充分考虑：

1. 系统容量的扩充

系统容量主要受中心设备处理能力和通信平台信道容量的影响。方案充分考虑了系统终期容量及网络发展前景，能实现平滑扩容。系统维护扩容复杂程度低，系统更新、维护、升级效率高。

2. 增加专控、分控中心或远程控制中心

由于系统采用开放性和模块化结构，增加各类中心不需要做任何程序改动，只需要在网管服务器进行相应配置即可。

3. 与其他网络的互联互通

随着国民经济发展、人民生活水平的提高以及科学技术的不断创新，系统将由车辆管理系统扩展到所有需要 GPS 定位以及无线监控的设施，互联的网络也将扩展到移动内部网络、公安内部网络、银行网络、高速公路管理网络、国际互联网等网络。

4. 增值新业务开发

系统在报警、监控、调度及 GPS 电话等基本业务的基础上已经根据需要开发了实时定位、超速检查、呼叫限制、车辆黑匣子、拍照、流媒体、行驶记录仪、里程统计、电子铅封、新业务有新闻点播、股票交易、信用卡付车船费等多种增值业务。由于系统开发时采用了业务模块与基础平台分离技术、业务独立构件技术、协议帧的分级封装技术，使新业务的开发简单、可靠。近期将开发的 JPG(一般指 JPEG 格式，全称 Joint Photographic Experts Group，是 JPEG 标准的产物，该标准由国际标准化组织(ISO)制订，是面向连续色调静止图像的一种压缩标准)图像传输等，今后将开发的 3G 无线歌曲、媒体点播等业务。

(一) 监管平台

总控制中心是整个系统的核心控制中心，总控制中心主要有以下职能：

对所有车辆的监控。能够根据授权对任意车辆进行实时监控。

对所有车辆的调度。包括车船调度、消息发布等。

必要时对车辆报警的预处理。针对误报相对较多的震动报警等，总控中心可以通过监听等预处理判断是否误报。

转发各远程中心和车船用户之间的各种命令和数据，如：监控命令、调度命令、监听命令、报警数据、运管数据、税控数据、行驶记录事故分析、里程统计、非法漕罐开阀泻料、载重测量、远程拍照、广告发布等。

对整个网络的管理。包括配置、性能、安全、故障、计费等。对系统所有时间有详细记录，对重要数据有备份机制。

提供与系统外部通信平台的连接。如与移动通信的短信中心、GPRS 中心等的连接。

总控制中心主要包括机房和营业大厅两部分。机房主要设备包括数据处理中心、中心交换机、网管服务器、业务服务器、调度服务器、语音处理服务器、WEB 服务器、监控调度座席、排队机、数据采集服务器、广告发布机、广告管理服务器、互联网关等。机房内各主要设备间以高速局域网连接。局域网与移动短消息中心采用 DDN(Digital Data Network，数字数据网)专线连接，与远程用户控制中心采用网内互联网宽带方式连接。专线的速率根据数据量确定。

中心交换机完成系统与外部各设备间消息的处理、转发。

中心服务器按功能划分包括网管服务器、数据处理中心和调度服务器。

网管服务器对全系统各设备、用户等进行配置、性能、安全、故障、计费等各方面管理。实时显示系统当前运行状态、统计查询历史事件/数据。

数据处理中心完成各种数据的存储、查询、备份，各专控中心和用户中心之间数据的一致性。

调度服务器处理所有调度业务的命令和应答。前期调度业务较少时可以和中心交换机合用一台设备。

业务服务器提供与营业终端的连接。完成用户的开/销户、业务设置、缴费等。

语音处理服务器完成用户电话服务(通过电话修改业务密码、开/关业务等)和语音报警。

Web 服务器实现用户通过互联网浏览器监控车船。

监控调度座席接收用户电话要求(监控、调度等)、事故疑点分析、速度曲线图分析、里程统计、电子铅封开关阀门、远程控制开关车门油路电路、远程拍摄照片处理报警，并可查询静态、动态信息。

排队机通过中继线(E1 接口)与电信局程控交换机相连，通过用户线连接到各座席。

数据采集服务器负责采集行驶记录仪所记录的数据并报送到中心数据库供各个终端用户进行查找。

互联网关负责给远程终端用户进行数据安全交换以及内外网之间的数据交换。

(二) 各区分中心

各区县分控中心由网管服务器、分控中心交换机、网管终端、监控终端组成。其中网管服务器是分控系统数据保存和管理的平台，分控交换机是分控和总中心之间业务数据交换的软件。网管终端是分控中心车船注册和管理的平台。监控终端是分控中心监控、控制车船的 GIS 操作界面。各区分控中心采用通过 DDN 专线或公安专网远程接入总控制中心。用户分中心可以控制所属用户分组的车船，对其进行监控、调度、发布信息等控制。分控中心的权限控制在总控制中心，总控制中心可以控制其可监控的车船数目、车牌号和连接权限。接入分控中心的监控终端的权限控制室在分控中心。

分控中心在权限上略低于总控中心，总控中心可以控制入网的所有车船，分控中心只能控制所属分控中心的车船。在系统管理方面分控中心是对其分控设备和权限进行管理。分控中心结构如图 6.7 所示。

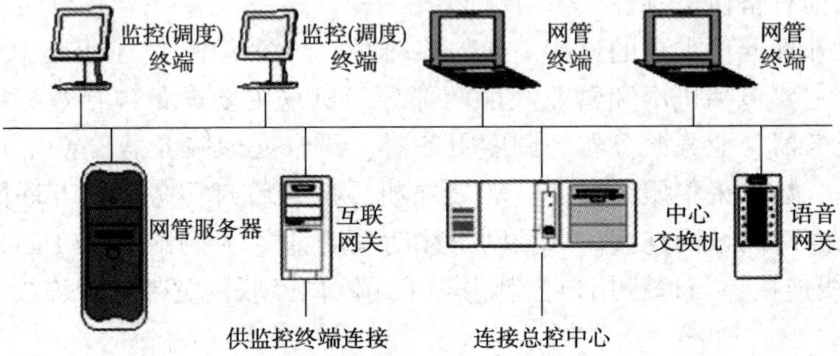

图 6.7　分控中心结构图

(三) 实现的功能

1. 监控车辆的行驶路线及状态、发生事故及时应急

各企业监控中心对车辆的装载情况、行驶速度、使用制动、行驶路线、停靠地点等数据进行具体监控，政府监控中心对运输易燃、易爆、剧毒、放射性等危险货物车辆的监控，对超速行驶、超越行驶路线行驶、非法停靠等情况进行预警并记录。

2. 监控生产、经营、储存、使用单位将危险货物装载发放给合法危险运输车辆

生产、经营、储存、使用单位必须将危险货物发放给有资质的危险货物运输车辆(持有合法电子证照的车辆)，并将转载货物数量、时间等参数写入车辆电子证照，同时将装载危险货物的车辆信息、装载情况发送到数据中心，数据中心定期汇总发货数据，安全监督管理部门定期核对，杜绝将危险货物发放给非法运输车辆。

3. 实现非接触式路面稽查，并能保证校验车辆证照的合法性

公安、交通部门稽查人员在路面通过非接触式手持终端设备对路面行驶的车辆进行核对，减少拦截合法运输车辆停车检查的次数，同时对在非接触式手持终端设备显示涉嫌为非法危险货物运输车辆的车辆进行路面拦截检查。

4. 罐体检验情况监控

建立罐体检测检验数据库，对逾期不进行罐体检验检测的车辆，通过监控系统发信息警告。

系统应综合利用 GPS 及 GPRS 技术，在全过程中自动采集、记录、上报对危险品运输车辆的每一要求，并对危险品的运输过程进行实时跟踪和监控，分布在各地的行政单位可以即时准确地掌握危险品整个物流过程的动态信息，进而达到及时制止非法行为、预防事故发生、消除事故影响等安全管理的目的。系统具有非接触式识别、实时跟踪调度、数据

处理自动化等特点，对规范危险品物流的管理、提高处理效率、降低成本等有一定的推动作用。

五、紧急事故应急处理模块

事故应急处理应具有安全信息咨询和事故的抢险与处理两大功能。信息咨询主要包括危险货物运输有关规章制度的查询和危险货物信息的查询，提供危险货物的详细信，为处理突发事件时全面了解事故可能产生的危害程度提供参考信息。事故的抢险和处理是指对公路承运的各种危险货物分类、汇总，收集其物理和化学性质、储存和运输注意事项、事故发生机制和有关危险货物运输、应急处理的法律法规等资料，结合区域气象、风向、风力等资料提供人员疏散方案，以及各种危险货物发生事故施救预案，综合以上信息利用数据库技术建立一个信息共享的危险货物事故应急处理专家网络数据库，为危险货物运输事故的施救处理提供正确的施救预案。如图 6.8 所示为紧急事故应急处理子模块流程图。

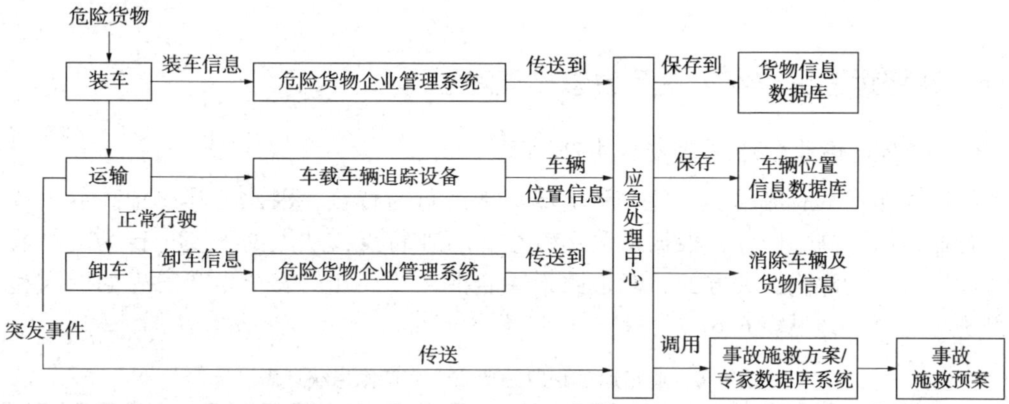

图 6.8　紧急事故应急处理模块流程图

（一）危险货物的危害分析

危害分析是危险化学品紧急事故应急处理的重要功能之一。危险化学品事故危害分析主要是考虑事故发生的时间、周边环境、人口密度、交通道路状况、气象（如风向、风速、温度）等诸多不确定因素，对危险化学品事故造成的危害进行准确的判断和分级，然后根据评估结果确定出疏散区域。

（二）紧急事故的救援决策

根据危害分析功能模块确定受灾区域（或疏散区域），针对不同区域的危险程度，制定相应的疏散决策找出最佳疏散路径。借鉴已有的疏散模型，同时考虑在紧急状况下个人的行为模式，利用动态网络理论和最优化理论等，通过构建动态网络疏散模型指导疏散决策。将疏散网络看成是一个依赖于时间扩展的有向图，每段线路上都有容量限制，并随着时间的变化而变化，目标函数为计算出的最小疏散时间或最少的伤亡人数。约束条件分别为人能容忍的最大有害气体浓度和最大拥挤度限制。疏散目的地必须存在，每一疏散点能且只能分配一个疏散目的地。

（三）紧急事故的实时查询

紧急事故应急处理子模块的另一个功能是集成电子地图将受灾区域的状况和疏散路径可视化，并能实时查询。具体而言，当事故发生后，系统通过车载的GPS接收机自动计算出所处地理位置的坐标，由GPS传输设备将计算出来的位置坐标数据经移动通信系统（GSM）发送到GSM公用数字移动通信网，数字移动通信网再将数据传送到监控中心，监控中心将收到的坐标数据及其他数据还原后，与GIS系统的电子地图相匹配，并在电子地图上直观地显示车辆实时坐标的准确位置，然后再根据危害分析和疏散决策模块的结果，在电子地图中显示出不同级别的受灾区域状况以及相应的最优疏散路径，监控中心和相关救援部门根据显示结果迅速组织救援。

第四节　道路运输企业隐患排查治理

一、道路运输企业安全生产隐患排查治理

（一）道路运输业企业主要安全生产隐患

道路运输企业具有流动、开放、跨地域等生产行为特点，因此，其属于高危生产经营企业，行业风险较高。因此，根据道路运输企业行业特点，从人的不安全行为、物的不安全状态和管理上的缺陷三大方面，对道路运输企业主要存在的安全生产隐患的内因和外因进行剖析与总结，详见表6.6。

表6.6　道路运输企业主要安全生产隐患统计表

分类	主要内容
人的不安全行为	①从业资格：无证作业（驾驶、运输）、未经培训或是培训不合格上岗 ②违规行为：违规驾驶、车辆超员、不按规定线路行驶、违规进出站、站外揽客捎货、高速公路违规上下客、超限、超载、超范围、超类别运输等
物的不安全状态	①车辆性能：车辆综合技术性能不达标 ②辅助设施：应急安全设备设施缺失或维保不到位，恶劣自然环境，道路存在隐患等
管理存在的缺陷	①内部监管：管理职能不完善、管理制度不健全、制度执行不到位 ②外部监管：综合监管逐级弱化、行业监管边界模糊

通过上述从人的不安全行为、物的不安全状态、管理与监管方面存在的问题等方面进行分析，寻求道路运输企业主要存在的安全生产隐患问题要因，以根据问题要因有针对性地制定改善举措。

（二）道路运输企业安全生产隐患主要原因

道路运输企业安全生产隐患主要集中在人的不安全行为、物的不安全状态和管理上三方面的缺陷，利用“5M1E”鱼刺图方法，从“人、机、环、料、法、测”6方面对道路运输企业存在的安全生产隐患主要原因进行详细分析，以明确影响道路运输企业安全的主要成因，并据此提出相应解决对策，有效促进道路运输企业安全管理工作，更好地保证道路运输企

业安全质量，详细如图 6.9 所示。

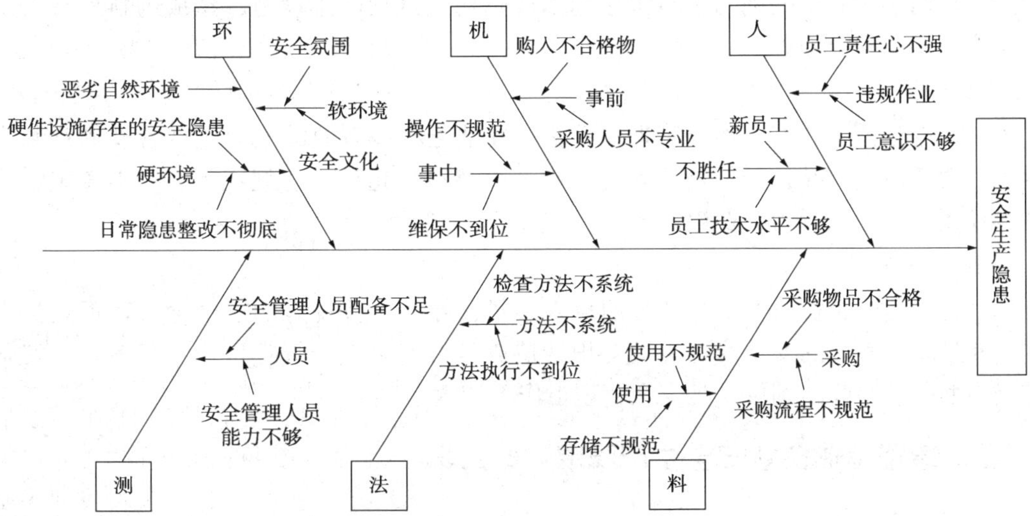

图 6.9　道路运输企业安全生产隐患主要原因

1. 人员方面

(1) 主观方面。作业人员(驾驶员等)在驾驶、搬运等作业过程中违规作业，最终使安全隐患演变成安全事故。

(2) 客观方面。作业人员(驾驶员等)由于综合技术水平不够或是新员工对工作内容不熟悉，造成作业人员不胜任其工作岗位，也是普遍存在的安全生产隐患之一。

2. 设备方面

(1) 设备采购选型前。采购人员由于专业技能不足或是主观原因，采购到了不符合要求的车辆、辅助设施等，造成设备设施自身存在安全隐患。

(2) 设备使用过程中。驾驶员由于驾驶过程中操作不当或是维保人员对车辆等设备设施的维修和保养不规范，造成了车辆等设备设施存在了安全隐患。

3. 环境方面

(1) 软环境。驾驶员、作业人员和部分群众的交通安全意识淡薄，对交通方面的相关法律、法规的认知程度还不够，造成交通违法行为时有发生。如驾驶员交通违法行为屡禁不止、农用车辆管理不规范、电动车违法上路等。

(2) 硬环境。如车辆、道路等硬件设施自身存在安全隐患，或是由于日常隐患整改不彻底造成安全隐患持续存在，如部分路段地面破损严重、路面养护不到位、停车泊位不足、交通基础设施急需改善等问题，造成了道路运输过程中的安全隐患。

(3) 自然环境。由于道路运输具有长时间、远距离、范围广等生产行为特点，造成驾乘人员长时间随车工作，且经常面对不熟悉的交通环境，因此相对于其他行业，所处自然环境相对恶劣，属高事故发生率行业。

4. 材料方面

(1) 采购环节。由于采购流程不规范或是采购人员专业技能不足或是主观原因，采购到了不符合要求的物料等，从而造成了安全隐患的存在。

(2) 使用环节。采购到的物料由于仓储或是使用过程的不规范，造成物料出现质量问题，从而引发了安全隐患。

5. 方法方面

道路运输相关企业安全生产管理不系统，并缺乏相关有效的安全生产管理规章制度和安全生产责任体系，导致了带情绪作业、超速、超载、超员、违规上下客、不按规定路线行驶等存在安全隐患行为的发生。

6. 检查方面

部分道路运输企业对安全生产方面投入不足，导致企业现有的安全生产管理人员力量薄弱，并且缺乏系统的安全管理专业知识，造成日常安全生产管理工作流于表面，安全隐患排查不彻底、整改不到位或是安全管理工作不持续。

（三）道路运输企业安全生产隐患治理方案

1. 顶层设计层面

在公司层面，强化主要负责人安全生产管理责任，做好顶层设计管理工作。针对道路运输企业的实际运行情况，建立完善的道路运输安全责任管理体系，并且逐级落实，在公司形成一种良好的安全文化管理氛围。

2. 中层管理层面

中层管理人员上承公司主要负责人，下接公司作业执行层员工，在安全生产管理工作中起着纽带的关键作用。因此，要严格执行“一岗双责”制度，强化各个单位部门负责人的具体安全生产管理职责，切实将安全运输管理工作落实到位。

3. 底层执行层面

一线执行作业人员，是安全生产工作具体落实的终端触角，也是做好安全生产管理的最后一道防线，因此，要加强对一线作业人员的安全生产管理相关法律法规、责任、制度、操作规范等内容知识与技法的相关培训，使一线作业人员胜任作业岗位，并具备良好的安全责任心与安全意识，从而减少人员造成的安全隐患。

二、道路危险货物运输企业监督检查和隐患排查治理

（一）危险货物运输总体要求

每个生产经营企业都是安全生产、隐患排查治理和防控工作的责任主体。因此，企业应建立健全事故隐患排查治理规章制度，加强对事故隐患的管理力度，做到事前防范，事前干预，科学预警。

运输企业安全生产事故隐患是指运输企业违反安全生产法律、法规、规章、标准、规程和安全生产管理制度的规定，或因其他因素在运输生产经营活动中存在可能导致事故的物的危险状态、人的不安全行为和管理上的缺陷和漏洞。

运输企业的法人或者主要负责人按照规定要求要全面负责企业的各项工作，尤其是要对企业的事故隐患排查治理工作负主要责任。

运输企业安全生产监督检查和隐患排查治理的主要工作职责：

（1）运输企业负有事故隐患排查、治理和防控的主体责任，应建立《企业安全生产内部检查与监督制度》《企业安全生产事故隐患排查流程》等。

（2）企业应当建立健全事故隐患排查治理和监督检查等制度，逐级建立安全生产责任制，并制定切实可行的流程措施以保证从主要负责人到每个从业人员的职责能够得以落实。

（3）应当建立专项资金的使用制度，保证事故隐患排查治理所需的资金专款专用和及时到位。

（4）当政府安全监管监察部门和行业主管部门的监督检查人员依法履行事故隐患监督检查职责时，企业主管领导和负责人要予以积极配合，任何人不得拒绝和阻挠，并要对检查出的问题及时予以整改和汇报整改情况。

（二）安全生产隐患排查工作程序

运输企业应每月组织对安全生产状况进行全面的隐患排查，要成立专门的隐患排查机构，确定相关岗位工作人员调查和了解企业安全管理和驾驶员行车存在的安全隐患，建立健全事故隐患排查登记和整改销项台账，并根据安全隐患的性质、成因、影响等的不同进行分类梳理和建档归口。对一般性安全隐患则要进行边查边改，即查即改，确保限期整改完成，对一时难以消除的重大隐患，必须指定责任人负责监督整改，督促隐患单位拿出限期整治计划和治理方案，做到治理的目标、经费、机构、时间、措施“五落实”，有效分步推进隐患的整改，直至隐患彻底根除。

重大事故隐患治理方案内容应当包括：分析治理的目标和任务；确定负责治理的部门和人员；采取有效的措施和方法；保证经费和物资的落实；提出治理的时限和要求；制定出相关的安全措施和应急预案。

（三）隐患排查方法和排查范围

隐患排查工作可与企业各岗位的日常管理、专项检查和监督检查等工作相结合，科学进行整合下述方式：

1. 日常隐患排查

包括配送车队、班组、岗位员工的交接班检查和现场的巡回检查以及基层领导和专业技术人员的日常检查。日常隐患排查重点是对设备的关键装置和要害部位、生产流程中的关键环节，以及单位重大危险源管理的巡查。各配送车队及固定场所检查每月不得少于4次，驾驶员严格落实“一日三检”制度，做好出车前、行车中和归场后的隐患排查工作。

2. 综合性隐患排查

是指以保障安全生产为目的，以落实安全生产责任制和各专项管理制度为重点，各岗位共同参与，齐抓共管的全面检查，公司级大检查每年应不少于2次，各配送中心等基层单位根据实际安排开展每月的安全检查。检查内容主要包括：

（1）安全管理方面：①检查企业安全生产责任制的落实情况，企业法人或企业负责人为安全生产第一责任人，各部门及各岗位操作人员是否层层签订安全生产责任书并切实落实安全生产责任；②检查各操作人员对本岗位安全生产工作的认识、目标责任的落实及安全活动的开展情况等；③检查各项安全管理制度是否合规，安全生产记录台账能否有效完成，各项安全基础工作能否落实等；④检查从业人员的招聘、培训、考核、评价工作管理制度和流程是否合规，严格执行制度标准。

（2）现场安全检查内容：①检查现场操作中，生产、设备、电气、消防、卫生等专业规范和制度等是否得以落实，是否存在隐患；②检查实际工作中岗位员工执行各项安全生产制度和操作规程的情况；③检查安全生产保障措施在各作业环节中是否得以落实。

（3）设备设施检查主要内容：①车辆经常性装备是否齐全、完好、无任意增减现象；②特殊运行条件下，车辆是否根据实际情况配备保温、防滑等临时性装备；③车属物品、应急物资、消防设施等物件是否齐全有效；④GPS 车载定位系统是否运行正常、无损坏、屏蔽等现象。

（4）专项隐患排查主要是指对特定区域位置及设备等分别进行的检查，例如车辆附件专项检查和应急物资的专项检查等。

（5）重大活动及节假日前隐患排查的主要内容：在重大活动和节假日前，对设备设施及备用设备设施的状况、库存备件、应急预案、应急工作、运力安排、保安保卫、固定场所等进行的检查，特别是要对节日期间领导带班、干部值班值守、保供运行、紧急社会事件及政府指令性任务的执行安排、各类物资储备和应急准备工作进行的重点检查。

（6）季节性隐患排查是根据各季节特点开展的专项检查，主要包括：①春季检查以防静电、防雷、防解冻跑漏为重点；②夏季以防暑降温、防雷、防食物中毒、防设备容器高温超压、防台风暴雨等极端天气、防洪防汛等为重点；③秋季以防雷、防火、防静电、防冻保温为重点；④冬季以防冻、防滑、防坠落、防交通事故、防工伤、防火、防爆、防中毒窒息为重点。

（7）事故类比隐患排查是借鉴事故案例，对企业内或同类企业事故进行学习分析后开展的安全隐患检查。要求在每次安全会议及培训前进行安全经验分享的学习，举一反三，吸取经验，对照自身开展反思和检查。

（四）强化监督，建立动态化的考核机制

持续排查治理隐患，加强整改督查，提高本质安全系数。责任单位及相关岗位要全面开展隐患排查治理工作，切实落实整改措施，防范事故发生，并不断完善隐患排查、报告、治理制度，建立全员隐患排查、治理的长效机制。

建立隐患监控机制，隐患排查治理领导小组负责对企业隐患排查治理工作的督促、检查和整改指导，按照公司隐患排查治理信息统计报告的要求，明确工作职能，把握工作进度，科学统计，分析汇总，落实工作责任，提高工作能力，对表面和隐性隐患进行全面排查，提高隐患的识别效率，及时从根本上对各类事故隐患进行治理。各责任单位要边排查治理，边总结经验，边完善规章制度，提高隐患排查工作的科学性、系统性、有效性，构建长效机制。将安全隐患排查治理体系建设总体部署和日常工作完成情况作为企业的年度安全生产考核指标，并严格落实奖惩制度。

第五节　科技化与信息化技术

一、视频监控

近年来危险化学品运输车辆侧翻、碰撞、泄漏和爆炸等事故频繁发生，该类运输事故发生的原因有：危险化学品运输车辆超载；天气恶劣；道路状况不良；驾驶员疏忽违规等。此外，驾驶员可能被泄漏出的毒气伤害而失去知觉，或者自身素质低下而只顾自身逃逸，未能在事故发生后的第一时间发现并报警，导致失去了及时处理及救援疏散的宝贵时间，使得危险化学品进一步的泄漏、扩散或爆炸。

另外，危险化学品运输车辆营运过程中，还存在着个别驾驶员在货物运输半路停车私自卸货转卖，也给企业带来巨大的经济损失。

以上这些问题的产生，主要是由于缺乏对危险化学品运输全过程实时、动态、有效地监控和管理，使得危险化学品运输事故和货物丢失频繁出现，对人民的生命和财产造成了巨大损失，严重污染了周边环境，影响了和谐社会的构建。

因此建立和完善危险化学品运输车辆实时动态监控管理系统，实现对运输全过程中车辆、人员、环境及危险化学品状态等情况的实时动态监控、预警报警、安全管理与分析和辅助应急救援，最大程度地减少危险化学品运输事故及其危害势在必行。危险化学品运输问题引起党和国家、各级地方政府的高度重视，相继出台了一系列针对危险化学品运输车辆如何规范运作的法律、法规、标准和规定。

随着科学技术的迅速发展，危险化学品道路运输车辆监控管理系统在不断更新换代。充分利用先进的通信技术、计算机技术、可视化技术和自动控制等技术构建危险化学品道路运输车辆监控管理系统，是提高运输车辆安全行驶的有效方法。对危险化学品运输车辆的管理，必须利用现代化的先进技术和科学化的管理手段，强化危险化学品运输车辆的全过程监控和集中管理。

目前，对危险化学品运输车辆主要推行安装 GPS、行车记录仪和通信设备实行跟踪管理，在此基础上，加入可视化管理，建立危险化学品运输车辆监控管理系统，使危险化学品运输管理工作科学化、规范化和制度化，同时必须建立健全道路危险化学品事故应急救援体系，健全应急救援技术和信息支持系统，培养高素质的应急救援队伍，形成快速反应的应急救援机制，提高应急救援能力，最大限度地降低危险货物运输事故所造成的损失。

加强对危险化学品运输公司车辆的营运管理，加强对运输货物的实时监控，预防交通事故的发生，确保货物、车辆、驾驶员的安全，并且为交通事故分析提供科学的参考依据，保障驾驶员的合法权益，危险化学品运输公司应建立一套基于 3G/4G 无线网络的危险化学品运输车辆监控管理系统。

将车辆的位置与速度，车内外的图像、视频等各类媒体信息、车辆参数与车载物品数据参数等通过控制器局域网总线技术（ControLLer AreaNet-work Bus，CANBus）进行实时管理，有效满足用户对车辆管理的各类需求。

危险化学品运输车辆监控管理系统遵循危险化学品运输车辆有关标准和规范，综合利用全球卫星定位(GPS)、无线通信(WiFi/GSM/3G)、地理信息系统(Geographic Information System 或 Geo-Information system，GIS)、计算机网络、射频识别(Radio Frequency Identification，RFID)、视频压缩处理和安全管理等高新技术，最直观地监控车辆实时图像、显示车辆运行状态信息与车载物品数据参数，同时对车辆及货物实时定位跟踪，将运输行业中的货主、第三方物流及驾驶员等各环节的信息有效、充分地结合起来，达到充分监控、调度货物及车辆的目的，保障货物及驾驶员的安全，提高运输效率。

视频监控，3G/4G 视频监控在运输过程中的作用如下。

(1) 实时监控车辆运输过程。3G/4GGPS 车载网络视频服务器可实现多信息的实时监控，车载行驶记录终端可实时监控或随时抽检车辆的行驶状态等信息，系统自动对信息进行处理和存储，能够实时了解车辆的行驶状态和运行环境，及时发现环境或人为问题，包括随意停车，无关搭乘等，对行驶途中碰瓷、讹诈等现象提供有力的证据，维护车主的合法权益。

(2) 运输过程信息查询。可随时查询危险品、剧毒化学品生产及运输企业的信息，涉及剧毒化学品管理的法律法规的发布及剧毒化学品名录。可查询托运单位名称、运输单位名称及运输路线，运输相关车辆和运输相关人员，运输剧毒化学品的名称、数量及相关公路运输通行证的有效期等。

(3) 紧急事件的应急联动。包括事故现场的交通管制、事故现场周边人员疏散、事故的紧急救援等，相关信息可以实时发送到监控指挥中心，便于对事故的及时处理。

(4) 运输结束后的信息处理。车辆到达运输目的地后，可通过有线/无线网络下载查询车辆行驶记录仪与录像文件资料。存储的图像和数据信息能被打印、回放，以便于检查车辆运行轨迹和系统操作日志。

(5) 提高安全，事故取证。长途危险货物货车行驶时间长，路况和人员复杂，车匪路霸较多，容易出现安全问题。特别是春运高峰期间偷、抢、拐、骗的案件恶性交通事故很多，驾驶员违规操作、严重超载等情况时有发生。通过网络远程视频监控和录像系统，旅客运输公司和管理部门随时可以通过 3G/4G 网络远程视频即时检查驾驶员是否违章和超载，同时录像资料可作为犯罪分子作案的证据。

(6) 有效地督促驾驶员严格按照规章操作、文明驾驶，提高行车的安全性。

(7) 可为货车运输过程中出现的亏吨等现象提供有力的证据，特别是危险化学品运输的车辆，货物亏吨和染货对车主经济造成重大损失，有了视频监控，可以对有些不法厂家恶意亏吨、恶意染货等提供有力的证据，对维护车主权益有着巨大作用。

(8) 3G/4G 视频监控同时有定位功能，可对车辆进行定位，还有行车轨迹回放等功能。

二、GPS 定位

危险品车辆监控调度系统是集全球卫星定位系统(GPS)、地理信息系统(GIS)以及无线通信技术于一体的软、硬件综合系统。其主要由三部分组成：车载终端、无线数据链路和监控中心系统。可对车辆进行统一集中治理和实时监控调度。

危险品运输车辆 GPS 监控调度系统具有全天候、全路线车辆实时动态监控的功能，主要应用于车辆的跟踪、调度、监视、历史记录查询、安全报警、车辆档案治理等多种用途。

(1) 强大的车辆正确定位、实时监控、高效调度功能。

(2) 快速的报警处理机制，将意外情况造成的损失降低到最小限度。

(3) 提供多种监控方式，可对特定区域和线路进行重点监控。

(4) 兼容多种车载终端，赋予用户在硬件选择上的高度灵活性。

(5) 可同时支持多种通信方式，包括 GSM/CDMA 短消息、GPRS(General Packet Radio Service，通用分组无线业务)、集群。

(6) 系统具有完整安全以及自动灾难恢复机制，保证系统安全稳定。

(7) 精确的数字舆图及专业的舆图服务支持。

(8) 业界领先的高速 2DGIS 及 3DGIS 引擎，特别适合实时监控系统。

系统功能简介如下。

1. 车辆跟踪监控

系统建立了车辆与监控中心之间迅速、正确、有效的信息传递通道。监控中心可以随时把握车辆状态，迅速下达调度命令。还可以为车辆提供服务信息，有多种监控方式可供选择。

2. 超速/停车报警

危险品运输车辆一般都有限速行驶的规定，并且运输途中不能随意停车。监控中心可以预先设定限制速度，当车辆的行驶速度超过或者小于规定的阈值时，将自动发出报警信息。以便监控中心采取措施，提醒驾驶员留意速度或者要求驾驶员汇报情况。

3. 历史轨迹纪录查询

危险品运输车辆在行驶过程中的轨迹信息将被记录保存，方便事后查询。用户可选定过往一时间段，查询该时间段内指定车辆的历史数据，进行历史回显，是事故分析的得力助手。

4. 紧急报警

当车辆遭遇紧急情况时，只需要按下报警按钮，车载终端就会自动向监控中心发送报警数据，在监控终端显示出车辆位置，并声光提示。另外，当行驶过程中碰到险情或发生交通事故、车辆故障等情况下，可通过车载终端报警按钮向监控中心求救。监控中心还可对车内情况进行监听并录音。

5. 区域/偏航报警

为了加大治理力度，一般要求车辆行驶固定路线或者只能在特定区域活动。在系统中为任务车辆预先设置行车路线，任务开始时，车辆行走路线及状态开始被监控及记录，如车辆未按预设行车路线行车或者驶出设定区域，系统将会自动报警，中心可以根据实际情况采取措施。

6. 车辆统一信息治理

系统能够对车辆进行集中统一的信息化治理。治理内容涵盖车辆车牌号码、车台号码、车型、颜色、发动机号、底盘号码、用途等。系统将对车辆的所有这些信息进行采集、录入，而后向用户提供修改、删除以及查询功能。

7. 系统效益

全程监控车辆运行状况，运输安全真正有保障。

（1）辅助事故分析，事故情况有备可查。

（2）统一车辆信息治理，进一步提高治理信息化水平。

（3）提高事故响应速度，将事故的损失减小到最低限度。

三、前车距离保持技术

前车距离保持技术(Car Distance Preserving Technology)，属于行车被动安全的范畴。主要是利用车上的声学或者光学仪器对前车距离进行监测，一旦前车距离接近或低于设定值时，系统会自动制动或减小节气门开度的方式来保持设定的车距。

前车距离保持技术是现代汽车较为创新的技术。例如沃尔沃就将自适应巡航控制、驾驶警示和距离警示功能等集合在 XC60、XC90 上来实现前车距离恒定；日产 QX56、M37 则直接配有 DCA(Distance Control Assist，车距控制辅助)技术的功能。

要实现车距保持功能必须要有传感器，也就是安装在车内后视镜背面的光学传感器，所以千万不能忽视小小后视镜的价值，更换一个比较贵。

（1）驾驶员安全警告系统(Driver Alert Control，DAC)。从技术上看，驾驶员警示控制系统由一个摄像头、若干传感器和一个控制单元组成。摄像头装在风窗和车内后视镜之间，不断测量汽车与车道标志之间的距离。传感器记录汽车的运动，控制单元储存该信息并计算是否有失去对汽车控制的危险。如果评估的结果是高风险，即通过声音信号向驾驶员发出警示。这是一种用提示音的方法让车主自我控制前车距离。

（2）距离警示控制系统(Distance Alert，DA)。利用在发动机前舱的雷达发射器和摄像头对前方物体进行监控，雷达主要负责接收距离信号，摄像头则负责分析前方物体是否是车辆等。一旦接近或到达设定距离，先会出现警示信号提醒车主做制动或松加速踏板的动作。一旦超出距离，系统就会制动并且加速踏板产生反推力，阻碍车主进一步对加速踏板进行踩踏操作。多用在配合自适应巡航系统使用，即使关闭巡航系统，距离警示也会一如既往地工作，并不会受到影响。

（3）自适应巡航控制系统(Adaptive Cruise Control，ACC)。自适应巡航控制系统采用雷达探测器持续监测与前车距离，并自动调整行驶速度，确保与前车始终保持安全的距离。一旦与前车距离过近，带自动制动功能的碰撞警示系统就会提供图像和声响预警，使驾驶员采取措施并同时制动，以防止车辆碰撞事故的发生或者减轻碰撞的后果。值得一提的是，此功能在 30~200km/h 起作用，巡航速度范围比一般车型大得多。

上述功能的使用对于汽车的安全驾驶具有重大作用，目前已在欧美市场较多车辆设置，前车距离保持在巡航和驾驶疲劳时效果明显，在欧美等国颇受欢迎。由于国内的特殊性目前尚未开始大规模普及，在热闹的道路上制动工作过于频繁舒适性不够，并且设定车距过宽很容易让其他车“插队”，过小又起不到该有的作用，这些都是在国内普及的制约。

四、疲劳驾驶

疲劳驾驶是指驾驶员在一段时间的驾车之后所产生的反应水平下降，导致不能正常驾车行驶。驾驶员产生疲劳后，其心理状态也会发生各种各样的变化，如视力下降，致使注意力分散、视野逐渐变窄；思维能力下降，致使反应迟钝、判断迟缓、动作僵硬、节律失调；自我控制能力减退，致使易于激动、心情急躁或开快车等。疲劳驾驶预警系统就是指一旦驾驶员精神状态下滑或进入浅层睡眠，该系统会依据驾驶员精神状态指数分别给出：语音提示，振动提醒，电脉冲警示，警告驾驶员已经进入疲劳状态，需要休息，并同时自动记录相关数据，以便日后查阅，鉴定，其作用就是监视并提醒驾驶员自身的疲劳状态，减少驾驶员疲劳驾驶潜在危害。

许多国家都比较重视疲劳驾驶预警系统的研究工作，早期的疲劳驾驶测评主要是从医学角度出发，借助医疗器件进行的，这些研究可以追溯到1935年美国州际商务委员会ICC（Interstate Commerce Commission）要求美国公共卫生署USPHS（United States Public Health Service）对城市商业机动车驾驶员服务时间管理条例的合理性所进行的调查。但是对疲劳驾驶的实质性的研究工作，是从20世纪80年代由美国国会批准交通部实施驾驶服务时间（Hours of Service，HOS）改革，研究商业机动车驾驶和交通安全的关系，并健全货车和公共汽车安全管理条例开始的。由此把疲劳驾驶的研究提到立法高度，保证了开展疲劳驾驶研究的合法性、有效性和持续性。其研究工作大致可以分为两大类：一是研究疲劳瞌睡产生的机理和其他各种诱发因素，寻找能够降低这种危险的方法；二是研制车辆智能报警系统，防止驾驶员瞌睡状态下驾驶。20世纪90年代，疲劳程度测量方法的研究有了很大的进展，许多国家已开始了疲劳驾驶车载电子测量装置的开发研究工作，尤以美国的研究发展较快。研究成果中具代表性的如下。

（1）德国SAFEAU研制的打瞌睡驾驶员侦探系统DDDS（Drowsy Driver Detection System）。采用多普勒雷达和复杂的信号处理方法，可获取驾驶员烦躁不安的情绪活动、眨眼频率和持续时间等疲劳数据，用以判断驾驶员是否打瞌睡或睡着。该系统可制成体积较小的仪器，安装在驾驶室内驾驶员头顶上方，完全不影响驾驶员正常的驾驶活动。

（2）转向盘监视装置S. A. M.（Steering Attention Monitor）。一种监测转向盘非正常运动的传感器装置，适用于各种车辆。转向盘正常运动时传感器装置不报警，若转向盘4s不运动，S. A. M. 就会发出报警声直到转向盘继续正常运动为止。S. A. M. 被固定在车内录音机旁，转向盘下面的杆上装有一条磁性带，用以监测转向盘的运动。使用S. A. M. 并不意味延长驾驶时间，而是要提醒驾驶员驾车时不要打瞌睡。另外，S. A. M. 与录像机配合使用可以为保险公司提供证据。

（3）日本研制的DAS2000型路面警告系统（the DAS2000 Road Alert System）。一种设置在高速公路上用计算机控制的红外线监测装置，当行驶车辆“摆”过道路中线或路肩时，向驾驶员发出警告。

（4）反应时测试仪PVT（the Psychomotor Vigilance Test）。根据驾驶员对仪器屏幕上随机出现的光点的反映（光点出现时敲击键盘）速度测试驾驶员的反应时，用以判断其疲劳程度。

（5）日本研制的电子“清醒带”。使用时固定在驾驶员头部，将“清醒带”一端的插头插入车内点烟器的插座，装在带子里的半导体温差电偶使平展在前额部位的铝片变凉，使驾驶员睡意消除，精神振作。据说戴上这种“清醒带”，可以24h无睡意。“清醒带”使用电压12~14V，电流500mA，十分安全。

自 2000 年以来，随着计算机和集成电路制造技术的提高，机动车驾驶员疲劳驾驶的研究有了进一步的发展，美国华盛顿大学的 John Stern 博士是世界上研究眼部动态和疲劳驾驶的权威人士之一，他领导的由美国联邦公路管理局和汽车联合会资助的研究所，通过自行开发的专用照相机、脑电图仪和其他仪器来精确测量头部运动、瞳孔直径变化和眨眼频率，用以研究驾驶行为等问题。研究结果表明：一般情况下人们眼睛闭合的时间在 0.12~0.13s，驾驶时若眼睛闭合时间达到 0.15s 就很容易发生交通事故。宾夕法尼亚大学智能交通实验室和 NHTSA 采用 PERCLOS（眼睛闭合时间占特定时间的百分率）作为精神生理疲劳程度的测量指标。2000 年 1 月明尼苏达大学计算机科学与工程系的 Nikolaos Papanikolopoulos 教授成功开发了一套驾驶员眼睛的追踪和定位系统，通过安置在车内的一个 CCD（Charge Coupled Device，电荷耦合器件）摄像头监视驾驶员的脸部，实现以下功能：①用快速简单的算法确定驾驶员眼睛在脸部图像中的确切位置和其他脸部特征；②通过追踪多幅正面脸部特征图像来监控驾驶员是否疲劳。

驾驶员疲劳检测系统实现原理：车内驾驶员疲劳监测技术，本质上是在行驶过程中捕捉并分析驾驶员的生物行为信息，比如眼睛、脸部、心脏、脑电活动等的技术。然而心跳活动监测和脑电活动监测由于受接触的限制，目前没有在车内批量应用。当前最多被采用的疲劳检测手段是驾驶员驾车行为分析，即通过记录和解析驾驶员转动转向盘、踩制动踏板等行为特征，判别驾驶员是否疲劳。但是这种方式受驾驶员驾驶习惯影响极大。另一大类别的检测方法是：通过图像分析手段对驾驶员脸部与眼睛特征进行疲劳评估。这一方法正渐渐被整车厂商接受并采用。

国外预防疲劳驾驶的产品：

（1）美国 ATTENTION 公司的 DD850，已经通过美国交通部在全美国进行推广，曾经参与安家廷煤矿的疲劳驾驶预警系统的招标。

（2）美国 DSS 公司的疲劳检测和分析系统。

（3）奔驰、沃尔沃的高端系列产品有瞌睡提醒装置（Drive Awake）。

（4）丰田的 13 代皇冠在日本销售的产品有瞌睡报警系统。

目前我国尚未有大规模普及这一技术，随着实用技术的不断提高及车辆智能化的普及，我国国内运输业尤其危险货物运输车辆也会普及这一安全技术。

第七章　道路运输企业应急救援管理

第一节　道路运输安全生产与应急管理体系构建

道路运输安全生产与应急管理是一个涉及管理机构多、人员广、管理流程复杂的大系统，具有多因素、多变化的特性，需利用系统学方法分析道路运输安全生产与应急管理体系结构。本节在分析安全生产与应急管理体系三个维度内容的基础上，提出组织维、运行维、保障维体系的构建原则和体系框架。

一、道路运输安全生产与应急管理之间的区别与联系

（一）安全生产管理与应急管理的区别

两者的内涵和涉及的工作存在本质区别。安全生产管理的对象是道路运输企业和从业人员，其目的是保证企业和从业人员道路运输生产活动的规范性和安全性，应急管理的对象是道路运输突发事件，其目的是对道路运输事件进行有效的预警、控制和处理。

安全生产管理的主要工作是对道路运输企业和从业人员不合法行为的查处及各项规章制度的制定，应急管理的主要工作是应急预案、应急管理体制、应急管理运行机制、应急管理法制的“一案三制”建设。

（二）安全生产管理与应急管理的联系

应急管理的目的是在突发事件发生之后，快速反应、快速处理，最大程度上减少突发事件损失，快速恢复到安全状态，并做好应急救援的经验总结。与减少突发事件损失相比，安全生产管理的目的是加强安全生产事故发生之前的突发事件预防，从突发事件致因的各方面入手，全面加强管理，从根源上杜绝突发事件的发生；从实际运用来看，安全生产管理水平的提高在减少安全生产事故发生概率方面的效果显著。因此，应急管理是安全生产管理的延伸，两者共同覆盖了突发事件从事前预防到事后恢复的全过程，两者相辅相成，两者在时间序列上的关系如图 7.1 所示。同时，安全生产管理不到位，突发事件的发生频率会大幅增加，增加应急管理的难度，两者相互影响。

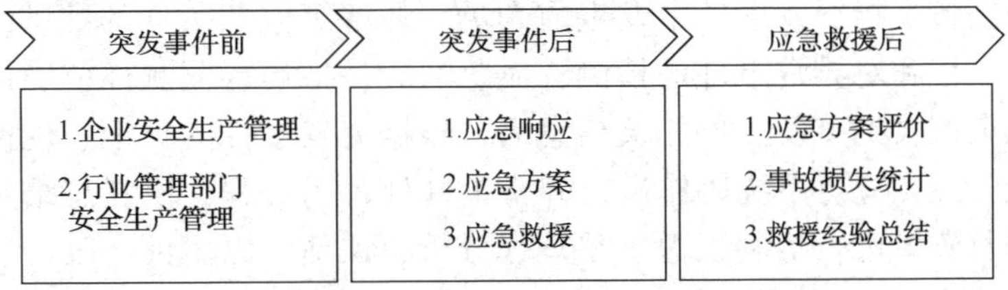

图 7.1　道路运输安全生产与应急在时间序列上的关系

综上所述，道路运输安全生产管理与道路运输突发事件应急管理在许多方面相互联系、相互交织，这也是在实际的管理工作中无法将安全生产与应急完全分割的主要原因。因此，在构建体系时将两者整合统一更为科学合理；同时将两者整合可让现有管理机构、安全生产与应急资源更加高效。

二、道路运输安全生产与应急管理体系结构分析

我国关于道路运输安全生产与应急管理体系的研究仍处于探索阶段，因此，国内学者在体系结构框架问题研究时，常借鉴国外系统工程的思路。道路运输安全生产与应急管理体系是一个元素众多的大型复杂系统，可以利用霍尔(1969)提出的三维结构模式进行系统结构模型设计。

（一）组织维

组织维是从道路运输安全生产与应急管理资源角度进行整合优化，它是把道路运输安全生产与应急管理的权利、责任进行有效的组合，达到资源利用最大化，效益最大化。在道路运输安全生产与应急管理体系中不同层级组织参与单元承担的职责定位与分工不同，从层级上来分，可大致分为决策、安全生产管理执行以及应急管理执行三个层级。为保证应急体系架构的实际应用效果，组织维需要建立从顶层至底层贯穿组织体系纵向结构的架构，因而本节即按照此结构层级的区别，分为安全生产与应急管理决策机构、安全生产管理执行机构、应急管理执行机构三个层级。

其中决策机构是指道路运输体系中有权决定、制定法规、发布命令的行政机构，其主要功能是从宏观层面把握道路运输安全生产与应急管理工作的发展方向、发展目标，并对执行机构分配任务及作出具体要求。执行机构是承担决策部门制定的政策、计划的执行者，负责政策的实施、安全生产与应急相关事务的处理、道路运输行业信息服务等工作。两者的共同配合完成道路运输安全生产与应急管理工作。

（二）运行维

从突发事件发生全过程的时间顺序来看，道路运输安全生产是突发事件的事前管理，其各项管理措施往往是在突发事件发生之前，可作为运行维中的第一个阶段。而对于应急管理的阶段划分，在不同角度有不同划分方法，常见的包括：三阶段划分法：即事前、事中和事后；四阶段划分法：即预防、准备、反应和恢复；五阶段划分法：即危机预警及准备、识别危机、隔离危机、管理危机、处理善后。综上，结合应急领域相关理论对应急活动的划分方法，本节将道路运输安全生产与应急管理划分为安全生产管理、突发事件应急准备、监测预警、应急响应、恢复总结五个阶段。

其中，应急准备是指突发事件未发生前人员、装备等应急条件的准备，监测预警指对道路运输状态的监控和对异常事件的检测，应急响应是指运行监测环节确认异常事件发生或通过其他信息渠道收到突发事件相关信息后，根据突发事件的类型、规模指挥调度不同应急力量、应急资源、应急系统协作进行异常事件处置的过程，恢复总结是指应急处置完成后对处置过程及效果进行资料汇总、整理、分析、评估，以验证、改善应急体系处置效果的过程。

（三）保障维

保障维包含了维持道路运输安全生产与应急管理工作正常开展的各种保障元素，主要有资源、技术、制度三个方面。资源是指安全生产与应急管理中需要物资、设备、工具、资金等；技术主要指安全生产与应急管理中资源调度分配、信息共享的信息技术；制度是指国家、地方相关法律法规、各项管理活动的相关行业规范和技术标准、各机构部门规章制度等。具体结构模型如图 7.2 所示。

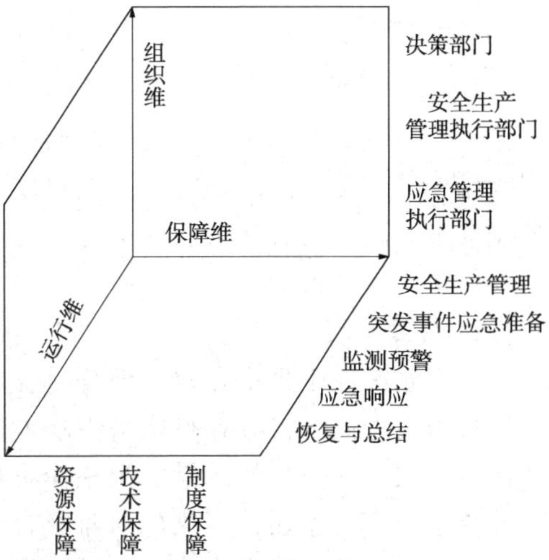

图 7.2　道路运输安全生产与管理体系三维结构

（四）三者相互关系

架构框架模型从参与对象、功能、资源工具三个角度分析了道路运输安全生产与应急管理活动的构成元素，基本涵盖了所有构成要素。各个维度之间的联系如图 7.3 所示，组织维为运行维提供职能域的执行功能描述、为保障维提供资源、信息等的组织分布需求描述；运行维为组织维提供安全生产与应急活动各阶段的任务功能需求描述，为保障维提供安全生产与应急的资源、信息等需求描述；保障维为组织维主要提供组织建设的机制、标准描述，为运行维主要提供安全生产与应急管理的法律授权、操作标准规范等描述。

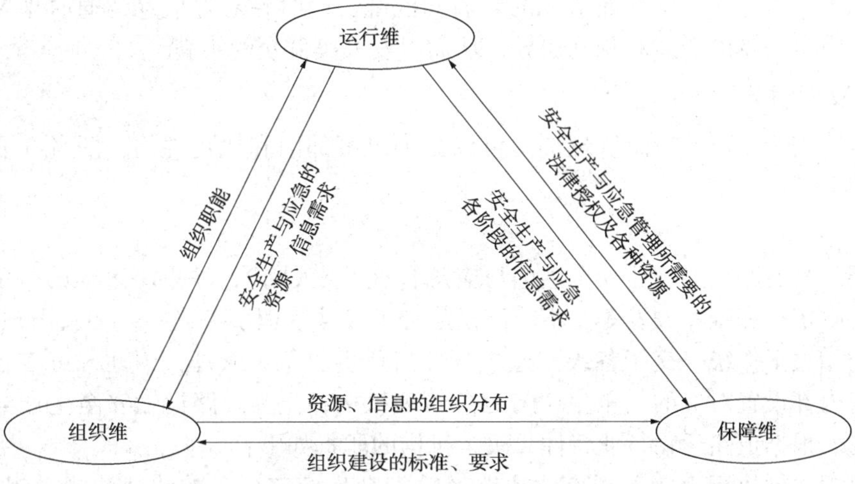

图 7.3　道路运输安全生产与管理体系各维度关系

三、道路运输安全生产与应急管理组织体系

组织体系设计的本质是权利与职责的合理分配，是道路运输安全生产与应急管理工作责任落实的基础。权责的相互关系是通过一定的组织形式体现，因此，组织体系的构建应重点考虑不同层级、不同角色定位的职责划分。

（一）构建原则

1. 精简高效

精简高效的原则是针对组织层面的投入与回报之间的效率，组织体系不应设置过多的层级结构，避免不同层级管理人员过多而造成人员、资金的浪费，降低组织内部的协调和控制成本。同时对各层级的权责进行合理分配，尽量减少决策执行、管理工作运行的流程，提高组织整体运行效率。

2. 权力制衡

权力制衡原则是指在权力划分时，应设计出相互制约平衡的机制，不能让某一层级的机构权力失去制约，导致整体组织功能的失效。主要体现在执行与监督的分离，管理措施的执行部门应对执行的结果承担主体责任，当执行部门出现失职行为时，应被监督部门发现并给予一定的惩罚；当执行与监督合二为一时，执行部门等同于自我监督，监督的作用无法发挥。在组织体系构建时采用制衡，原则可以使得组织整体按照既定的战略规划进行行业管理，确保战略目标的实现，并提升整体组织在动态复杂环境中的可持续发展的能力。

3. 分级管理

道路运输安全生产与实际应急管理工作中涉及地域广泛，必须建立分级负责、属地管理为主的管理体制。实行安全生产与应急管理领导责任制，要求从行业各级机构到企业必须做到谁主管、谁负责，谁审批、谁负责，按照属地管理与分级管理相结合的管理方式进行。在突发事件应急处置的紧急情况之下，应立即明确领导机构，并由该机构一名主要领导人作为应急救援的总指挥全面负责突发事件的应急处置工作，在多部门参与时也要遵循统一指挥原则，避免多头领导而造成的矛盾和混乱，同时在对外信息沟通时也要保持统一口径，避免应急信息的矛盾和相互误导，从而引发人民群众的不满。

（二）权责划分

道路运输安全生产与应急管理部门可以分为决策部门和执行部门，两者在职责划分上有很大区别。

1. 决策部门

决策部门是道路运输行业安全生产与应急管理的“大脑”，注重决策权的行使，包括战略制定、行政审批和政令颁发等，不应该仅陷身于日常管理事务当中。在我国现有体制下，把交通运输相关工作统一交于各级交通主管部门负责决策、管理，因此，可在各级交通运输主管部门内部设置对应的安全生产与应急管理机构，作为道路运输安全生产与应急管理的决策机构。根据道路运输行业特性，决策机构的职责如下：

（1）组织贯彻执行上级部门有关道路运输安全生产与应急的法律法规、规章和政策、标准，在权力范围内制定管辖区域相关政策，制定地方性法规草案，以及上级政策、法规的补充性规定，完成法规体系中属于自己的部分。

（2）对接上级部门的战略规划，制定本级道路运输行业安全生产与应急发展规划、年度计划，并负责监督下级相关部门执行实施。

（3）负责行业协会等有关道路运输社团组织的管理。

（4）根据本部门和其他部门的行业安全生产与应急信息的收集与整理，向上级部门报告本级安全生产与应急状况，并向社会、公众公布相关报告。

（5）对执行部门重大项目的执行提出政策性建议。

（6）对管理执行部门工作进行考核评价。

2. 执行部门

执行部门是决策部门制定政策、计划的执行者，负责政策的实施、安全生产与应急相关事务的处理、道路运输行业信息服务等工作，并给决策部门反馈信息，根据执行情况、日常工作情况给出政策、计划的完善意见和建议。我国各级运管部门充当了道路运输安全生产执行部门的角色，其职责具体如下：

（1）负责本级管辖范围内的道路运输行业安全生产工作的指导、监督和管理。

（2）根据权限范围制定道路运输行业规章、制度、技术规范和标准等。

（3）按照决策部门制定的政策和规划，落实本级管辖范围内的相关要求和工作。

（4）道路运输相关企业的监督检查工作，对企业安全生产制度不健全、驾驶员管理不到位、运输车辆不达标等不规范行为进行查处。

（5）负责行业反恐、安保、宗治工作。

（6）道路运输行业相关信息统计及上报。

由于我国突发事件应急起步较晚，部分地区没有完全建立起健全完善的道路运输应急处置执行机构体系，可设置省、市、县三级应急处置中心作为应急管理执行机构，其主要负有以下职责：

（1）与路网监测部门、气象部门、地质部门对接，及时获取路况阻断、道路破坏、气象灾害、地质灾害信息，并对信息进行总结分析。

（2）应急处置紧急指令的整理汇总工作。

（3）负责突发事件的基本信息、救援情况报送工作。

（4）在一定的突发事件等级下，负责应急处置指挥调度工作，协调路政、交警、消防、医疗、厅属相关部门的应急救援力量。若需要更高一级机构进行应急处置指挥调度，则应服从指挥，与其他部门相互配合完成应急处置。

（5）协调交通运输行业省级应急物资设备储备、交通应急运输保障、交通运输行业抢险救援队伍建设与管理。

（6）定期组织、开展综合性突发事件应急演练。

（7）拟定本级别对应的应急预案，完善预案体系。

（三）组织体系框架

按照上述对决策部门和执行部门的职责划分，在组织体系中包括了各级交通运输主管部门、运管部门及应急处置中心，按照我国行政区域省、市、县三级划分方法，组织体系中的各个部门也应该划分为三个层级。组织体系框架如图 7.4 所示。

各级交通运输主管部门除了负责道路运输安全生产与应急管理工作外，还有大量交通领域的其他工作，因此只能通过不同内设机构的设置来区分。在决策层级，由于道路运输安全生产与应急在法规制定、发展规划提出等方面有许多重合之处，道路运输安全生产与应急管理应统一交于安全与应急管理相关科室负责。在执行层级，安全生产监督管理与应急管理的对象、区域有所区别，两者有本质的不同，因此在设置执行机构时应将两者区分。

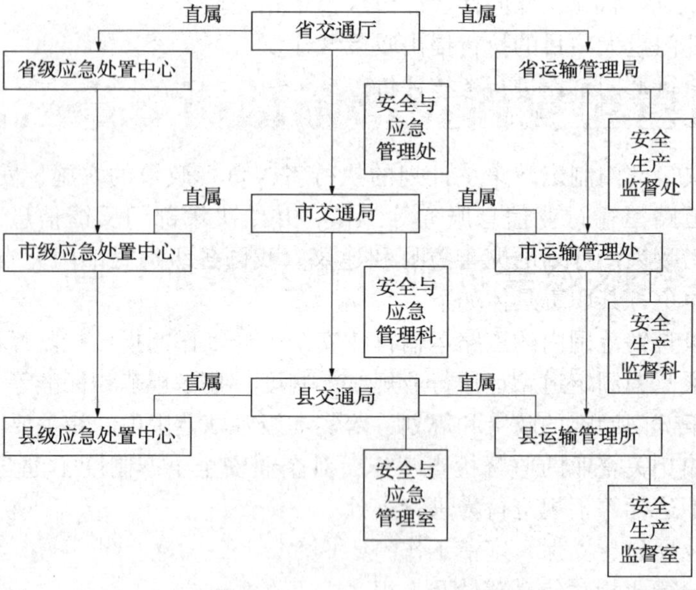

图 7.4　道路运输安全生产与应急管理组织体系

各级运管部门按照“管行业必须管安全”的国家要求，应设立安全生产监督机构，各级应急处置中心则主要负责应急管理工作。在我国部分地区，应急处置中心是与路网监测中心合并设置，保留了原来路网监测中心对路况实时监控的优点，加强了应急处置、应急救援的能力，两者的结合可以提高应急救援的效率，如将两者独立设置，也需要保持两者之间的信息通畅。

四、道路运输安全生产与应急管理运行体系

（一）构建原则

1. 以人为本、生命至上

道路运输突发事件在造成一定的财产损失的同时，往往能威胁参与人员的生命安全，以人为本、生命至上是指道路运输所有相关工作要以人员生命安全为核心。要求在平常道路运输生产工作时采取一系列的措施保障乘客、工作人员、行人等参与人员的生命安全，在突发事件发生时采取紧急避险措施疏散人员，首先保护人员人身安全，在突发事件发生后处理和救援的第一目标要以最大限度保护救援人员、受灾人员的生命安全，其次才是其他财产的抢救与保护。在体系的法律法规、日常工作制度的制定时也应以保障人员安全为终极目标。

2. 效率优先、灵活适度

道路运输系统是一个复杂的大系统，其包含要素众多，虽然有一定内在规律可循，但在日常的生产工作中存在着很多不确定性，若在体系构建时一呆板固定的处理方式，必定会造成效率的下降，在部分事情的处理上要秉持效率优先、灵活适度的原则。要求行业管理部门在应急管理时要抓住主要矛盾，在进行决策时具体情况具体分析，灵活调控。

3. 预防为主、防治结合

减少突发事件损害的最好方法就是预防事故的发生、降低事故的发生概率。突发事件发生的原因有人为原因和自然原因，事故的预防也应从这两者入手，前者要求道路运输系统中的各类人员按照既有的标准规范行事，后者要求尽可能早地捕捉先兆，并对其进行及时、有效、客观的研究和分析。因此，预防为主、防治结合就是指在构建系统时要居安思危、未雨绸缪，将重点放在通过道路运输系统人员管理、事故预测、预警、预控等系列措施，将突发事件控制在萌芽状态。防治结合原则要求当突发公共事件没有发生时，系统处于平时运行状态，主要工作是日常道路运输工作。

（二）道路运输安全生产与应急管理过程分析

由 7. 1. 2 由第二节对道路运输安全生产与应急阶段的划分可知，以突发事件为核心，将道路运输安全生产与应急分为安全生产管理、突发事件应急准备、监测预警、应急响应、恢复总结五个阶段。

在安全生产管理阶段，主要涉及安全生产管理决策部门、安全生产管理执行部门、道路运输企业及从业人员等被管理对象，其具体流程为：决策部门根据市场规律、政府及管理部门与市场的角色定位、道路运输企业特性以及行业发展的趋势制定行业发展的宏观规划、提出发展目标，并以规章制度的方式给执行部门提出针对性的管理目标和具体工作要求，从顶层设计角度对行业安全生产进行管理。执行部门在接受决策部门的管理任务和要求之后，根据管辖区域的自身特点，具体细化各项安全生产管理标准规范，并对企业及从业人员进行查制度、查纪律、查现场、查管理、查措施、查隐患等检查措施，保证企业道路运输生产活动的规范性。企业及从业人员等被管理对象则按照道路运输安全生产的要求进行生产活动，对不符合规范的行为进行整改，以达到行业标准。

在突发事件应急准备阶段，主要包含应急预案体系建设、应急救援装备物资准备、应急救援人员队伍建设三个方面，全面提高应急救援的能力，做好突发事件应急的准备工作。

在监测预警则是通过各类监控、监测手段对道路运输所经过的路网进行实时监控，发现隐患之后及时改进，做好突发事件的预测工作，同时保证突发事件发生后能立即获取相关信息，并将预警信息核实后上报，异常事件信息的来源分为交通行业内各部门、交通行业外各部门与社会公众三部分。

在应急响应阶段，要做好预警信息等级判定、应急响应等级确定及预案启动、现场处置阶段、撤离任务下达四个工作。异常事件信息核实后，各业务局值守人员根据各业务局制定的异常事件分类分级标准对核实后的事件进行事件等级的判定，对于无风险的事件，由相关负责人下达预警解除指令；对于有风险的异常事件，编辑应急预案启动建议信息并通上报，相关人员按照等级判定结果启动应急预案，参与应急处置的各单位根据各自职能通过电话下达现场应急处置指令，处置任务下达后，各业务部门在事发地的应急责任单位工作人员应按照指令携带必要设备、物资前往事发地开展应急处置工作。现场处置任务完成后，各业务部门应急领导根据各局处置情况或上级指示通过电话下达撤离指令。各业务局现场处置人员在接到指令后立即组织撤离，并将撤离任务执行进度信息报送。收到现场处置完成的信息后，相关部门应根据事件处置情况判断是否符合告警解除的条件，确定可以解除告警后，向业务局参与应急处置的工作单位发送解除告警指令。

在恢复总结阶段，应汇总、整理事件信息及事件处置过程信息并进行应急处置的评估，完成后进行事件的归档，并将受损道路及其他设施按照一定的流程进一步完善修复，以达到正常运行的工作要求。

（三）运行体系框架

根据上述分析，可以得到道路运输安全生产与应急管理运行体系如图7.5所示。

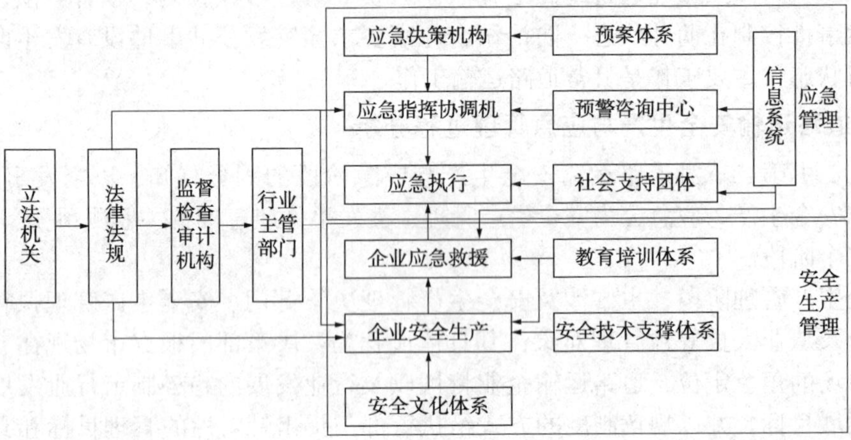

图7.5　道路运输安全生产与应急管理运行体系

五、道路运输安全生产与应急管理保障体系

（一）资源保障

安全生产与应急管理资源保障是在安全生产与应急过程中所需要的各类资源，主要有人员保障、物资保障、资金保障三个方面。

1. 人员保障

道路运输安全生产与应急管理人员包括道路运输从业人员、应急救援专业人员、安全生产与应急管理人员。其中道路运输从业人员主要有营运驾驶员、乘务员、押运员、站务员以及维修企业、检测站、驾校、客货运场站的技术和管理人员等，应急救援专业人员主要包括消防、抢通、医疗救援等，道路运输安全生产与应急管理人员包括各级交通运输主管部门中负责道路运输安全生产与应急管理人员、各级运管部门中的安全管理人员、各级应急处置中心的应急管理人员。

道路运输中的各种工作均离不开人员的参与，只有各岗位人员的数量及专业素养均满足需求才能保证道路运输高效、有序、安全地开展。在部分地区由于经济不发达、应急体系建设滞后、经费投入不足等原因，应急管理人员、应急救援专业人员的配备不足，或是在突发事件发生后，将平时负责道路运输生产或安全管理的工作人员召集进行应急救援，采取“一套人马，两套衣服”的方法应对突发事件，但是由于这些人员在应急救援知识和技能方面不如专业救援人员，其救援能力不足，不能满足要求，因此这种做法是不可取的。

2. 物资保障

安全生产物资保障主要是为了保障安全检查、安全防护工作的正常进行，主要有客运场站设施设备、企业安全生产设施设备、车载安全设施设备等。应急物资主要是指应急物资储备，主要储备易保存、难征集、难调配的物资装备。道路运输安全生产与应急所需要的物资保障如表 7.1 所示。

表 7.1 道路运输安全生产与应急管理物资保障

资源类型	子类	资源列举
安全生产物资	客运场站设施设备	行包安检仪、安检门、手持安检仪等安全检查设备，灭火器、消防栓等消防设施，防爆毯、防暴叉等防暴设施
	企业安全生产设施设备	客运企业、货运企业、机动车维修企业的消防设施设备、本企业生产所需要的其他专业安全设施等
	车载安全设施设备	灭火器、安全锤、三角木、逃生标志等
应急物资	机械车辆	巡逻车、救护车、起重机、装载机、铺路机、平地机、清雪车、清障车、发电机、移动水泵等
	救援工具	破拆工具、铁锹、扫帚、绳索、灭火器、照明设备
	疏导工具	交通引导指示牌、锥形桶、应急警示灯
	防护工具	防护服、防护面罩、防护手套、安全标志、雨衣、雨鞋
	抢通材料	砂石、水泥、沥青、钢桥、钢板、木材、编织袋、融雪剂、吸油材料
	生活材料	食品、饮水、帐篷、折叠床、睡袋
	医疗药品	小范围割伤、轻度擦伤或刺伤等应急处置药品等

安全生产物资主要用于日常安全检查以及辅助安全生产，在这些设施设备中安全检查设备、企业生产所需要的其他专业安全设施在日常的工作中要随时使用，应在使用前、使用后检查，而其他设施设备则是用于紧急情况的处理，应做到足量配备、定期检查、定期更换。对于应急物资，从其静态、动态两个方面来看，尤其是配置位置、配置数量、调度过程，极大地影响着应急资源保障工作的效果，因而，应急物资保障工作的内容可据此大致分为应急物资的优化布局、应急物资的高效调度以及应急物资的及时补充三个部分。

3. 资金保障

道路运输安全生产事故的重要原因之一是资金投入的不足，同时应急管理、应急救援也需要大量的资金投入，各级政府、行业管理部门、企业是安全生产与应急资金的根本来源。各级政府、行业管理部门、企业的资金投入要对接到位，保证每一份投入都能利用到安全生产与应急水平的提高上去，同时要设立安全生产与应急专项资金，明确安全生产与应急专项经费的投入项目，实行专项经费稽查制度，建立多元化的资金筹措渠道。

（二）技术保障

现代科技的发展，尤其是信息技术给包括道路运输在内的交通行业带来了很多改变，成为提高安全生产与应急管理水平的巨大推动力量。我国大部分地区在道路运输行业均有一定信息技术基础设施的积累，只不过它们比较分散，不能做到信息的共享互通，不够完善。应在整合现有安全应急相关业务系统、数据资源、网络资源以及监控中心、应急车等基础设施的基础上，建立具备安全生产基础数据管理、隐患排查管理、风险管理、安全监督考核管理、政策法规管理、安全培训管理、安全诚信管理、安全标准化建设评价管理、安全形势分析预警管理、事故报送管理等日常静态监管功能，重大危险源监控、重点车辆监控、重点场所视频监控等实时动态监管功能和应急资源管理、应急演练和培训、现场应急处置和指挥调度、事后评估等应急状态调度处置功能的综合交通运输安全应急管理系统，并实现行业内互联互通。系统可以分为多个模块，同时容纳包括道路运输在内的多个行业。道路运输管理模块应实现客运站运行监测、城市客运监测、重点运输车辆监管、运政执法监管、道路运输事件处置等功能，应急指挥模块应实现综合运行展示、事件值守管理、应急资源管理、辅助决策、应急会商、指挥调度、信息服务、应急评估、统计分析、培训演练等功能。具体如表 7.2 所示。

表 7.2　道路运输安全生产与应急管理信息系统

系统模块	实现功能
安全生产综合监管系统	安全生产基础数据管理、隐患排查管理、风险管理、安全监督考核管理、政策法规管理、安全培训管理、安全诚信管理、标准化建设评价管理、安全形势分析预警管理、事故报送管理
应急指挥系统	综合运行展示、事件值守管理、应急资源管理、辅助决策、应急会商、指挥调度、信息服务、应急评估、统计分析、培训演练

（三）制度保障

1. 法律法规

为保障道路运输安全生产与应急工作能够有法可依、有法必依，建立、完善法律法规体系是十分必要的。我国颁布了《中华人民共和国安全生产法》《中华人民共和国道路交通安全法》《中华人民共和国突发事件应对法》等法律法规，也正逐步完善安全生产与应急法制体系，使安全应急管理工作能够逐渐落实。为完善各地方道路运输应急处置体系建设，各地方政府、立法部门及地方交通运输管理部门应在国家应急法制体系框架内，建立和完善适合于本省道路运输应急处置法制体系，即在国家颁布相关法律后，制定相应使用本地区的条例、细则或地方性法规。

2. 标准规范

标准规范体系是安全生产与应急管理工作现有的、正在制定的和准备制定的标准规范所形成的有机整体。各个规范间存在着内在联系、相互作用，共同使安全生产与应急管理工作向科学化、合理化的方向发展。道路运输安全生产与应急管理标准规范体系的结构，依赖于国家安全生产与应急管理标准化建设体系和地方安全生产与应急管理体系的框架结构。如上文分析，道路运输安全生产与应急管理可具体分为组织维、运行维和保障维三个维度，此三个维度完整地描述了安全生产与应急管理过程涉及的各个要素。

因此，标准规范体系的完善大致可以从这三个维度具体完善。标准规范体系的编制工作必须在遵守国家的相关法律规定的同时，还要考虑国内外相关标准规范的经验，同国家与行业标准规范接轨，基于此，标准规范体系的编制工作应尽量从国际标准、国内标准中应用，从发达国家的先进经验中借鉴，从实际需求中得来。

3. 管理制度

道路运输安全生产与应急管理涉及的机构、人员、流程十分复杂，为确保各部门及人员能够按照既定的目标有序地开展工作，需要对安全生产与应急过程中的流程、标准、职能、协作等方面内容进行约束，即针对每一阶段涉及的部门、人员，根据部门或人员间的协作关系、工作需求、工作质量要求等制定工作制度，使得每一个岗位人员的工作都有标准、规范可循，使得道路运输安全生产与应急管理工作标准化、程序化。本节将道路运输安全生产与应急管理制度保障所涉及的具体内容归纳见表 7.3，制度保障体系必须包含但不仅限于表中所列制度。

表 7.3　道路运输安全生产与应急管理制度保障

制度保障		
安全生产管理	行业管理制度	制定《中华人民共和国安全生产法》配套制度
		制定道路运输安全应急监管规定
		制定安全责任履职奖惩激励制度
		制定党政同责、一岗双责实施办法
		制定道路运输安全生产巡视制度
		制定道路运输安全生产述职制度
		制定道路运输安全生产监督检查制度
		制定高速公路运营安全管理办法
		修订道路运输企业负责人、安全管理人员考核管理制度
		制定安全生产隐患排查治理实施细则
		制定交通运输安全生产风险管理实施细则
	企业内部制度	制修定安全生产责任制、安全生产费用提取使用规定、动态监控执行制度、隐患排查治理制度、风险识别管控制度以及其他强化过程控制和精细化管理方面的制度和操作规程
应急管理	制定《中华人民共和国突发事件应对法》配套制度	
	各地市制定突发事件应急资源征用补偿办法	
	修订《车辆超限超载治理突发事件应急预案》《道路运输突发事件应急预案》《公路大件运输突发事件应急预案》等省级专项预案	
	修订省级部门预案、市县专项预案和部门预案、道路运输企业突发事件应急预案	

第二节　道路运输企业应急救援预案的编制

应急救援预案是应急救援系统的重要组成部分，针对各种不同的紧急情况制定有效的应急救援预案，不仅可以指导应急人员的日常培训和演习，保证各种应急资源处于良好的备战状态，而且可以指导应急救援行动按计划有序进行，防止因行动组织不力或现场救援工作混乱而延误事故应急救援，从而减少人员伤亡和财产损失。

事故的发生具有突发性，在时间、空间上有不确定性，因此，应急救援预案应针对不同事故的特点，编制针对性强、切合实际、科学合理的应急预案。

一、应急救援预案基本要求

1. 编制应急救援预案要有针对性

应急救援预案是针对各种可能发生的事故所需的应急行动而制定的指导性文件，应针对具体的、特定的某一类事故而制定。

2. 编制应急救援预案要有预见性

应急救援预案应对未来可能发生的事故做出具体的描述，对事故进行危害识别和风险评价，并分析可能由此而引起事态扩大、恶化的形式和后果。对危险场所要进行重大事故危险源的辨识。评估对象可依据《危险化学品重大危险源辨识》(GB 18218—2018)和评价结果进行，这是制定灾害应急救援预案的基础和出发点。对已确认的重大危险源，应预测发生重大事故的状态和损失程度以及对周边地区可能造成的危害程度。

3. 编制应急救援预案要有科学性

编制应急救援预案的最基本目的是最大限度地控制事故的态势，把损失降到最低。事故来临时，面对大量的工作，应从何下手？这就应当依据危害识别、风险评价的结论分出轻重缓急，对重点目标应优先施救。当事故发生时现场施救的第一目标应当是救人，预案的措施应当以此为主线展开，当事件的局部已确实无法挽救时，应主动、理性地放弃。如石油产品库区的特大型火灾，当事态已经失控时，以采取保护性施救为好。

4. 编制应急救援预案要有可行性

编制应急救援预案是为了在事故状态下能够按照预案有效地组织施救，所以编制预案要从事故状态下的环境去思考问题。如地震发生时，有可能发生停电、停水。处理地震引发的火灾，就不能按照一般的火灾施救方法处理。

5. 应急救援预案应分级编制

各级组织由于所辖范围不同，职责、权限不同，对系统的控制能力也不同。政府有政府的职能，应根据自己的职能编制应急预案。机关、企事业单位应该按照自己的所辖范围编制应急预案。大型企业应根据自身的实际情况编制公司、分厂、各装置的应急预案。这样才能使应急预案更加实用、可靠，更加具有可操作性。

二、编制应急救援预案的基本思路

应急救援预案在应急系统中起着关键作用，它明确了在突发事故发生之前、处理过程以及处理结束之后，谁负责做什么，何时做，以及相应的策略和资源准备等。它是针对可能发生的重大事故及其影响和后果严重程度，为应急准备和应急响应的各个方面所预先做出的详细安排，是开展及时、有序和有效事故应急救援工作的行动指南。它一般分为三个层次，即综合预案、专项预案和现场预案。

(1) 综合预案是一个企业的整体预案，从总体上阐述企业的应急方针、政策、应急组织结构及相应职责，应急行动的总体思路等。

(2) 专项预案是针对某种具体的、特定类型的紧急情况而制定的，它是在综合预案的基础上充分考虑了某种特定危险的特点，对应急的形势、组织结构、应急活动等进行更具体的描述，具有较强的针对性。

（3）现场预案是在专项预案基础上，根据具体情况需要而编写。它是针对特定的具体场所，即以现场为目标所制定的，特点是针对某一具体现场的特殊危险及周边环境情况，在详细分析的基础上，对应急救援中的各个方面做出具体、周密而细致的安排，因而现场预案具有更强的针对性和对现场具体救援活动的指导性。

编制好现场应急预案对于预防重大事故发生，减少人员伤亡和事故损失具有重要意义。

三、现场应急预案的编制要点

（一）对重大风险(危险源)的现状要进行应急形势分析

对本企业存在的重大风险进行应急形势分析，确定出可能导致的事故严重后果，可能发生事故的重点部位、伤害的后果等，是编制好现场应急预案的前提和关键。因此，要求相关技术人员对所要编制应急预案的重大风险进行认真分析、科学研究，准确得出事故可能发生的形势和后果，为编制应急预案做好准备。

（二）制定切要可行的预防措施

在现场应急预案中，很重要的一点是要树立“预防为主”的意识，尽可能地避免事故发生，因此，在现场应急预案中必须明确事故应急处理各类人员的具体职责，以避免事故的恶化。具体包括以下内容：

（1）确定事故发生重点部位，避免外来人员接触；必要时设立警示标志。

（2）要明确责任人、检测的方法、方式、频次以及设备设施停止运行的标准和相关的记录要求。

（3）明确发现异常情况的汇报途径。

（4）对相关人员的安全教育、安全提示等。

（三）统筹安排，认真做好事故的应急准备工作

根据预测事故后果，充分做好应急人员、物资、设备的准备，随时应战。具体内容包括：

（1）应急机构的设置、职责的落实。

（2）应急人员的具体分工(重点在车间)。

（3）应急物资设备的准备和日常检查维护。

（4）应急人员的训练等。

（四）现场应急预案的响应

充分明确事故发生时各类人员、各个部门应急行动的具体要求。内容包括：

（1）明确报警方式、电话、事故通报要求。

（2）人员疏散的路径、方法。

（3）伤员现场急救方法。

（4）事故状态下岗位人员采取的具体措施(操作方法、步骤)和做法等。

（5）警戒区域的设立等。

（五）做好应急恢复工作，及时总结经验

具体内容包括：

（1）明确各种事故状态后应急结束和恢复状态的程序、标准和要求。

（2）对事故损失进行评估。

（3）事故原因调查分析。

（4）清理事故现场。

（5）总结事故教训及应急救援的经验教训，以进一步完善应急预案。

（六）现场应急预案的其他要求

（1）现场应急预案经过修改完善后，要形成正式的书面文件，下发到相应部门、人员。

（2）各相关部门要组织相关人员进行学习和定期演练，以确保事故状态下应急预案执行无误，以减少事故损失。

四、应急救援预案编写的具体要求

（一）区域的基本情况

主要包括事发区域的地址、人数、主要货物、出事原因等内容，周边区域的单位、社区、重要基础设施、道路等情况。

（二）重要危险目标的数量及分布图

可根据对以下材料的分析，确定危险目标及其数量：生产、储存、使用危险化学品装置和设施的安全现状评价报告；健康、安全、环境管理体系文件；职业健康安全管理体系文件；重大危险源辨识结果；其他。再根据确定的危险目标，明确其危险特性及对周边的影响，根据重要危险目标的数量画出分布图。

（三）指挥机构的设置和职责

（1）明确应急反应组织机构、参加单位、人员及职责。

（2）明确应急反应总负责人，以及每一具体行动的负责人。建立负责人不在时的替代制度，明确负责人的替代人。

（3）列出本区域以外能提供援助的相关机构。

（4）明确政府和企业在事故应急中的各自职责。

（四）应急装备与设施

（1）明确可用于应急救援的设施，如办公室、通信设备、应急物资等。

（2）列出有关部门，如企业现场、武警、消防、卫生、防疫等部门的联系方法和可用的应急装备。

（3）描述抢险救灾时获得上述资源管道。

（4）描述可用的危险监测设备。

（5）列出可用的个体防护装备（如呼吸器、防护服等）。

（6）列出与有关机构签订的互援协议。

(五) 通告程序和报警系统

(1) 确定报警系统及程序。

(2) 确定现场报警方式，如电话、警报器等。

(3) 确定与政府主管部门的通信、联络方式，以便应急指挥和疏散居民。

(4) 明确相互认可的通告、报警形式和内容。

(5) 明确应急反应人员向外求援的方式。

(6) 明确向公众报警的标准、方式、信号等。

(7) 明确应急反应指挥中心怎样保证有关人员理解并对应急报警的反应。

(六) 应急救援专业队伍的任务和训练

(1) 对应急人员进行培训，并确保合格者上岗。

(2) 描述每年培训、演练计划。

(3) 描述定期检查应急预案的情况。

(4) 描述通信系统检测频度和程度。

(5) 描述进行公众通告测试的频度和程度并评价其效果。

(6) 描述对现场应急人员进行培训和更新安全宣传材料的频度和程度。

(七) 事故处置

(1) 事故发生后应采取的处理措施。根据技术要求和相关规定，确定采取的应急措施。

(2) 危险区的隔离。依据可能发生的危险化学品事故类别、危害程度级别，确定以下内容：危险区的设定；事故现场隔离区的划定方式、方法；事故现场隔离方法；事故现场周边区域的道路隔离或交通疏导办法。

(八) 工程抢险抢修

依据有关国家标准和现有资源的评估结果，确定以下内容：检测的方式、方法及检测人员的防护、监护措施；抢险、救援的方式、方法及人员的防护、监护措施；现场实时监测及异常情况下抢险人员的撤离条件、方法；应急救援队伍的调度；控制事故扩大的措施；事故可能扩大后的应急措施。

(九) 现场医疗救护

依据事故分类、分级及附近疾病控制与医疗救治机构的设置和处理能力，制订具有可操作性的处置方案，应包括以下内容：接触人群检伤分类方案及执行人员；依据检伤结果对患者进行分类，确定现场紧急抢救方案；接触者医学观察方案；患者转运及转运中的救治方案(含伤员转送途中的医护技术要求)；患者治疗方案(包括职工自救、互救方法)；入院前和医院救治机构确定及处置方案(现场急救点的选择和标志；医护人员的常规值班表、详细地址、联络途径)；信息、药物、器材储备信息。

(十) 紧急安全疏散

(1) 明确可授权发布疏散居民指令的负责人。

(2) 描述决定是否采取保护措施的程序。

(3) 明确负责执行和核实疏散居民(包括通告、运输、交通管制、警戒)的机构。

(4) 描述对特殊设施和人群的安全保护措施。

(5) 描述疏散居民的接收中心或避难场所。

(6) 描述决定终止保护措施的方法。

第三节　针对道路危险货物运输的应急救援

危险货物运输是一项专业性比较强、工作比较复杂的工作。由于危险货物本身所具有的易燃、易爆、腐蚀、毒害等特性，一旦发生运输事故，在没有得到及时且正确的现场处置，不仅会造成甚至加大人员伤亡和财产损失，还会扩大到污染附近区域的水土资源和生态环境，造成不可挽回的巨大损失。由于危险货物(尤其有毒性物质)具有的特性，对环境造成污染毒害后，很难一次性根除，土壤水源空气植被等难以在较短时间内恢复，事故后往往要花费很大力气进行解决。

一、应急救援基础知识

(一) 事故应急救援的总目标

事故应急救援的总目标是通过有效的应急救援行动，尽可能地降低事故的后果，包括人员伤亡、财产损失和环境破坏等。事故应急救援的基本任务包括下述几个方面：

(1) 立即组织营救受害人员，组织撤离或者采取其他措施保护危害区域内的其他人员。抢救受害人员是应急救援的首要任务。在应急救援行动中，快速、有序、有效地实施现场急救与安全转送伤员，是降低伤亡率、减少事故损失的关键。由于重大事故发生突然、扩散迅速、涉及范围广、危害大，应及时指导和组织群众采取各种措施进行自身防护，必要时迅速撤离出危险区域或可能受到危害的区域。在撤离过程中，应积极组织群众开展自救和互救工作。

(2) 迅速控制事态，并对事故造成的危害进行检测、监测，测定事故的危害区域、危害性质及危害程度。及时控制住造成事故的危险源是应急救援工作的重要任务。只有及时地控制住危险源，防止事故的继续扩展，才能及时有效地进行救援。特别对发生在城市或人口稠密地区的化学事故，应尽快组织工程抢险队与事故单位技术人员一起及时控制事故继续扩展。

(3) 消除危害后果，做好现场恢复。针对事故对人体、动植物、土壤、空气等造成的现实危害和可能的危害，迅速采取封闭、隔离、清洗消毒、监测等措施，防止对人的继续危害和对环境的污染。及时清理废墟和恢复基本设施，将事故现场恢复至相对稳定的状态。

(4) 查清事故原因，评估危害程度。事故发生后应及时调查事故发生的原因和事故性质，评估出事故的危害范围和危害程度，查明人员伤亡状况，做好事故原因调查，并总结救援工作中的经验和教训。

(二) 规范企业安全生产事故应急管理

规范企业安全生产事故应急管理，提高处置安全生产事故能力，在事故发生后，能迅速有效、有序地实施应急救援，保障员工和顾客生命和财产安全，减少损失，并确保在意外情况发生时，抢救队员和全体员工能有条不紊地按照应急预案、迅速及时地抢救伤员，最大限度地降低伤亡、伤害程度，企业应在发生突发事故时能够应对状况，各岗位尤其是驾驶员、押运人员、装卸人员能够行之有效地实施救援，避免事故的发生和扩大。

(1) 危险货物运输企业应急救援指挥部是突发事故应急管理工作的最高领导机构，负责突发事故的应急管理工作，负责履行值守应急、信息汇总和综合协调职责，发挥运转枢纽作用。

(2) 公司应急救援队伍负责安全生产事故的应急救援工作。

(3) 公司安全管理部门负责全面组织应急救援的具体工作。

(4) 危险货物运输公司各部门依据相关程序文件、公司内部管理制度和各自的职责权限，负责相关类别突发事故的应急管理工作；具体负责相关类别的突发事故专项和部门应急预案的起草与实施，贯彻落实公司有关决定事项。

(5) 危险货物运输公司应成立"应急救援指挥部"，成员包括主要负责人、分管负责人、各职能部门负责人等，并指定分管安全负责人为各项安全生产应急救援管理工作的负责人。

应急救援指挥部总指挥由经理担任，副指挥由安全储运部经理担任，下设通信联络组、后勤保障组、抢险救灾组、安全保卫组、医疗救护组等。

应急救援指挥部成员及职责如下。

- 总指挥：总经理

① 全面负责应急处理的指挥和协调，对事故与灾害的紧急处置迅速做出判断与决策。

② 复查和评估事故(事件)可能发展的方向，确定其可能的发展过程。

③ 指挥现场人员撤离，确保任何伤害者都能得到足够的重视。

④ 决定事故现场是否实行交通管制，协助场外应急机构开展服务工作。

⑤ 与场外应急机构取得联系及对紧急情况的处理做出安排。

⑥ 及时向上级安全管理部门报告重大伤亡事故应急处理工作。

⑦ 在紧急状态结束后，加速受影响地点的恢复，并组织人员参加事故的分析和处理。

⑧ 负责组织制定安全技术培训教育和训练，使员工掌握应急救援技能。

- 副指挥职责

① 协助总指挥工作，负责组织编写项目总体应急预案，提出抢险报修及避免事故扩大的临时应急方案和措施。

② 指导抢险报修实施应急方案和措施，并修补实施中的应急方案和措施存在的缺陷。

③ 评估事故的规模和发展态势，建立应急步骤，确保员工的安全和减少设施及财产损失。

④ 审核危险货物运输的安全技术交底资料，发生应急救援事件时为总指挥决策提供技术支持。

⑤ 组织绘制事故现场平面图，标明重点部位，向外部救援机构提供准确的抢险救援信息资料。

⑥ 总指挥不在现场时代行工作。

• 通信联络组

① 设立与应急中心的通信和联络，为应急服务机构提供建议和信息。

② 负责事故或灾害的紧急救险、救灾与处置情况的通信指令的传达，保证领导指挥机构与各成员之间、本单位与上级和周边单位之间(如地方消防、医疗机构)的信息及时沟通，完成调度、汇报、通告与救援工作。

③ 负责在整个救险救灾过程中与遇险人员的家属联络和接待，做好精神和生活上的安抚工作。

④ 负责对外消息的发布与澄清事宜。

⑤ 负责保险索赔事宜的处理，做好善后事宜。

⑥ 负责应急过程的会议、记录与整理，应急事件结束后向应急领导小组提交会议记录报告。

• 后勤保障组

负责应急所需的机械、装备、材料、生活保障物资的供应、组织、调集工作。

• 抢险救灾组

① 在第一时间内组织现场安全抢险救灾工作，对抢救过程中的工艺设备、管线以及电力等进行调整和控制，并及时向应急救援指挥机构报告现场情况。

② 负责组织医疗人员对事故现场受伤人员的临时抢救和临时处置，并协助医护人员护送重伤员到相应的医疗机构治疗。

③ 抢险抢修或救援结束后，直接报告最高管理者并对结果进行复查和评估。

④ 负责组织调查事故经过，查明事故原因，提出防范措施并提出对事故责任者的处理意见。

⑤ 应急事件结束后向应急领导小组提交抢险救灾实施报告。

• 安全保卫组

① 事件发生后组织警戒保卫人员封闭事故现场、隔离事故或灾害区域。

② 负责保护现场、组织人员对事故现场照相取证。

③ 负责维持秩序、疏通交通等工作；协助、配合政府有关部门对伤亡事故的处理。

• 医疗救治组

① 负责在外部救援机构未到达前，对受害者进行必要的抢救(如人工呼吸、包扎止血、防止受伤部位受污染等。

② 区分伤重程度，使重伤受害者优先得到外部救援机构的救护。

③ 协助外部救援机构转送受害者的治疗效果，并将治疗进展情况及时反馈给应急领导机构，以便领导及时做出决策。

(6) 应急救援队伍的建立。原则上应急救援指挥部应组织建立与本单位生产安全特点相适应的应急救援队伍，为保证专业化要求，公司与沿线附近具备专业资质的应急救援队伍签订服务协议。

(7) 预警机制。各部门要针对各种可能发生的突发事故，完善预测预警机制，建立预测预警系统，开展危险源辨识、环境因素识别和风险评价工作，做到及时发现、及时报告、妥善处置。每个应急人员必须在岗位能熟练使用两个以上预警电话或其他报警方式。尾货运输车辆驾驶人员、押运人员除自身具备的手机等通信设施外，还应有专用通信设施，如卫星电话等，防止在突发状况下通信不畅。

根据危险源辨识、环境因素识别和风险评价预测分析结果，对可能发生和可以预警的潜在突发事故进行预警。预警级别依据突发事故可能造成的危害程度、紧急程度和发展势态，一般划分为三级：公司级（重大：可能产生特别严重后果）、部门级（较大：可能产生严重后果）和基层单位级（一般：可能产生较重后果）。

预警信息包括突发事故的类别、地点、起始时间、可能影响范围、预警级别、警示事项、应采取的措施和发布级别等。

预警信息的发布、调整和解除经有关领导批准可通过有线广播、信息网络、警报器；特殊情况下目击者可大声呼叫、敲击能发出较强声音的器物或打电话的方式进行。

（8）应急处置。

① 信息报告。重大突发事故发生后，各事发源的第一目击者必须立即报告有关部门领导，最迟不得超过 10min，同时报告专职人员和专业部门。应急处置过程中，安全管理部门应指定专人负责及时向有关部门续报有关情况。

② 先期处置。突发事故发生后，事发源的现场人员与增援的应急人员在报告重大突发事故信息的同时，要根据职责和规定的权限启动相关应急预案，及时、有效地进行先期处置，控制事态的蔓延。

③ 应急响应。对于先期处置未能有效控制事态的重大突发事故，要及时启动相关预案，由相关应急指挥机构或工作组统一指挥或指导有关部门开展应急处置工作。

现场应急指挥机构负责现场的应急处置工作，并根据需要具体协调、调集相应的安全防护装备。现场应急救援人员应携带相应的专业防护装备，采取安全防护措施，严格执行应急救援人员进入和离开事故现场的相关规定。

需要多个相关部门共同参与处置的突发事故，由安全科牵头统一指挥，其他部门予以协助。

（9）现场事故应急处理的首要任务是控制和遏制事故，从而防止事故扩大到附近的其他设施，以减少伤害。在处理事故时要坚持以下原则：

① 消除事故原因。

② 阻断泄漏。

③ 把受伤人员抢救搬运到安全区域。

④ 危险范围内无关人员迅速疏散、撤离现场。

⑤ 事故抢险人员应做好个人防护和必要的防范措施后，迅速投入排险工作。

（三）事故发生后的工作

事故发生后，要迅速划定事故现场隔离区范围，防止无关人员误入现场造成伤害，同时要做好隔离区的交通疏导工作。

（1）事故得到控制后，要立即对现场进行消毒并迅速成立事故调查小组，在对现场进行采取摄像、拍片等取证分析后，由总指挥下达解除应急救援的命令。在涉及周边社区和单位的疏散时，由总指挥通知周边单位负责人员或者社区负责人解除警报。

（2）救援小组、事故发生当事人必须在 24h 内组织召开事故分析会（特殊情况可以延期，最多不超过3天)，救援小组必须在召开事故分析会的48h内将处理结果报公司领导，处理结果将在现场进行通报，让全体员工受到教育。

(3) 应急保障。各有关部门要按照职责分工和相关预案做好突发事故的应对工作，同时根据总体预案切实做好应对突发事故的人力、物力、财力、运输、医疗卫生及通信保障等工作，保证应急救援工作的需要，以及恢复工作的顺利进行。

① 人力保障。企业安全储运部门等各相关部门是应急救援的专(兼)职队伍和骨干力量。要加强应急救援队伍的业务培训和应急演练，建立联动协调机制，提高装备水平；动员全员有组织的参与应急救援工作。

② 财力保障。要保证所需突发事故应急准备和救援工作资金。对受突发事故影响较大的单位和个人要及时研究提出相应的补偿或救助政策。

③ 物资保障。要建立健全应急物资监测网络、预警体系和应急物资生产、储备、调拨及紧急配送体系，完善应急工作程序，确保应急所需物资和生活用品的及时供应，并加强对物资储备的监督管理，及时予以补充和更新。

④ 交通运输保障。要保证紧急情况下应急交通工具的优先安排、优先调度，确保运输安全畅通；要建立紧急情况交通运输工具的调用程序，确保抢险救灾物资和人员能够及时、安全送达。

⑤ 要指定或建立与人员相适应的应急避险场所，完善紧急疏散管理办法，明确各级责任人，确保在紧急情况下员工安全、有序地疏散。

要采取必要的防护措施，严格按照程序开展应急救援工作，确保作业人员和应急救援人员的安全。

⑥ 医疗保障。会同120急救中心，积极组织现场救援，及时把伤员送到医院抢救。

(4) 监督管理。

① 预案演练。各部门要结合实际，有计划、有重点地组织对相关预案的演练。每年至少进行一次，并做好演练过程的原始记录。

② 培训教育。由安全管理部门负责协助组织有关部门，进行应急法律法规和预防、避险、自救、互救、减灾等常识的培训，增强员工的忧患意识、社会责任意识和自救、互救能力。对应急救援和管理人员进行专业培训，提高其应急专业技能，保持培训记录。

二、突发事件应急处置

在道路危险货物运输过程中会涉及各种类型的突发事故，如恐怖袭击、车辆抛锚、车辆碰撞、恶劣天气等，各种类型的突发事故具有不同的特点，由于事故发生原因不同导致的危害事故会有较大差异，但结果都会导致车辆的车身受损、车辆侧翻、危险货物泄漏(或引起车辆相关人员和周边群众中毒、环境大气污染)，甚至起火爆炸等。

(一) 突发事件处置

在交通事故的各类应急处理工作中，必须遵循“快速反应、迅速抢救”的原则，最大限度地降低伤亡和损失。做到正确判断、正确处理，防止事态扩大。充分做好通信、交通、后勤保障工作、现场防护，确保应急预案的顺利实施。

1. 造成交通事故类型和危害程度分析

1）造成交通事故的风险来源

（1）路面情况：冰雪路面、湿滑路面、乡村路面等原因造成的交通事故。

（2）气候环境：狂风暴雨、大雾弥漫、酷暑炎热、冰寒严冬等原因造成的交通事故。

（3）地理环境：高原山区、连续弯道、狭窄车道、山体滑坡等原因造成的交通事故。

（4）设备因素：未及时消缺、维护不达要求、修理质量低劣等原因造成的交通事故。

（5）生理因素：酒后开车、疲劳驾驶、视力欠佳、听力不济、年老迟钝等原因造成的交通事故。

（6）违规运输：超载、超高、超长、装载重心偏离等原因造成的交通事故。

（7）操作因素：超速行驶、弯道超车、占道行驶、麻痹驾驶、判断失误等原因造成的交通事故。

（8）其他因素：除上述因素以外的其他交通事故。

2）交通事故的影响及后果

（1）给驾驶员及司乘人员造成身体伤害。

（2）给家属亲友造成心灵创伤。

（3）造成恶劣社会影响。

（4）给企业带来重大财产损失。

（5）给周边环境、大气水资源、土壤造成污染。

2. 交通事故分级

根据国务院发布的《中华人民共和国道路交通安全法实施条例》(国务院令 2017 年第 687 号)的规定并结合《中华人民共和国道路交通安全法》："根据人身伤亡或者财产损失的程度和数额，交通事故分为轻微事故、一般事故、重大事故和特大事故。"

（1）轻微事故，是指一次造成轻伤 1~2 人，或者财产损失机动车事故不足 1000 元，非机动车事故不足 200 元的事故。

（2）一般事故，是指一次造成重伤 1~2 人，或者轻伤 3 人以上，或者财产损失不足 3 万元的事故。

（3）重大事故，是指一次造成死亡 1~2 人，或者重伤 3 人以上 10 人以下，或者财产损失 3 万元以上不足 6 万元的事故。

（4）特大事故，是指一次造成死亡 3 人以上，或者重伤 11 人以上，或者死亡 1 人，同时重伤 8 人以上，或者死亡 2 人，同时重伤 5 人以上，或者财产损失 6 万元以上的事故。

3. 交通事故应急救援机构及职责

1）应急救援指挥机构

（1）企业成立交通事故应急救援指挥部。由企业相关负责人作为企业应急救援指挥小组组长，企业其他相关成员为应急救援指挥小组成员。

（2）企业交通事故应急救援指挥小组下设工作组，分别为应急救援组和善后处理组，组长分别由企业相关管理负责人员担任，并对应相关人员为各小组组员。

2）企业相关管理各部门工作职责

(1) 安全管理部门储运部的应急职责：

① 当发生轻微、一般交通事故时，负责应急部署。

② 当发生人身伤亡重大、特大交通事故时，需派人员亲临现场，指挥应急救援。

③ 应紧急向上级有关部门报告应急工作情况。

④ 负责督促公司内有关部门做好善后事宜。

⑤ 负责做好交通事故中伤亡人员家属的安抚、安置等善后工作。

⑥ 参与重大、特大交通事故的调查处理。

(2) 综合部(或办公室)等相关类部门的应急职责：

① 负责人身伤亡重大、特大交通事故应急信息的编辑。

② 负责人身伤亡重大、特大交通事故应急信息的发布。

③ 负责接受有关部门对人身伤亡重大、特大交通事故情况的询问。

(3) 财务部门的职责：负责抢救伤员所需资金的支付和善后所需资金的拨付。

4. 交通事故应急处理程序

当事人职责：

(1) 信息报告：拨打交通事故报警电话(122 或 110)或向附近的公安机关或执勤民警报案；向保险公司报案；同时向公司领导报告。

(2) 报案要点：报案要做到迅速、及时，言简意赅。一要简要说清突发交通事故的案情、时间、地点；二要概述交通事故造成的人员伤亡、财产破坏、交通堵塞情况；三要通报报警人姓名和联系电话。

(3) 现场措施：停车、关闭发动机、拉紧驻车制动操纵杆、切断电源、开启应急灯；夜间需开启示宽灯、尾灯；在高速公路上，需在肇事点两头按规定设置危险警告标志；做好防火防盗措施。

(4) 现场抢救：若发生伤亡事件，立即呼救急救中心(医疗急救求助电话：120 或 110)，求救过往车辆帮助；若现场发生火灾，呼救消防部门(火灾求救电话：119 或 110)。

(5) 现场保护：做好现场原始状态，车辆、人员、遗留物痕迹、散落物等不得随意挪动位置。为现场抢救伤员必须移动位置的，应做好原始位置标记，不得故意破坏、在交警部门未达之前，可用绳索等设置警戒线，以保护现场。

(6) 配合处理：当事人必须如实向公安交通管理机关陈述事发经过，不得隐瞒、歪曲交通事故的真实情况，积极配合协助交警部门做好事故处理及善后工作，并听候处理。

5. 交通事故应急响应

1）响应分级

根据《道路交通管理信息代码第 42 部分：交通事故类型代码》(GA/T 16.42—2012)及人身伤亡或财产损失的程度，交通事故分为轻微事故、一般事故、重大事故和特大事故。

2）响应程序

交通事故应急响应启动条件：

(1) 交通事故为轻微事故的响应。

① 不启动本预案。

② 事故现场当事人按交通事故应急处理程序进行；综合部以通信方式与当事人保持联系，并做出相应部署；派出相关人员赶赴现场指导工作并配合交警部门做好事故处理工作。

③ 将交通事故情况报告相关领导及相关部门。

（2）交通事故为一般事故的响应。

① 由应急指挥部启动应急救援预案，组织应急救援所需人员和必要物资等迅速赶赴现场进行现场处理。

② 安全储运部做好应急准备，随时调动相关部门做出进一步的应急救援。

③ 综合管理部门负责随时获取现场事故处理工作信息，并做出部署。

④ 各部门随时向公司相关领导汇报事故处理情况。

（3）交通事故为重大、特大事故的响应。

① 由公司应急指挥部启动本应急预案。

② 安全储运部等相关部门应急救援人员迅速赶赴现场，由安全储运部负责部署指挥应急救援工作。

③ 应急总指挥与事故现场建立通信联系，负责做出各项应急决策，指导现场事故的应急处理。

④ 现场应急救援人员在现场指挥员的领导下，积极抢救伤员，就近快速地转送当地医院。

⑤ 根据现场需要派出厂级现场协调组和专家组。

⑥ 协调财务部门，做好医疗费用支付工作。

⑦ 通知综合部工作人员安抚和慰问伤亡人员家属。

⑧ 视现场具体情况，求援各级力量和各方资源，积极开展事故现场救援工作，必要时求助现场当地政府部门。

3）响应启动

启动本预案时，应由应急指挥部宣布。

4）响应行动

响应行动前，由总经理召集召开应急会议，由安全储运部门负责人担任前线指挥员，组建现场工作组。

6. 应急结束

1）应急结束条件

（1）伤员抢救成功或成功送至医院。

（2）车载物资及财产安全转移。

（3）交警部门现场出险结束。

（4）受损车辆送达汽车修理厂。

（5）清点应急救援人员、回收抢险物资。

（6）危险区域危险清除，污染或剧毒物质清理工作结束。

2）应急救援工作总结

（1）交通事故现场应急救援结束后，由站级总指挥做出事故善后工作安排，并将交通事故应急救援工作情况总结后向上级汇报。

（2）由安全储运部组织对本次交通事故应急救援工作进行总结评价，提出改进意见。

7. 交通事故应急救援物资配备

交通事故应急救援物资配备是开展应急救援工作必不可少的条件，是实施快速救援的保障。安全储运部、综合部门、车队及车辆责任驾驶员应定期检查交通事故应急救援物资配备，使其始终处于良好状态。

（二）恶劣天气状况应急措施

如遇暴风雪等恶劣天气，道路状况达不到车辆通行要求，气象组及信息组要将信息及时反馈给预案指挥部，由指挥部责令车队对运输线路进行察看，确定哪些线路确实达不到通行要求，再将信息反馈给指挥部，由指挥部决定采取停运或调整路线等措施，由信息组将信息通知给这些线路的经营者与驾驶员，对违反规定继续营运的车辆，要严厉查处，从重处罚。

三、火灾爆炸

危险货物容易发生燃烧、爆炸事故，且危险货物本身及其燃烧产物大多具有较强的毒害性和腐蚀性，极易造成人员中毒、灼伤等伤亡事故。从事危险货物运输作业的人员应熟悉危险货物发生火灾的原因，有针对性地采取相应的防范措施，把事故隐患隔绝扼杀在源头，从而可以有效地降低燃烧、爆炸等事故的发生。

（一）常见火灾事故类型

从道路危险货物运输发生的火灾事故来看，一般可将火灾事故分为以下6类。

1. 气体火灾

气体火灾是从管道或其他设备中泄漏出来的可燃气体（如煤气、天然气、液化石油气、乙炔气等），被点燃而发生的火灾。在很多情况下，泄放出来的可燃气体与空气混合后形成燃爆性混合物，在一定浓度遇到点火源就发生燃烧爆炸，危害性很大。

2. 油品火灾

原油、煤油、汽油、苯、酒精等易燃品、可燃液体所发生的火灾都属于油品火灾。这种火灾大多是由于储罐或运输容器的泄漏所引起的，或者是废弃的油品着火导致的。

3. 可燃物火灾

如建筑物、家具车辆可燃遮挡、木材、纸张、纤维、纺织品、涂漆物件等固体可燃物的火灾都属于可燃物火灾。

4. 电气火灾

电缆线、电火花、电动机等电气设备设施的使用导致的火灾都属于电气火灾。

5. 金属火灾

镁、铝等金属粉在空气中具有燃烧性质，遇到点火源可能发生火灾。

6. 其他类型火灾

如敞开的散装火药燃烧而引起的火灾。

（二）着火源

在多数的状况下，危险货物的着火源大致可以分为以下5类。

1. 明火

火焰、火星、电弧和灼热的物体等敞开的明火，有很高的温度和很大的热量释放，是引起火灾的最主要的着火源。

2. 摩擦和冲击

危险货物在装卸或运输途中车辆的摩擦和冲击往往成为爆炸物品、氧化性物质、易燃气体、蒸气、可燃粉尘的着火而导致爆炸的根源。

3. 电气设备引起的着火或爆炸

电火花是引起易燃气体、蒸气、可燃粉尘着火爆炸的一个主要着火源。配电开关、电灯等类型的电气设备的接触不良以及导线短路时，均能产生电火花。此外，外露灼热的电炉丝、较大负荷的电气线路，也能发热引起火灾。

4. 静电释放

静电电荷产生的火花常是危险货物运输车辆发生火灾爆炸的一个根源，产生静电荷的原因是电介质相互摩擦或电介质与金属摩擦而产生的。如：传动带转动；粉尘、液体和气体电介质沿导管流动或以容器抽出或注入时；喷出的可燃气体由于带有粉尘、雾滴或铁锈粉末，因与容器壁摩擦而带电喷出的氢气多次着火、爆炸事故时；固体电介质被粉碎或液体喷成雾状时；两种材料紧压，其中之一是电解质时。

大部分易燃、可燃液体是电气绝缘性高的液体。严寒的冬季和炎热的夏季，天气干燥，最容易产生静电，静电电压可以高达300V，放电的火花可以使汽油蒸气着火。如加油站使用聚氯二烯抽油管，且未设置有油气回收系统，从汽油桶向地下储罐注入油气时起火。油槽汽车的爆炸事故，多数是由于产生静电放电时的火花所引起的。

5. 自燃发热

化学反应时放出的能量，也是引起物质着火、爆炸的原因之一。

（三）火灾爆炸事故预防

对于防止火灾爆炸事故的发生和扩大的手段，有预防、限制、灭火和疏散等措施。

1. 预防措施

预防火灾事故发生的措施比较简单，只要把可燃物质、氧气或氧化性物质、着火源三者分开，恰当地管理好它们，使这三者之间没有结合的机会，就不会在人们非情愿状况下发生起火和造成火灾。因此，对于可燃和助燃物质的危险物质，以及发生火的条件要具备足够的知识，把消防工作的重心要以防为主，兼防治结合。

1）明火

（1）具有火灾爆炸危险性的处所禁止吸烟和携入火柴、打火机、打火枪等火种，不得使用明火作为照明。在相关运输车辆周边进行隔离，严禁相关物品靠近。

（2）盛装易燃液体或气体的容器、管道等进行明火修理工作前（电气焊接、切割、喷灯、熔炉），必须先经过有关部门的批准，安全技术部门应该进行检查，严格执行动火作业制度。修理前，必须打开一切孔洞，先用水蒸气、氮气或其他惰性气体进行吹洗，再用清水或空气进行吹洗。电焊作业中，搭铁不能与易燃易爆的液体或气体的容器、管道连接，应该独立搭铁。由于金属导电，有可能在容器内的间隙或接头处形成电弧，造成爆炸。注意应将连接管道拆卸隔离或用金属盲板隔离，防止易燃液体、气体和蒸气进入检修的设备和管道内，以防止在进行动火作业点火时发生爆炸或燃烧。

2）摩擦和冲击

轴承摩擦发热，铁器和零件撞击，钢铁工具、带铁钉的鞋与混凝土地坪摩擦、撞击、铁桶容器爆裂时，均能产生火花。气体压缩时亦释放出热能。

容易分解的易燃易爆物质，一经摩擦、冲击，即能发生爆炸。如雷汞、乙炔银、叠氮铅以及氯酸盐和赤磷等。

搬运储存盛装易燃气体和液体的金属容器时，禁止在土地上抛掷或拖拉，并防止铁桶相互撞击，以免发生火花。研磨、粉碎特别容易分解、起火、爆炸的物质时，应灌充惰性气体，以减少设备内空气的含氧量。储罐、管道和化工厂生产设备应保持密闭，严防跑、冒、滴、漏；对输送管道应尽量少用或不用凸缘接头；所有垫圈必须保证良好。

3）电气设备引起的火灾和爆炸

具有易燃易爆危险的厂房和仓库内的所有电气动力设备和照明装置，必须遵守电气安全规程，并应该符合防火、防爆的要求。

4）静电放电

防止易燃液体、气体和粉尘产生静电而起火的基本措施，是将设备、导管和容器安装可靠的接地设备以及增高厂房内或设备内空气的湿度，当相对湿度在75%以上时，即有可能防止静电的积聚。

液体在管道内流动的速度不应过大，一般不超过5m/s。灌注液体时，应防止产生液体飞溅和剧烈搅拌的现象。向储罐输送非易燃液体的导管，应放在液面之下或将液体沿容器的内壁缓慢流下，以免产生静电。人员进入危险货物储存、装卸场地，不应穿化纤工作服。因为化纤工作服的摩擦，会使人体或工作服带电而产生火花。

5）自燃发热

浸透干性植物油的纤维或金属锯屑能在空气中进行氧化反应，应按时清除。

黄磷以及石油储罐清除后的活性硫化铁等能在空气中氧化而自燃。遇水燃烧物质（如钾、电石）与水作用能生成可燃气体而着火，储存此类物质应该避免与水接触，如钾、钠应浸在石油中储存。

某些可燃物质受氧化性物质或酸的剧烈氧化作用，能自行发热燃烧（如浓硝酸与乙醇、高锰酸钾与甘油等）。凡相互作用的物质，应该隔离储存。

2. 限制措施

一旦发生了火灾事故，应事先采取措施限制其蔓延扩大。主要措施有：使建筑物采用非燃烧物质或难燃烧物质建造；应设置防火墙、防火门、防油堤、防液堤、隔水火封井等；建筑物之间或易燃易爆危险货物储存场所与建筑物之间留有适当的防火间距；将某些易燃液体储罐设置于地下或半地下库房内；在有火灾危险的工作场所不堆积大量的可燃物，如原料、半成品、成品等，这些东西应储存在专用库房内，生产过程中随用随即运输，生产的产品及时运走。

3. 灭火措施

在危险货物装卸、运输过程中，万一不慎货物起火，要尽快组织人员及时扑灭。灭火措施分初期灭火和正规灭火。初期灭火是在刚刚起火时采取的应急措施，如使用手提式干粉灭火器、二氧化碳灭火器等扑灭初期的火焰，同时派人拨打报警电话。如果初期灭火做得好，可以避免发生大火灾，减少经济损失。正规灭火是指企业消防队或城市道路消防队的灭火活动。正规灭火需要大量的水，故工厂建设中必须考虑建造专用消防水池和足够的消火栓。在运输途中发生着火，驾驶员和押运员的迅速反应和及时扑救非常重要。不同的灭火器所喷出的灭火药剂性质不同，所产生的效果不同。当发生较大火灾并且伴随有爆炸的发生，而无法一时扑灭时，所有人员应当撤离至安全区域，并等火势减弱或爆炸发生之后再计划进入现场灭火事宜。

4. 疏散措施

如果发生较大火灾，就要设法把人员从危险区域撤离到安全区域，为此，平时就要充分估计到事故发生的可能性，事先指定安全疏散区。建筑设计上要有安全疏散门和通道，疏散楼梯必须设在火焰从窗户喷出而燃烧不到的地方等。当伴随有爆炸时，人员应当躲避在可以遮挡坠落物体的位置，待爆炸发生过后，确定无爆炸后再撤离至其他区域并进行进一步的医疗救治。

5. 火灾报警

当危险货物运输车辆因突发原因而引发火灾时，应能保持镇静，并能在火灾初期合理使用车辆自配灭火器材进行有效扑灭，接到火灾报警，确认事故单位、地址、危险化学品种类、事故简要情况、人员伤亡情况，按照企业应急预案规定相应的应急小组信息记录组准备企业资料，后勤保障组准备应急物资和车辆，联络消防部门，告知其该企业存在的易燃、易爆物品的种类、大致存量。

6. 人员疏散

确认人员滞留及伤亡情况，及时掌握最新信息，协同企业应急指挥小组引导所有人员从最近的安全出口疏散，所有人员撤离至安全地点，立即以班组为单位清点当天出勤人员，如有缺失，立即想办法联系，并及时汇报到现场指挥部。

7. 灭火救援

确认火灾发生位置，引起火灾的物质类别(压缩气体、液化气体、易燃液体、易燃物品、自燃物品等)及其储存量；明确火灾发生区域的周围环境、周围有无易燃品；确定火灾扑救的基本办法；确定火灾、爆炸可能导致的后果(含火灾与爆炸伴随发生的可能性)，企业灭火能力。收集一切可用于灭火的消防设施、器材，组织企业义务消防队赶赴现场，救助被困、受伤人员，对初期火灾进行灭火。隔离开火场附近其他可燃物和易燃易爆物质，防止火势扩大。消防队到现场后，协助消防队灭火，一旦火势失去控制，超出灭火能力范围，立即上报，请求支援。

8. 安全警戒

隔离事故现场，建立警戒区。根据化学品泄漏的扩散情况、火焰辐射热、爆炸所涉及范围建立警戒区，只准应急救援人员、车辆进入，其余人员、车辆必须经现场指挥部批准后方可进入，对无关人员劝其离开，禁止围观，直至火灾扑灭、现场取证结束及现场有毒有害物质清理结束，经现场指挥部批准后解除。

9. 信息记录

对火灾现场情况进行拍照记录，记录着火部位、火势、人员救援、灭火、现场指挥领导、着火后的现场情况、火灾证据。询问火灾目击者和企业管理人员：起火的部位、着火危险化学品的属性(化学品技术说明说)、引着的原因、着火物质的存量、着火部位的面积、周围车间仓库的情况、有无可燃物/危化品，及时将信息报给现场指挥部和灭火救援组。

10. 后勤保障

提供应急物资给其他各组，将受伤人员送往医院，清点收回应急物资。

11. 信息报送

根据现场伤亡情况进行信息报送，1 人以上死亡或 3 人以上受伤，1h 内报告区安监局，根据事故调查结果编写火灾信息并上报区安委会。

四、危险化学品泄漏处置

1. 事故报警

危险货物运输车辆驾驶人员和押运人员等，在发生事故或其他原因导致所运输车辆发生危险货物泄漏事故发生时，在保障自身及车辆安全的前提下，佩戴好个人劳保用品并将车辆驶离人群或车流较大、交通堵塞的区域，查看车辆危险货物的泄漏状况，进行初步判断事故状况后，运用随车携带的安全警示标志对车辆进行简单隔离和警示，警告周边车辆和人员远离区域，同时向企业有关部门和人员报告现场状况，请求进一步支援。向车辆发生事故所在地区行业主管部门上报事故，根据现场需要判断是否需要向医疗单位等进行救援请求，在自己无能力或无把握对现场进行救护时，保持自身待在安全区域，等待救援。企业的相关部门和人员在接到危险化学品泄漏事故报警后，确认泄漏物质的品名和属性，是否有毒有害，泄漏物质为气态还是液态，液态的挥发性，是否易燃、易爆；并根据以上有关信息提供相关的医疗救护设备设施，前往事故现场进行救助。联系消防、环保、医疗等政府部门。

2. 人员疏散

确认人员滞留及伤亡情况，及时掌握最新信息，驾驶员、押运员协同企业应急指挥小组引导所有人员从其他安全区域疏散，所有人员撤离危险区域，在危险货物扩散、污染、遗留的有害区域，进行人员的疏散，严防因信息扩散不及时导致人员中毒受害事故。

3. 泄漏救援

确定泄漏源的位置，泄漏的化学品种类(易燃、易爆或有毒物质)；确定泄漏源的周围环境；确定是否已有泄漏物质进入大气、附近水源、下水道等场所；确定泄漏物质存量、泄漏量，泄漏时间或预计持续时间，泄漏扩散趋势预测；明确泄漏可能导致后果(火灾、爆炸、中毒等)，泄漏危机环境的可能性；确定泄漏可能导致后果的主要控制措施(堵漏、工程抢险、人员疏散、医疗救护等)。对液体的泄漏用沙土掩埋，海绵吸附，挖掘隔离带；有毒有害气体泄漏，水溶性气体(如氨气)用水雾稀释，进行救援人员必须佩戴自给式空气呼吸器等防护用品。必要时请求当地调动消防特勤部队、防化兵部队。

4. 安全警戒

泄漏事故发生后隔离事故现场，并在通往事故现场的主要干道上实行交通管制。只准应急救援人员、车辆进入，其余人员、车辆必须经现场指挥部批准后方可进入，对无关人员劝其离开，禁止围观，直至事故被控制、现场取证结束及现场有毒有害物质清理结束，经现场指挥部批准后解除。在有需要的情况下，可将周边居住群众转移。

5. 信息记录

对事故现场情况进行拍照记录，记录泄漏情况，人员救援，灭火，现场指挥领导，事故后的污染情况。询问相关事故目击者和企业管理人员：泄漏的部位，着火的物质，导致泄漏的原因，危险化学品的存量，污染的面积，周围公司人员的情况。及时将信息报给现场指挥部和事故救援组。

6. 后勤保障

提供应急物资(自给式空气呼吸器等)给其他各组，将受伤人员送往医院，清点收回的应急物资。泄漏危险货物品处理状况，遗留物质收集和处理，有毒物质的清除等。

7. 信息报送

根据现场伤亡情况进行信息报送，1 人以上死亡或 3 人以上受伤，1h 内报告地方行业主管部门和安监系统，根据事故调查结果编写事故信息并上报区安委会。

五、应急措施

对于道路危险货物运输的从业人员来讲，各类道路危险货物运输的事故应急处理措施尤为重要，在各类不同的情况下，可以将许多已经发生的事故消灭在初发状态。

(一) 爆炸品

1. 灭火方法

爆炸品通常有效的灭火方法是用冷水冷却达到灭火目的，但不能采取窒息法或隔离法。禁止使用砂土覆盖燃烧的爆炸品，否则会导致由燃烧转化为爆炸。注意对有毒性的爆炸品，灭火人员应佩戴防毒面具。

2. 撒漏处理

对撒漏的爆炸品，应及时用水湿润，再撒以锯末或棉絮等松软的物品，收集后并保持相对湿度，报请公安机关或消防部门相关人员处理，绝对不允许将收集的撒漏物质重新装入原包装中。

(二) 气体

1. 灭火方法

在装卸、运输中遇有火情，应立即报告公安消防部门并组织扑救。同时，尽可能将未着火的气瓶迅速转移至安全处。对已着火的气瓶应使用大量的雾状水喷洒在气瓶上，使其降温冷却；火势尚未扩大时，可用二氧化碳、干粉、泡沫等灭火器进行扑救。扑救气体危险货物火灾时，扑救人员应先关闭管道或容器阀门，阻止继续外泄，防止扩大灾情。

2. 撒漏处理

在装卸、运输过程中发现气瓶漏气时，特别对于有毒气体，应立即报告公安、消防部门并组织扑救，迅速将漏气的气瓶转移至安全场所，并根据气体性质做好相应的人身防护。

扑救者注意站在上风处向气瓶轻轻泼冷水，使之降低温度，然后再将阀门旋紧。大部分有毒气体能溶解于水，紧急情况时，可用浸过清水的毛巾捂住口鼻进行操作，若不能制止时，可将气瓶推入水中，并及时通知相关管理部门专业人员进行处理。

（三）易燃液体

1. 灭火方法

大部分易燃液体的密度小于水，且不溶于水，一旦发生火灾，用水扑救时会因水沉在燃烧着的液面下面，并能形成喷溅、漂流等而扩大火灾；另外，易燃液体燃烧时所产生的热量较大，而燃点又较低，很难使温度降低到其燃点以下。因此，消灭易燃液体火灾的最有效的方法是采用泡沫、二氧化碳、干粉等扑救。扑救液体危险货物时，扑救人员应最先注意关闭管道或容器阀门，阻止继续外溢，防止事故扩大。

2. 撒漏处理

易燃液体一旦发生撒漏时，应及时以砂土覆盖或用松软材料吸附后，集中至空旷安全处理，覆盖时要特别注意防止液体流下来进入下水道、河道等地方，以防止污染。更主要的是如果液体漂浮在下水道或河流水道的水面上，其火灾隐情更严重。

在销毁收集物时，应充分注意燃烧时所产生的有毒气体对人体的危害，必要时应穿戴好防毒面具。

（四）易燃固体、易于自燃的物质、遇水放出易燃气体的物质

1. 灭火方法

由于本类物品性质各异，因此采取灭火的手段有所区别，分别介绍如下。

1）易燃固体

根据易燃固体的不同性质，可用水、砂土、泡沫、二氧化碳灭火剂来灭火，但必须注意以下事项：

（1）遇水反应的易燃固体不得用水扑救，可用干燥的砂土、干粉等灭火剂进行扑救。如闪光粉、铝粉等，不可用水灭火。因为闪光粉是镁粉和氯酸钾混合物，化学性质很活泼，能与水产生剧烈的反应，生成氢气能燃烧，被水冲散到空气中的闪光粉或铝粉末，在遇到明火还有爆炸的危险。

（2）有爆炸危险的易燃固体禁用砂土压盖，如具有爆炸危险性的硝基化合物。

（3）遇水或酸产生剧毒气体的易燃固体，严禁用水、硝酸、泡沫灭火机。如磷的化合物和硝基化合物（包括硝化棉、赛璐珞）、氮化合物、硫黄等，燃烧时产生有毒和刺激性气体，扑救时必须注意戴好防毒面具等个人劳动保护用具。

（4）火场中抢救出来的赤磷要谨慎处理。因为赤磷在高温下会转化为黄磷变成易于自燃的物质，同时在扑救时，赤磷被水淋过受潮后，也会缓慢引起自燃。

2）易于自燃的物质

（1）此类物质发生火灾时，一般可用干粉、砂土（干燥时有爆炸危险的易于自燃的物质除外）和二氧化碳等灭火。与水能发生作用的物品严禁用水灭火，如三乙基铝铁溶剂燃烧时温度极高，能使水分解产生氢气，此类物品可用砂土、干粉等灭火剂。

(2) 对黄磷火灾现场须谨慎处理，黄磷被水扑灭后只是暂时熄灭，残留黄磷待水分蒸发后又会自燃，所以现场应有专人密切观察。同时要注意，黄磷燃烧时会产生剧毒的五氧化二磷等气体，扑救时应穿戴防护服和防毒面具。

(3) 对不同的危险物质，在作业中应了解其不同的自燃点并注意采取相应的措施。

3) 遇水放出易燃气体的物质

本危险货物发生火灾时，应迅速地将临近未燃烧的物质从火场中撤离或与燃烧物质进行有效的隔离。在灭火时绝对不能用水，只能用干砂、干粉扑灭。并注意以下物品在灭火时绝对不能用水扑救：

(1) 活泼金属及其他与水接触放出氢气的物质。

(2) 遇水产生碳氢化合物(气体)的物质。

(3) 遇水产生过氧化物等易放出助燃气体的物质。

(4) 酸类等遇水产生高温的物质。

(5) 遇水产生有毒或腐蚀性气体的物质。

(6) 密度小于水的物质。

遇水反应产生易燃或有毒气体的物质，不得使用泡沫灭火剂。如碳化钙(电石)等。

活泼金属禁用二氧化碳灭火器进行扑救。因为钾、钠等具有极强的还原性，甚至能夺取二氧化碳中的氧，应使用氮或石墨粉来扑救。因锂而发生的火灾不能用食盐和氮扑救，而只能用石墨扑救。

碳化物、磷化物遇水反应能产生剧毒、腐蚀性气体，灭火扑救时应穿戴防护用品和隔离式呼吸器。

2. 撒漏处理

在装卸、运输过程中货物撒漏时，可以收集起来另行包装。收集的残留物不能任意排放、抛弃。对于水反应的撒漏物处理时不能用水，但清扫后的现场可以用大量的水冲刷清洗。还应注意，对注有稳定剂的物品，残留物收集后重新包装，也应注入相应的稳定剂。

(五) 氧化性物质和有机过氧化物

1. 灭火方法

(1) 对于该类物质万一发生火灾时，对有机过氧化物、金属过氧化物、有机过氧化物及其衍生物不能用水扑灭，因为这些氧化物和水作用往往可以生成氧气，能帮助燃烧、扩大火势，只能用砂土、干粉、二氧化碳灭火剂进行灭火。泡沫灭火机中的药剂是水溶剂，故也禁止使用。

(2) 其余大部分氧化性物质都可以用水扑救。粉状物品应用雾状水扑救。

(3) 在扑救时，要配备适当的防毒面具，以防中毒。在没有防毒面具的情况下，可将一般口罩用5%的小苏打水浸泡后使用，但其有效时间短，必须随时更换。

2. 撒漏处理

(1) 在装卸过程中，由于包装不良或操作不当，有部分氧化物物质撒漏，应轻轻扫起，另行包装。这些从地上扫起重新包装的氧化物质，因接触过空气或混有可燃物的物质等，为防止发生变化，不得同车发运，必须留在发货处的适当地方，观察24h后才能重新入库堆存。

（2）对撒漏的少量氧化性物质或残留物应清扫干净，进行深埋处理。

（六）毒性物质和感染性物质

1. 灭火方法

毒性物质因其种类繁多、性质各异，一旦发生火灾危害很大，掌握其灭火方法必须注意以下几点：

（1）无机毒性物质中的硒化合物、磷化锌、磷化铝、氟化氢钠、氯化硫、二氧化硫等，因为其氟、氯、硫、硒、磷等都是物质活泼的非金属，遇水后能和水中的氢生成有毒或有腐蚀性的气体。因此，这类物品起火后，不能用水扑救，而要用砂土或二氧化碳灭火剂扑救。

（2）毒性物质中的氰化物遇酸性物质能生成剧毒气体氢化氰。这类物质发生火灾时，不能用酸碱灭火剂扑救，可用水或砂土扑救。

（3）大部分毒性物质在着火、受热或与水、酸接触时，能产生有毒和刺激性气体及烟雾，灭火人员必须根据毒性物质的性质采取不同的消防方法，在扑救火灾时，尽可能站在上风方向，并佩戴好防毒面具等。

2. 撒漏处理

对毒性物质的撒漏物应视其具体情况进行处理：如固体货物，通常扫集后装入其他容器中叫货主单位处理；液体应用砂土、锯末等松软物浸润，吸附后扫集，盛入容器中交付货主单位处理；对毒性物质的撒漏物不能任意乱丢或排放，以免扩大污染甚至造成不可估量的危害。

被毒性物质污染过的场地、车辆或防护物品，其洗刷消毒基本方法如下：

（1）氰化物污染物。对于氰化物，如氰化钠、氰化钾污染，可将硫酸钠水溶液撒在污染处，因硫酸钠与氰化物可以生成低毒的硫氰酸盐，从而消除氰化物的毒性，之后用热水冲洗，最后用冷水冲洗。也可用硫酸亚铁、高锰酸钾或次氯酸钠等来处理。

（2）有机磷农药污染物。有机磷农药如 1605、苯硫酸、敌死通、1059 等撒漏时，首先用生石灰将撒漏物吸干，然后用碱水浸湿污染处，再用热水洗刷，最后用冷水冲洗即可。但是，应该注意敌百虫也是有机磷农药，不可用碱水洗刷。因为敌百虫在碱性溶液中分解很快，大部分变成毒性比它大数倍且易挥发的敌敌畏，所以敌百虫撒漏后，只能用大量水洗刷。

（3）六酸二甲酯污染物。硫酸二甲酯为酸性毒品，在冷水中缓慢分解，分解速度随温度上升而加快，撒漏后先将氨水洒在污染处起中和作用，也可用漂白粉加上 5 倍的水浸湿污染处；再用碱水浸湿；然后用热水和冷水各冲洗一次。

（4）芳香族氨基或硝基化合物污染物。对芳香族氨基或硝基化合物如苯胺、硝基苯等，可将稀盐酸溶液浸湿污染处，再用水冲洗。

（5）砷化物污染物。砷化物如砷、三氧化二砷等，因砷在空气中其表面很快被氧化成三氧化二砷而微溶于水，生成砷酸、亚砷酸。亚砷酸能溶于碱，生成亚砷酸盐，而亚砷酸盐溶于水，可用氢氧化铁解毒，最后用水冲洗。

（6）有机氯粉剂或乳剂农药污染物。有机氯农药在一般情况下不溶于水，而在碱溶液中极易分解释放出氯化氢，生成三氧化苯。所以撒漏后，先将撒漏物收集起来，再用清水冲洗，最后用热水冲洗，无热水时可以撒上碱水后用水冲洗。

（七）腐蚀性物质

1. 灭火方法

腐蚀性物质的灭火方法可概括为大量用水和谨慎用水。

无机腐蚀性物质发生着火或有机腐蚀性物质直接燃烧时，除具有与水反应的物品外，一般可用大量的水扑救。即使有些腐蚀性物质会与水反应，但这些物品量较少，而大量的水迅速扑上足以抑制热反应，也应用大量的水扑救。但用水时应谨慎，宜用雾状水，不能用高压水柱直接喷射物品，尤其是酸液，以免飞溅的水珠带上腐蚀性物质灼伤灭火人员；同时，要控制水的流向，以免带腐蚀性的水流破坏环境。

不少腐蚀性物质燃烧时，会产生有毒气体和烟雾，用水扑救时，产生的蒸汽也可能有毒性和腐蚀性。因此，扑救时应穿防护服，戴防毒面具，且人应站在上风处。与水会产生剧烈反应的大量腐蚀性物质发生着火时，用大量的水若不能抑制，液体腐蚀性物质应用干砂或者干土覆盖或用干粉灭火剂扑救。

2. 撒漏处理

（1）腐蚀性物质撒漏时，液体腐蚀性物质应用干砂、干土覆盖吸收，扫除干净后，再用水洗刷。腐蚀性物质大量溢出，或用干砂、干土不足以吸收时，可视货物的酸碱性质，分别用稀碱或稀硫酸中和。中和时，要防止发生剧烈反应。用水洗刷撒漏现场时，不能用水直接喷射，只能缓慢地浇洗或用雾状水喷淋，以防止水珠飞溅伤人。

（2）溴污染。溴为棕红色发烟液体。沸点 55.8℃，遇水极易挥发，蒸气有毒。污染时，污染处撒上硫代硫酸钠溶液，使溴生成溴化钠，最后可用大量水冲洗。在污染处理作业时，要注意防火，因溴与有机物混合，可能引起燃烧。

（八）杂项危险货物质和物品，包括危害环境物质

本类货物的灭火方法和撒漏处理等要求，应按照不同货物的《化学品安全标签编写规定》（GB 15258—2009）、《化学品安全技术说明书内容和项目顺序》（GB/T 16483—2008）的要求进行。

参 考 文 献

[1] 安全生产隐患排查治理指导丛书编委会．道路交通运输企业安全生产隐患排查治理指导[M]．北京：中国劳动社会保障出版社，2008.

[2] 北京交通大学．危险货物命名原则：GB/T 7694—2008[S]．北京：中国标准出版社，2008.

[3] 北京交通大学．危险货物运输包装类别划分方法：GB/T 15098—2008[S]．北京：中国标准出版社，2009.

[4] 本书编写组．道路危险货物运输企业主要负责人和安全生产管理人员培训教材[M]．北京：人民交通出版社，2016.

[5] 陈远旭．新疆道路客运企业安全生产管理综合评价研究[D]．新疆农业大学，2012.

[6] 戴旭东．道路运输安全生产与应急管理体系构建及能力评价研究[D]．长安大学，2018.

[7] 冯鹏展．广东省道路危险货物运输安全监管体系研究[D]．华南理工大学，2010.

[8] 公安部交通管理科学研究所，交通运输部公路科学研究院，中国汽车技术研究中心．机动车运行安全技术条件：GB 7258—2017[S]．北京：中国标准出版社，2017.

[9] 广东省职业病防治院，中国疾病预防控制中心职业卫生与中毒控制所，武汉科技大学．职业性接触毒物危害程度分级：GBZ 230—2010[S]．北京：人民卫生出版社，2010.

[10] 广西壮族自治区公路运输管理局，长安大学，江苏省交通厅运输管理局，等．汽车运输、装卸危险货物作业规程：JT 618—2004[S]．北京：人民交通出版社，2005.

[11] 国家安全生产监督管理总局化学品登记中心，中化化工标准化研究所，上海化工研究院，等．化学品安全技术说明书内容和项目顺序：GB/T 16483—2008[S]．北京：中国标准出版社，2009.

[12] 国家环境保护局．污水综合排放标准：GB 8978—1996[S]．北京：中国标准出版社，1998.

[13] 汉阳专用汽车研究所，公安部交通管理科学研究所，中国汽车技术研究中心，等．道路运输爆炸品和剧毒化学品车辆安全技术条件：GB 20300—2018[S]．北京：中国标准出版社，2018.

[14] 汉阳专用汽车研究所，江西制氧机厂，中国质量认证中心，等．危险货物运输车辆结构要求：GB 21668—2008[S]．北京：中国标准出版社，2008.

[15] 杭州萧山南方化工设备厂，同济大学航空航天与力学学院，上海市气体工业协会，等．道路运输液体危险货物罐式车辆第 2 部分：非金属常压罐体技术要求：GB 18564. 2—2008[S]．北京：中国标准出版社，2009.

[16] 黑龙江省劳动保护科学技术研究所．企业职工伤亡事故分类：GB 6441—1986[S]．北京：中国标准出版社，1986.

[17] 环境保护部核与辐射安全中心．放射性物品安全运输规程：GB 11806—2019[S]．北京：中国环境出版社，2019.

[18] 交通运输部公路局，中交第一公路勘察设计研究院有限公司．公路工程技术标准：JTG B01—2014[S]．北京：人民交通出版社，2015.

[19] 交通运输部公路科学研究所，江苏金南天安全技术有限公司，无锡市贺天禹科技有限公司，等．汽车导静电橡胶拖地带：JT/T 230—2021[S]．北京：人民交通出版社，2021.

[20] 交通运输部公路科学研究院，山东迅力特种汽车有限公司，驻马店中集华骏车辆有限公司，等．货运牵引杆挂车通用技术条件：GB/T 17275—2019[S]．北京：中国标准出版社，2019.

[21] 交通运输部公路科学研究院，中集(车辆)集团有限公司，北京福田戴姆勒汽车有限公司．道路甩挂运输车辆技术条件：GB/T 35782—2017[S]．北京：中国标准出版社，2018.

[22] 交通运输部水运科学研究所，上海化工研究院．危险货物分类和品名编号：GB 6944—2012[S]．北京：中国标准出版社，2012.

［23］李召华．基于4R危机管理模型的危险货物道路运输安全监管问题研究［D］．三峡大学，2022.
［24］鲁廷君，张红萍，张玉松．道路运输企业安全生产隐患排查与治理实务研究［J］．安全与健康，2022，No.495（03）：66-68+78.
［25］蒲晶．浅议危货运输企业监督检查和隐患排查治理［J］．中国石油和化工标准与质量，2019，39（02）：79-80.
［26］全国危险化学品管理标准化技术委员会（SAC/TC 251）．危险货物运输包装通用技术条件：GB 12463—2009［S］．北京：中国标准出版社，2010.
［27］全国危险化学品管理标准化技术委员会．危险货物品名表：GB 12268—2012［S］．北京：中国标准出版社，2012.
［28］沙克文．吉林省道路运输企业安全生产标准化体系构建及评价研究［D］．吉林大学，2018.
［29］上海机动车检测认证技术研究中心有限公司，中国汽车技术研究中心有限公司，长春汽车检测中心，等．汽车及挂车外部照明和光信号装置的安装规定：GB 4785—2019［S］．北京：中国标准出版社，2019.
［30］汤化剑．广东省道路运输安全生产监管研究［D］．兰州大学，2022.
［31］铁道部标准计量研究所，北京出入境检验检疫协会．包装储运图示标志：GB/T 191—2008［S］．北京：中国标准出版社，2008.
［32］肖润谋，张韦华编．道路运输企业安全管理第2版［M］．北京：人民交通出版社，2014.01.
［33］谢欢．公路客运企业安全管理体系与风险评价［D］．大连海事大学，2013.
［34］扬州中集通华专用车有限公司，中国特种设备检测研究院，上海市气体工业协会，等．道路运输液体危险货物罐式车辆　第1部分：金属常压罐体技术要求：GB 18564.1—2019［S］．北京：中国标准出版社，2019.
［35］袁占锋．道路运输管理概述［M］．北京：经济日报出版社，2019.9.
［36］长安大学，交通运输部公路科学研究院，中国核工业集团公司．危险货物道路运输规则：JT/T 617—2018［S］．北京：人民交通出版社，2018.
［37］长安大学，梅塞尔格里斯海姆（中国）投资有限公司，普莱克斯（中国）投资有限公司，等．气瓶直立道路运输技术要求：GB/T 30685—2014［S］．北京：中国标准出版社，2015.
［38］中国安全生产科学研究院，中国石油化工股份有限公司青岛安全工程研究院．危险化学品重大危险源辨识：GB 18218—2018［S］．北京：中国标准出版社，2018.
［39］中国标准化研究院，华夏认证中心有限公司，中国质量认证中心，等．职业健康安全管理体系要求及使用指南：GB/T 45001—2020［S］．北京：中国标准出版社，2020.
［40］中国标准化研究院，中国安全生产科学研究院，安徽巨成精细化工有限公司，等．生产过程危险和有害因素分类与代码：GB/T 13861—2022［S］．北京：中国标准出版社，2022.
［41］中国道路运输协会，重庆交通运输控股（集团）有限公司，万里运业股份有限公司等．道路货物运输企业等级：JT/T 631—2017［M］．北京：人民交通出版社，2018.
［42］中国道路运输协会．道路运输危险货物车辆标志：GB 13392—2005［S］．北京：中国标准出版社，2005.
［43］中国汽车技术研究中心，交通运输部公路科学研究院，公安部交通管理科学研究所．汽车、挂车及汽车列车外廓尺寸、轴荷及质量限值：GB 1589—2016［S］．北京：中国标准出版社，2016.
［44］中国石化集团洛阳石油化工工程公司，中国石化工程建设公司，中国成达工程公司，等．石油化工企业设计防火标准（2018年版）：GB 50160—2008［S］．北京：中国计划出版社，2009.
［45］中国石油化工股份有限公司青岛安全工程研究院，化学品安全控制国家重点实验室．液体石油产品静电安全规程：GB 13348—2009［S］．北京：中国标准出版社，2009.

[46] 中国特种设备检测研究院，国家质检总局特种设备安全监察局，全国锅炉压力容器标准化技术委员会，等．固定式压力容器安全技术监察规程：TSG 21—2016[S]．北京：新华出版社，2016.
[47] 中国特种设备检测研究院，全国锅炉压力容器标准化技术委员会，移动式压力容器分技术委员会，等．移动式压力容器安全技术监察规程：TSG R0005—2011[S]．北京：新华出版社，2011.
[48] 中华人民共和国公安部．建筑设计防火规范(2018 年版)：GB 50016—2014[S]．北京：中国计划出版社，2014.
[49] 中交公路规划设计院有限公司．公路水泥混凝土路面设计规范：JTG D40—2011[S]．北京：人民交通出版社，2011.
[50] 中交路桥技术有限公司．公路沥青路面设计规范：JTG D50—2017[S]．北京：人民交通出版社，2017.
[51] 周晶洁，周在青．危险货物运输与管理[M]．上海：上海浦江教育出版社，2013.
[52] 驻马店中集华骏车辆有限公司，交通运输部公路科学研究所，中集车辆(集团)股份有限公司，等．半挂车通用技术条件：GB/T 23336—2022[S]．北京：中国标准出版社，2022.

后　记

随着社会和经济的飞速发展，人员及物资流动日益频繁，道路运输已经成为我国最为主要的运输方式，特别是随着高速公路通车里程的不断推进，道路运输的市场占有率得到了进一步的提高。但由于过去安全意识不强、管理理念陈旧、管理技术落后，使得道路运输安全难以得到保障，每年都有数万人死于道路交通事故，这将严重制约交通运输业的良好发展。

而且，道路安全运输是道路安全管理中的重要环节，危险货物的安全运输更加重要，一旦运输过程中发生安全事故不仅会对驾驶人员造成伤害，还有可能使危险货物给周围带来较大威胁，引起更多的人员和经济损失。同时，在危险货物道路运输方面，国家也提高了重视程度，不仅对危险货物的运输制定严格的要求，还制定了安全管理制度，对危险货物的道路运输做出有效管理。

因此，根据实际形势，结合事故安全理论，针对危险货物道路运输中存在的问题，提出加强危险货物道路运输安全管理的有效措施，值得所有相关从业人员为之努力。